イギリス帝国史

移民・ジェンダー・植民地へのまなざしから

フィリッパ・レヴァイン＝著
並河葉子／森本真美／水谷智＝訳

THE BRITISH EMPIRE: SUNRISE TO SUNSET

Philippa Levine

Translated by Yoko Namikawa, Mami Morimoto, and Satoshi Mizutani

昭和堂

初版への序文

1936年に初めて出版された自伝の中で、インドにおけるナショナリズム運動のリーダー、ジャワハラル・ネルーは、インドのナショナリストたちは、グローバル化が一層進む世界の中で国家の独立を望んでいると非難されてきたと、少し苦々しい含みを持たせて述べている。さらに彼は、「イングランドにおけるすべての道――自由主義、平和主義、社会主義など――がどのように帝国の維持につながっているのかは興味深い」と考え込んでもいた。

帝国への関心がイギリス人にとっていかに関心の核となっていたかを強調するこのような見方に対し、最近のこれと対照的な見解が、歴史家バーナード・ポーターの「イギリスはどうみても消極的な帝国主義者でしかなかった」というものである。ポーターは著書『虚ろな帝国主義者』の中で、「帝国であるイギリスは、全般的にいえば、たいていの人が思うほど帝国的な社会ではなかった」と指摘している。

ポーターの見立てにイギリス国内で一般的な見解が投影されている一方で、ネルーのとらえ方は、イギリスの植民地支配を経験した人びと、とりわけ投獄されたり、検閲されたり、そうしたものに抗議して拷問されたりした人たちの認識をより強く反映したものである。

本書はネルーの方向性を踏襲する。つまりイギリス史はその相当に帝国的な歴史を理解することなくしては不完全なままであるし、イギリスが帝国を獲得したのは、不測の事態でも偶発的なものでもない。18世紀に植民地をめぐる抗争からヨーロッパ勢力間で戦争が頻発していたことをみても、19世紀の子どもたちや博覧会の来場者、小説の読者や切手の収集家などがみな、イギリスの偉大さはかなりの部分、その帝国的使命と帝国領土のおかげであると感じ取っていたのを見ても、あるいは20世紀に帝国全域で反植民地主義ナショナリズムを何とか抑え込もうとする試みが政府や当局関係者の共有する政策となっており、さもなければ全く違う政治的な歩みが約束されたであろうことに鑑みても、帝国主義は重要であった。帝国主義はイギリス経済に深く関係していただけでなく、イギリスのナショナル・アイデンティティにも深くかかわっていた。そしてなにより、どこで生活していようと日々の生活が植民地支配に影響を受ける人びとにとって何より大きな意味を持っていた。

本書は、この巨大で複雑なシステムの中にいたイギリス人と植民地の人びと双方がどのようにこれをとらえ、対応し、そこに生きていたのかに注目する。これは、帝国主義の形の例としてまずは披露されることの多い政治的なエピソードと並んで、帝国の経験をもっともよく物語るものであるからだ。結果として、本書に収められた章のテーマは異なる手法で選ばれた多彩なものになっている。分かりやすさを重視して、はじめの方の章は地理的なまとまりごとに述べられている。それぞれが特定の場所、地域における帝国主義について取り上げており、おおむね時代順になっているが、完全にそうであるわけではない。それに続く章は、帝国がどのように存続し、何を経験したのかを探求している。誰がどのように統治したのだろうか。また、帝国によって帝国の中で男女はどのように扱われ、認識され、形作られたのだろうか。こうした章のあと、帝国への抵抗が広がり、とくに第二次世界大戦後に世界情勢が変化するのにしたがって帝国が解体に向かう局面を詳しく検証するため、再び政治の場に目を移す。このように異なったポイントに焦点を当てたそれぞれの章が合わさることで、アイルランドからインド、西インドから香港、アフリカからマレーシアとその先にまでおよぶ、近代イギリス帝国の姿が詳細に浮かび上がることだろう。

注

（1）Jawaharalal Nehru, *Autobiography*（Oxford: Oxford University Press, 1985; 1st edn, Delhi; 1936）, p. 420.

（2）Bernard Porter, *The Absent-Minded Imperialists: Empire, Society, and Culture in Britain*（Oxford: Oxford University Press, 2004）, p.xv.

第二版への序文

初版とこの第二版が出るまでの何年かの間にヨーロッパの帝国主義全般、そしてとりわけイギリス帝国についての論考は分量的に大幅に増えただけではなく、いっそう精緻なものになった。このように急激に進展しつつある研究分野についていくのはたやすいことではないが、同時にイギリス史とイギリス帝国史を一体的にとらえるのを当たり前とするだけだけではなく、そうすることがまるで決まり事であるかのように受け止める分析の幅広さと多様性を目の当たりにするのは喜びでもある。かつて異なる歴史とされていたこの二つが融合に向かっていると主張するのは、わずか5年前ですら挑戦的なことであったが、発刊される本の傾向や世界中の大学の講義も今やその方向にある。

私自身はつねにこれが実りのある方向であるという信念に基づいたアプローチをとっており、イギリス国内史もイギリス帝国史も互いを参照することなくして深く理解することはできないと考えている。修正を加え、新しい知見を取り入れたこの新版では、それを補強するような以下の三つの原則に依拠して歴史を読み解いている。まず、イギリス帝国は競合する勢力よりも温和で思いやりにあふれていたわけではない。強者たるものは、つねに暴力と無理強いによって、自らの意志を押し通そうとすることができるものである。次に、イギリス帝国は慎重な諸政策によって形成されたものであって、偶然獲得されたものではない。最後に、帝国はイギリスの中において、イギリスという国にとって、そしてイギリスの人びとにとっても、多くのそして様ざまな意味で驚くほど重要なものであった。

2008年、ポール・ケネディは「帝国はその存在を非難するのも賞賛するのもばかげたことだと思う。帝国は予期しないうちに現れたのである。ヨーロッパの北西沖の小さな島国が地球の4分の1を何百年も支配したのである。これは小さなことではない。これについては詳細な研究が必要である。[(1)]」ケネディはこの現象を詳しく検証する必要があると述べている点は正しい。しかしながら、わたしが前提としている仮定に立てば、「評価するなどばかげている」という彼の考えに対しては必然的に疑問がわく。そのほとんどが比較的短い間に消え去ってほぼ半世紀たった後の今現在も、イギリス帝国は重要である。なぜそれが重要なのだろう。一つには、私たちが直面している現在の危機の多くは、少なくともある程度はイギリスの動きや政策の結果によるものだからだ。また、問題の解決に歴史的な視点を取り入れることでうまくいかないことはほとんどない。帝国主義の輝かしい日々への賞賛や、そこに戻ることへの願望がつねに泡のように表面に湧き上がってくるところから判断すると、帝国はアングロ-アメリカ世界においてたしかに驚くほどの意味を持ち続けているように見える。アメリカ合衆国の新帝国主義者は、イギリス帝国の行動は競合勢力と比べて多くの場合好ましいものであったと考えている。一方、イギリスでは帝国への郷愁がいまだに商品価値を持ち続けている。歴史家は、たしかに現在の文化的、政治的な立場に対応している。彼らは自らもその中に生きる社会の外側から——俯瞰的に、客観的にオリンピアの丘から——見下ろしているわけにはいかないのである。現在の関心事にかかわることは、その学問分野を活発なものにする。帝国主義に関わる事象に賛同の立場をとるにせよ反対の立場をとるにせよ、それが「ばかげた」ことだなどとは、私はまったく思わない。

注

(1) Paul Kennedy, 'The Imperial Mind: A Historical Education in the Ways of Empire', *The Atlantic*,(January/February 2008).
http://www.theatlantic.com/magazine/archive/2008/01/the-imperial-mind/306566/, accessed 9 August 2012
(訳者最終確認日　2021 年 3 月 24 日)

日本語版への序文

2016年6月の国民投票によって、イギリスがそれまで40年以上も加盟国であったヨーロッパ連合（EU）を離脱することが僅差で決まったとき、再びイギリス帝国がその長い影を落とすことになった。「離脱派」がマジョリティーになることを予期する人がほとんど誰もいなかったのは事実とはいえ、この大きな波乱には多くの要因が存在した。なかでも、帝国とその記憶は、この決定に根本的な影響を及ぼしていた。皮肉にも、かつて帝国は、イギリスがいわゆる「欧州経済共同体（共同市場）」に最初に加入しようとした際、それを妨げるにあたって決して小さくない役割を果たしていたのだ。

1960年代にフランスのド・ゴール大統領がイギリスの加盟を二度にわたって拒否したとき、それはひとつには、イギリスにとっては帝国のほうがヨーロッパのすぐ隣の国々よりもいまだに絆が強いと彼には感じられたからであった。そして、イギリスの植民地の人びと自身も、その多くはイギリスが共同市場に参加することに乗り気でなかった。とりわけコモンウェルスの指導者たちは、この件と過去とのあいだにパラレルなものを看取して動揺した。過去の2つの世界大戦中、イギリスはコモンウェルスが戦争にしかるべく協力することを当然とする一方、その代表者たちを政策判断のプロセスに加えることに関しては、急かされてもあいまいな態度をとり続けた。今回のEU離脱はこれを想起させるものであった。かなりの割合のイギリス人が、1940年代後半以降、帝国がまぎれもなく失われていくことへの幻滅感にさいなまれた。しかし、2016年6月の決定は、そうした幻滅感をこれまでよりもはるかに大きく反映するものだった。

イギリスがヨーロッパから離脱して独立独歩で進むようロビー活動を行った人びとは、EUによる「束縛」をあからさまに批判し、もしそれから自由になればもう一度取り戻せるかもしれないイギリスのイメージを利用した。イギリスは、世界の文明化せんとする帝国的使命に熱心な、個人の自由の守護者であると自ら標榜してきた。もし離脱キャンペーンは、こうした帝国政治がイギリスにおいて長きにわたってどのように展開してきたかを鮮明に思い起こさせた。1975年には、イギリスは政治的にも経済的にもヨーロッパの一部であり続けることを選択した。しかしその選択がなされたのは、帝国がほぼ完全に解体されてしまったまさにその時だった。

いくつかの植民地がぽつりぽつりと残留してはいたものの、帝国がイギリスの未来ではなく過去を特徴づけるものであるということは明白だった。確かに左翼にも右翼にも強硬な批判があった。それでも、ヨーロッパのブロックの一員であることは当時としては賢明な選択であると思われた。イギリス人の圧倒的多数が、帝国の解体が一因となって引き起こされたと見えていたイギリスの権力、経済力、そして威厳の大いなる喪失にたいし、ヨーロッパが現実的なオルタナティヴを実質的に提供していると考えたのである。しかし皮肉なことに、1979年に首相になったマーガレット・サッチャーが、南大西洋におけるイギリスの行動を正当化すべく帝国の栄光を喚起するのに10年もかからなかった。1982年のフォークランド紛争で、彼女は外国の専制と腐敗とを掃討する役割を担う、栄えある帝国的イギリスの幻影を想起させることで大衆の支持を集めたのだ。実際には、それまでの彼女の計画には、同地におけるイギリスの関与と予算の軽減が含まれていた。しかしその事実にもかかわらず、大衆紙には小さなフォークランド諸島を守護すべく帝国的精神が蘇ったことを宣言する記事が溢れかえった。

2016年、サッチャーがかくも巧みに表に引きだした帝国への郷愁は、ふたつの鍵となる領域に現れた。すなわち、主権と移民という不可分につながったふたつの領域である。イギリス人の自由がブリュッセルの官僚たちへの従属の強制によって弱められているという不満は、それがヨーロッパにおける国境を越えた人の移動の自由という欧州単一市場の信条のひとつに向けられたとき、もっとも説得力をもった。シリア危機によって移民への恐怖心が煽られるなかで、イギリスの反移民活動家たちはより大胆になっていった。移民は長らく論争の種であったが、とくにイギリスの熱帯植民地からの移民が帝都（メトロポール）に行き先を見いだし始めた1945年以降は、移民にたいする声高な、そして人種主義的な反発が地盤を築いていった。アフリカにおける反植民地運動によって旧植民地からイギリスへの入国許可を求める移民の数が増大するのにともない、イギリスの人種関係は悪化した。しかし、単一市場のルールによって、それほど豊かではないEU加盟国からヨーロッパ人移民が流入してくるようになると、このレトリックはその適用範囲を広げたのである。反移民勢力の憤りがとりわけポーランド人にたいして向けられたことからも分かるように、イギリスの人種主義はもはや単純に肌の色によって規範化されたものではなかった。それでも反移民感情は、国民的なプライドの主要な泉源としていまなお存在する帝国的偉大さに向かったのである。ヨーロッパの束縛さえ振り払うことができれば――そうすれば初めて、帝国的な偉大さがあるとの感覚と原理（それがたとえ領土獲得が伴われなくとも）がグローバル経済におけるイギリスの至高性を再び主張すること、好まれざる外国人に帰り支度をさせること、そして、外国文化に汚されていない昔ながらの「イギリス的価値観」を復古させること、が可能になると。これが、かれらのレトリックだった。現代においてさえ、帝国的な偉大さと恩恵の語り（ナラティヴ）の力はこれほどまでに強固なのである。それは、より繊細で暗示的なコントロールのあり方へと中身を変えながら、未だに白人のイギリス人の自己成形に重要な役割を果たしているのである。

ヨーロッパ離脱の決定は、イギリスの内国植民地、なかでもスコットランドと北アイルランドにたいしても潜在的に甚大な意味を持ちうる。スコットランド独立党の指導者であるニコラ・スタージョンは、スコットランド独立に関する2度目の国民投票に向けた取り組みからは一歩引き下がっている。しかし、2016年6月の国民投票において、イングランド人・ウェールズ人とスコットランド人（後者は62%がEU残留賛成に票を投じた）とのあいだで投票パターンが顕著に対照的だったことで、連合王国とのつながりを断ち切り、かつての独立を再要求するスコットランド人の欲求は強まっている。同じように北アイルランドでも、離脱派の44%にたいして残留派が56%と大きく上回ったが、連合王国（UK）とのつながりのために、ヨーロッパから離脱するはめになってしまった。アイルランドでは、ヨーロッパに堅くコミットしているエール〔アイルランド共和国〕と北アイルランドとのあいだの国境管理が、将来的に強化される可能性は現実的なものである。これによって、コストと遅延が発生するだけでなく、ここ10年間遠ざかっていた紛争と暴力の時代の記憶が人びとの脳裏をよぎることになるのは間違いない。

2016年6月は、イギリス帝国史の未来にとって重要な瞬間（モーメント）――イギリス的剛勇を今日でも帝国的な過去と結びつけるための要求および希求の声をあげる新たなやり方が、ある種の愛国心に見いだされる契機――となるであろう。そうした切望は新帝国主義（ネオ・インペリアリズム）とその下僕たるグローバリゼーションとによってより一層興味深いものとなるが、このふたつは一緒になって現代の地政学を支配的している。世界史研究者たちは、近代世界を形づくるグローバルな現象として多様な帝国主義と植民地主義を結びつける研究を行っているが、新たなる帝国形成の台頭は、かれらにとって極めて興味深いトピックである。イギリス帝国が支配的であった時代は、つまるところは他のヨーロッパの諸帝国が成長し繁栄した時代（幾つかは衰退したものの）でもあった。18世紀後半におけるイギリスのフランス（そしてやや程度は劣るもののスペイン）とのほぼ恒常的な敵対関係は、だいたい植民地的領土をめぐるものだった。20世紀が始まる頃までには、ドイツとのライバル関係は軍事的なものであるだけでなく地政学的なものともなった。そして、フランス（この頃までにはイギリスの敵国から同盟国に変化していた）とのあいだに結ばれた協定や合意は、しばしば帝国領土に焦点が合わされていた。しかし、ドイツとの新たなライバル関係は、1890年代に清帝国を、そして1905年にロシアを打ち負かした明治日本が、特にアジアにおいて帝国的風景を組み替えつつあったまさにその時に始まった。1840年代のアヘン戦争以降、市場へのアクセスの獲得に熱心なイギリス帝国主義が、東アジアの強力な諸国家を脅かす潮流が存続していた。しかし20世紀前半における日本の台頭は、これを反転させるものだった。日本的なものであろうと、あるいはアメリカ的なものであろうと、帝国主義のあらたな形態は、（フィリピンや、冷戦期のベトナムへの進出に見られるように）アジアを中心に展開し、権力のバランスをシフトさせ、支配国と被支配国のあいだの溝を先鋭化させ、さらには反植民地主義的ナショナリズムを刺激することで、概して世界をより危険な場所へと変えていった。シフトした後の今日の権力バランスにおいては、イギリスが我が物とした帝国主義のあり方はもはや維持できるものではないかもしれない。しかし、その遺産はこれからも長い間我々を悩ませ続けるに違いないのである。

2016年9月

フィリッパ・レヴァイン
テキサス州、オーステイン にて

イギリス帝国史
——移民・ジェンダー・植民地へのまなざしから——
THE BRITISH EMPIRE - SUNRISE TO SUNSET

目　次

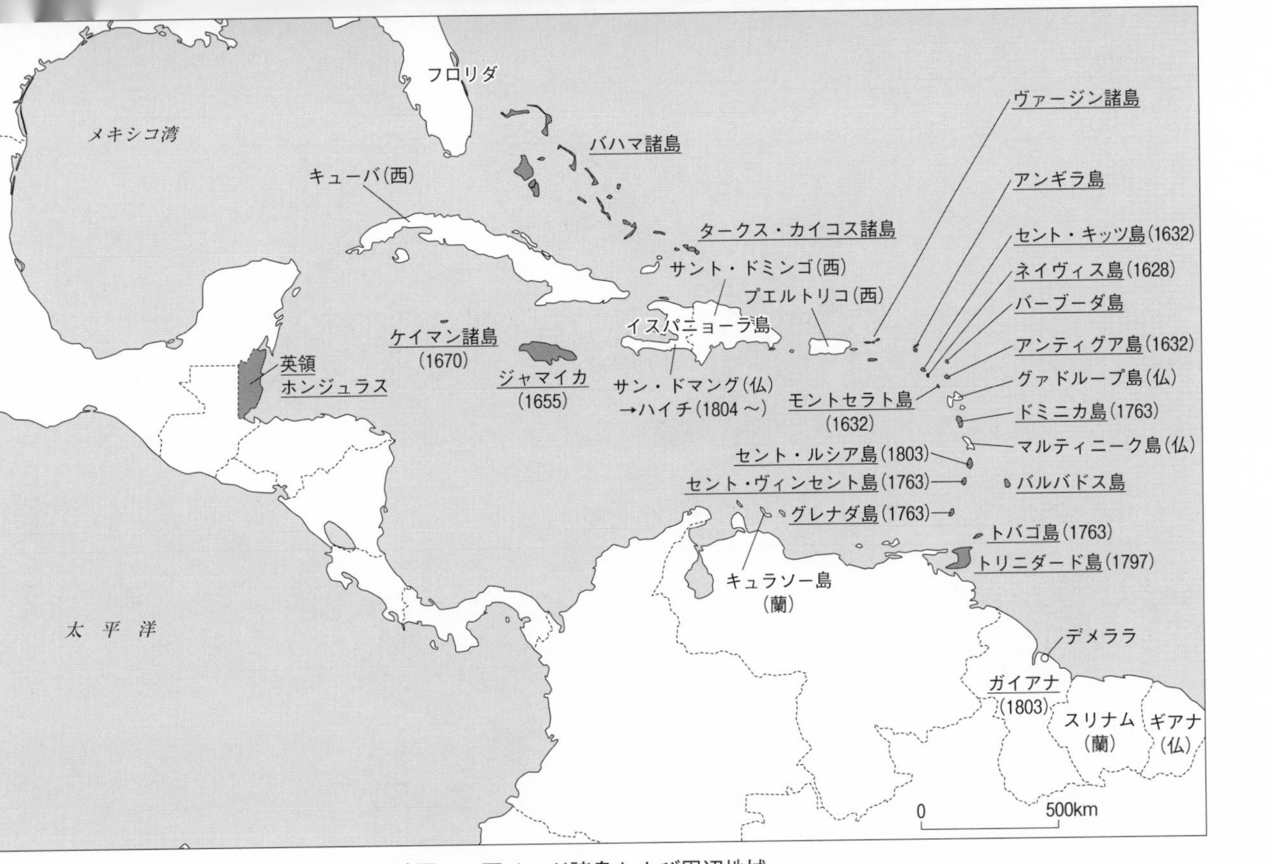

地図１　西インド諸島および周辺地域

注１）下線はイギリス領。
注２）（　）は領有開始年。
注３）ハイチは独立年。
注４）国境線は現在のもの。

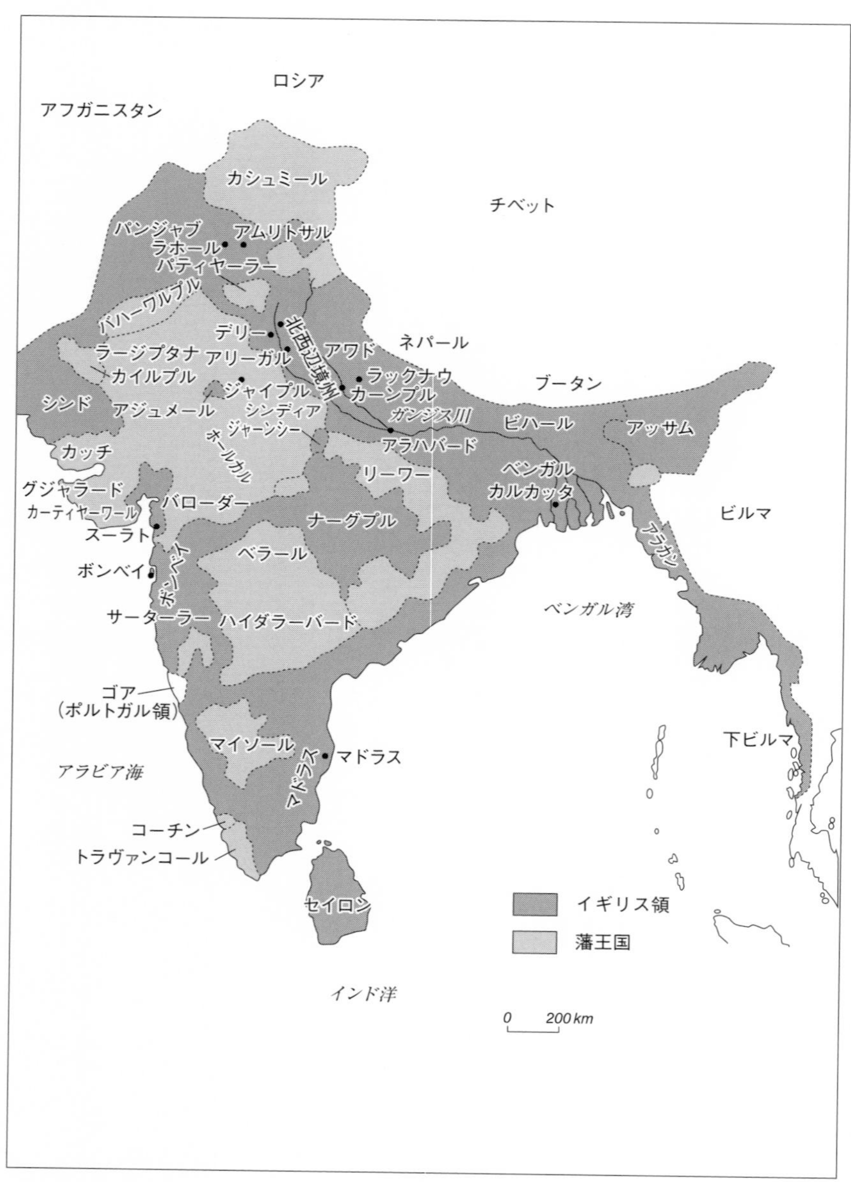

地図２　1857年のインド

注）Simon Smith, *British Imperialism 1750-1970*（Cambridge University Press, 1988）, p.52より作成。

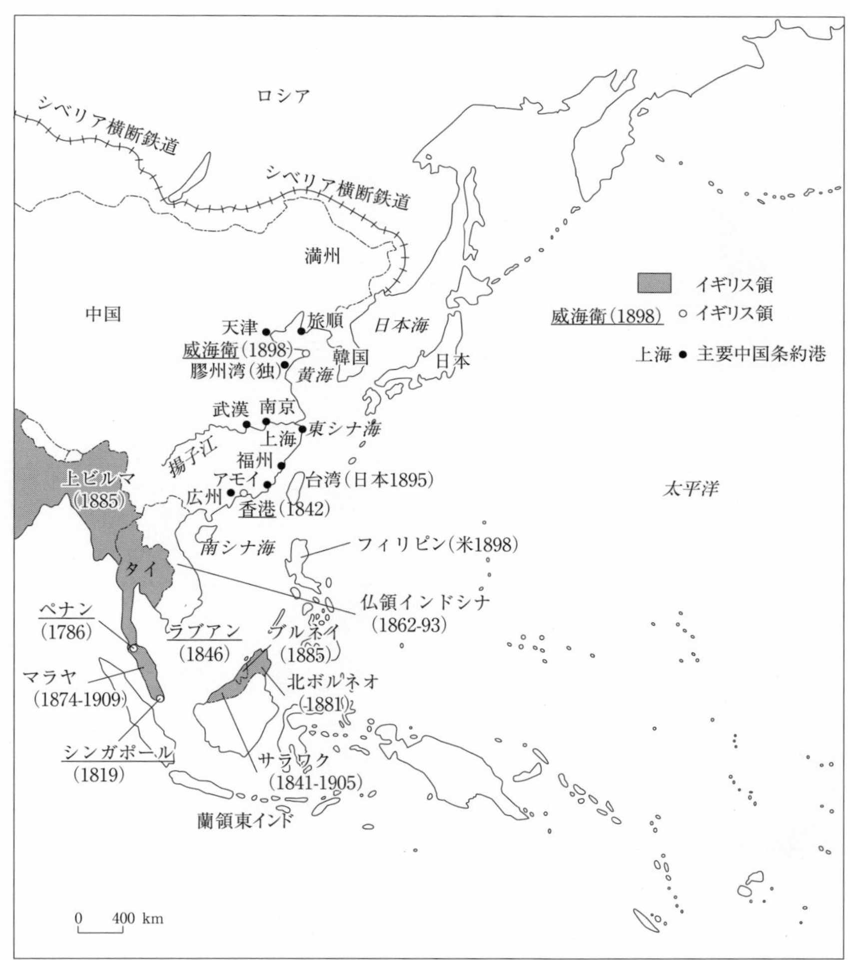

地図 3　19世紀極東地域におけるイギリス勢力

注) Peter Marshall, *Cambridge Illustrated History of the British Empire* (Cambridge University Press, 1996) p.55より作成。

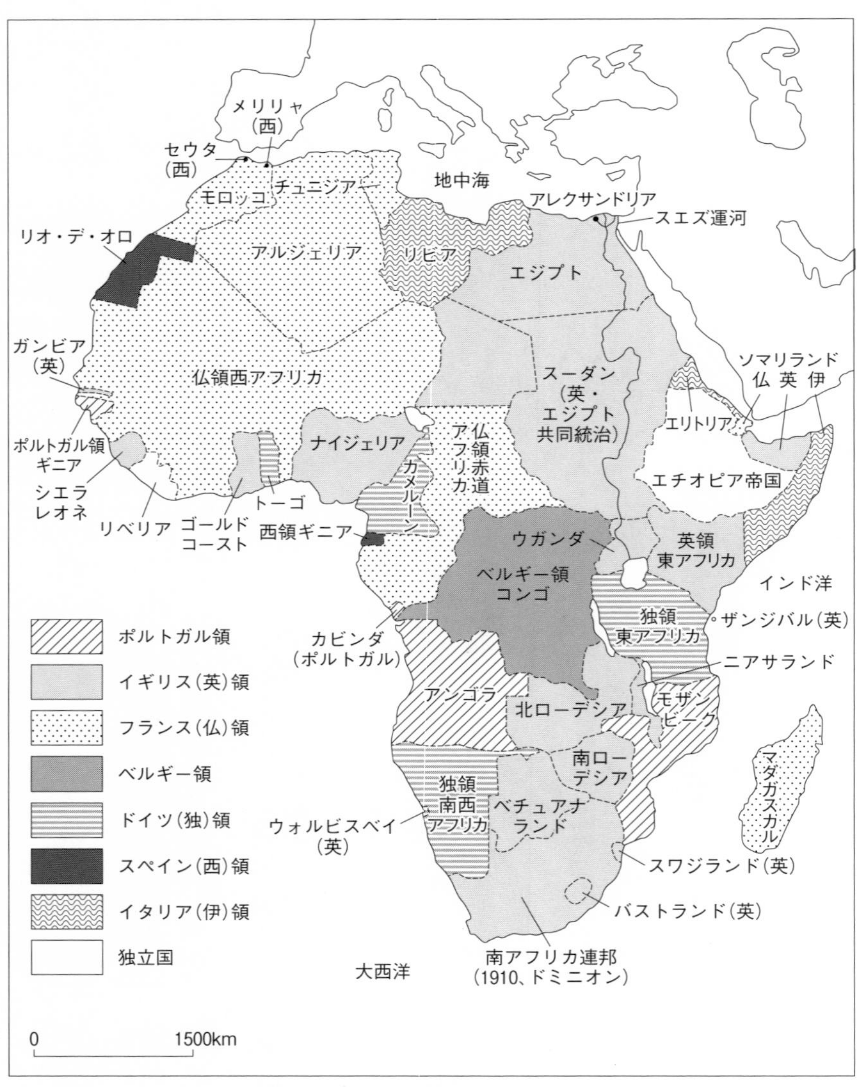

地図 4　1914年のアフリカ大陸

地図５　戦間期のイギリス帝国

注）Simon Smith, *British Imperialism 1750-1970* (Cambridge University Press, 1988), p.2より作成。

第1章

王国の統合

UNITING THE KINGDOM

18世紀より前は、植民地世界といえばスペインとポルトガルのもので、16世紀、17世紀におけるイギリスの海外活動は、この強力なイベリア半島の帝国にいかにして対抗するのかを見据えたものであった。17世紀半ば以前のイギリス帝国は、地域的にきわめて限定されており、海外での活動はほとんど貿易と探検に終始していた。ウェールズ、スコットランドおよびアイルランドはイングランドによって時間をかけて統合されていったが、19世紀までには3地域ともウェストミンスタの議会によって直接支配されるようになっており、こうした関係はしばしば「国内植民地主義」とよばれる。三つの合同法——16世紀から19世紀がちょうど始まる時期までに出された——が、支配者たるイングランドと、いわゆるケルト辺境、つまりウェールズ、スコットランド、アイルランドの法的な、そして政治および経済的な関係を固めた。ウェールズ、スコットランド、アイルランドの大ブリテン王国への統合は、イングランドにとって、もっとも早い段階での植民地支配の試みということもできる。こうした国を正式に結びつける議会法の制定は19世紀にさかのぼるが、イングランドの近隣地域への関心や支配には、はるかに長い歴史があるからだ。

三つのうち、最初にイングランドによる直接支配を受けることになったのはウェールズで、1536年の合同法によって、イングランドの枠内とすることが正式に定められ、ウェールズに27の議会選挙区が設けられた。ウェールズとイングランドの間では、少なくともこれより100年前から頻繁に衝突がおきていた。イングランドが優勢になるにつれて、イングランド人によるウェールズ人への差別的な規制や慣行のおしつけが、特に国境付近で顕著になった。イングランド人が当たり前に享受していた権利の多くがウェールズ人にはなかった。正式な合同のあとも、不平等と偏見はひどくなる一方だった。

スコットランドとイングランドの関係はより複雑であり、併合にいたるまでには長い時間を要した。スコットランドとイングランドの王位が正式に統合されたのは、1603年、ステュアート家の治下におかれた時であった。このとき、統治組織はイングランドにしっかりと根を下ろしたままだった。新しい王であるジェイムズ1世（スコットランド王としてはジェイムズ6世）は、自らをウェールズ、スコットランド、イングランドからなるグレート・ブリテン王と称した。100年あまり後の1707年、合同法がスコットランドから彼ら独自の議会を取り上げてしまった。新たなスコットランドの政体を代表するものとして、庶民院に45議席と貴族院に16議席が確保された。しかし、スコットランドは、ウェールズとは違って統合前に君主国としての実体があったため、イングランドとの統合後も独自の法制度や独自の国教会（ナショナル・チャーチ）（主教制をとるイングランドの国教会とは違う長老派の教会）、教育制度を維持することになった。ウェールズをイングランドに従属させることになった1536年の合同法とは違い、1707年の法律は交渉の産物であり、あからさまな強制によるものではなかった。スコットランドはイングランドとのつながりを強化しつつあったが、1707年の合同法は、明らかにイングランドによる一方的な支配を防ぐことを目的としていた。スコットランド人は、この法律のおかげで、1536年法によってウェールズ人に認められていたものに比べて、はるかにイングランド人に近い地位を確保することができた。とはいえ、実際のところは、富裕層以外の大多数のスコットランドの人びとにとっては、ほとんど関係のないことだった。コリン・キッドは、論争の余地があることは認めつつも、多くのスコットランド人は、スコットランドのイングランド化を歓迎していたと主張している[1]。全体として、合同はおおむね協調的なもので、スコットランドを全面的に変えてしまうようなものではなかった。

一方、新世紀の初日、つまり1801年の1月1日に発効した1800年の合同法については、これと同じということはできない。多くの政治的な要因がこのアイルランドとの統合を後押ししたのだが、要因というのは、ほとんどが想像上であれ現実であれ、外国からの侵攻に対してブリテンが脆弱であったことに起因していた。アイルランドの統合は、ブリテンがカトリック勢力のフランスと戦争状態を継続しているだけでなく、同じくカトリック勢力であるスペインともときに戦争状態にある状況下で、アイルランドにおける民衆の蜂起が鎮圧された直後に実行された。アイルランドは、いうまでもなくカトリックが多数を占める島である。1798 年に起きたウルフ・トーンの反乱は非常に暴力的なもので、死者は 3 万人を数えた。この反乱がフランスに支援されていた（もっとも、トーン自身はプロテスタントであったが）という事実が、イングランドの懸念を増幅した。これは、ナポレオンの統治期に英仏関係が悪化し、ブリテンの政治的、軍事的な力が厳しい試練にさらされていた時期にとりわけ顕著になった。

スコットランドやウェールズよりもはるかに多い 500 万もの人口の代表として、1800 年の合同法によって、アイルランドには庶民院に 100 議席、貴族院に 32 議席が割りあてられた。スコットランドの場合と同様、これは、独自の議会を解散することが前提とされていた。もっとも、この独自の議会もすべてプロテスタントの議員で占められており、長い間イングランドの傀儡（かいらい）となっていた。それでも、アイルランド議会の廃止は、その後のアイルランド政治のかたちを象徴的に示すものであった。

アイルランドのイングランドとの関わりは、ウェールズとイングランドよりも古く、アイルランド人はこの間ずっと自由をかなり制限されてきた。イングランドによるアイルランドへの侵攻は 13 世紀にまでさかのぼり、16 世紀までには隣の島を政治的、経済的、宗教的に征服しようと積極的に介入するようになっていた。このタイミングはけして偶然などではない。テューダー朝時代のイングランドにはつきものの宗教をめぐる流血は、カトリックのアイルランドにも危機的な結末をもたらすことになったのである。16 世紀後半までにイングランドのイングランド国教会（アングリカン）[i]体制が強固になっていくのに

---

i　イングランド国教会の教義を共有するプロテスタント教会をアングリカンとよぶ。ア

ともない、移住と植民によってアイルランドを脱カトリック化するのが喫緊の政治課題となっていた。1560 年から数百年のあいだにおきたプロテスタント勢力の拡大と、カトリックであるアイルランド人の財産収奪および彼らの窮乏化は表裏一体であった。1800 年に合同法が成立したとき、旧アイルランド議会が解散前に確約されていたと強く主張したのが、カトリックの選挙権と公職に就く権利であったが、この約束は、以後 30 年間果たされないままであった。首相であったウィリアム・ピットが 1801 年の 3 月に辞任に追い込まれたのは、論争の的であったこの約束を果たすことが彼にはできなかったためである。

1801 年以後、王国——今やスコットランド、ウェールズ、アイルランドとイングランドからなり、全体が連合王国として知られるようになった——は、ひとつの政府により一体的にロンドンから統治されることになった。国家はこれまでになく中央集権的になった。「グレート・ブリテン」という言葉はそれまでにも使われていたが、ここに正式な国名となった。歴史家のなかには、1640 年までにはこのような中央集権化が進んでいたという人もいる。(2) 非公式にはそのようにいえる面もあったかもしれない。それでも、1801 年、つまり 19 世紀の幕開けこそが中央集権的な傾向が完全かつ公式なものとなり、国内植民地主義が名実ともに完成した時期であるとはっきりいうことができる。スコットランドは独自の制度を多く保持し続けたものの、イギリスはひとつの議会と、プロテスタントの王位継承によって保障される国家宗教(ステイト・レリジョン)を持つ国になったのである。

イギリスの国内植民地主義を突き動かしたのは、このプロテスタントの主権が脅かされることに対する不安であった。アイルランドはカトリックが圧倒的多数を占める地域のため、帝国の宗教政策論争の発端となることが多かったが、ウェールズやスコットランドでも宗教は政治的に重要な課題であった。スコットランドでは、ジョン・ノックスの影響で 1690 年までにはカルヴァン主義的な長老制がカトリックに取って代わった。これは主教制(監

イルランド教会、アメリカ監督教会など日本では聖公会の名で知られている。なお、ウェールズのアングリカン教会はイングランド国教会に統合されている。

督制）をとるイングランドのキリスト教とはまったく異なる性格を持っていた。アイルランド北部に集中していたアイルランドのプロテスタントに及んでいた長老派の影響は、18 世紀のあいだ、イングランドの支配層にとって大きな関心の的であった。スコットランドの長老制は許容できたが、アイルランドにおける長老派の存在は、宗教的な不満や非国教主義など、イングランドがアイルランドで抱えていた複雑な問題をさらにややこしくするものでしかなかった。アイルランドのプロテスタントたちはオレンジ運動[ii]の起源となり、アイルランドにおける政治的な抵抗運動に深くかかわることになった。このころ、ウェールズ[iii]ではアングリカンが礼拝をすべて英語だけで行うことに強くこだわるようになっていたために、非国教会系のプロテスタントが強固な支持を獲得することになった。つまり、メソディストやバプティストが勢力を拡大できた大きな要因は、これらの新しいプロテスタント運動が宗教的な儀式を各地域の言葉で行っていたことにある。同様に、エリザベス 1 世の時代に完成した聖書のウェールズ語訳もまた、ウェールズ語が抑圧されていた時期にもウェールズの各家庭がウェールズ語に触れる機会を確実に維持することになった。ウェールズのほとんどの地域でウェールズ語が話され続けたのは、王権がアングリカンの信仰を押しつけようとしたその姿勢のためであったといえよう。

アングリカン以外のプロテスタントとカトリックは、1661 年の都市自治体法および 1673 年と 1678 年の審査法により、王国各地と中央の公職から追放された。一連の法は、プロテスタントによる王位継承を保障し、カトリックであるステュアート朝の復活を阻止するために作られた法的、政治的な仕組みの一部であった。さらにこれは、議会――この時点では代議制の機関とはとても言い難かったとはいえ――は、歴史家のリンダ・コリーが「プロテスタントの遺産[(3)]」とよぶ、プロテスタントに特殊な自由の象徴であるという感覚が人びとの間に広がりつつあったことの証でもある。こうしたプロテス

ii　北アイルランドのアルスタ地方を拠点とするプロテスタントの組織、「オレンジ会」による運動。

iii　ウェールの教会は、宗教改革期にイングランド国教会に統合され、イングランドのカンタベリ大主教管区の管轄下にあった。

タンティズムの称揚は、イングランドにおいて根強かった反カトリック主義の表れであり、それは18世紀の間にさらに強まった。この時期、イングランドにとって、帝国として、また商業上においても最大のライバルであるフランスとの敵対関係が、激しさを増していたからである。皮肉なことに、1763年に七年戦争でフランスに勝利した後にイギリスが新たに植民地を獲得したことで、帝国のプロテスタント的な色合いは以前に比べてはるかに薄くなった。新たにイギリスの帝国支配に服することになった人びとの多くが、カトリックや非キリスト教徒であった。単にプロテスタントのキリスト教に執着しているだけでは、国家の安定や発展は当然望めなかった。商人や銀行家の力が不可欠であり、17世紀、18世紀のイングランドがとった重商主義的な経済政策とは、国家が交易や商業に強い関心を示し、政府の費用を賄うために積極的に経済活動を統制することを意味した。例えば18世紀初頭には、植民地交易を何らかの形で規制したり、関税（あるいは敵、海賊など）を管理したりするために新しい法律が議会に提出されない年はほとんどなかった。イングランドは植民地交易を厳格に管理し続けた。植民地物産には強い規制がかけられており、それがイングランド経済に強固な優位性をもたらした。スコットランドの商人は1707年の合同法の条件によって、この利益の大きい植民地の市場への参入を果たした。つまり、彼らはこうした商品を取引するのに、イングランドを経由したりイングランドに関税を払ったりする必要がなくなり、イギリス帝国内の他の植民地と直接取引できるようになったのである。アイルランドとの直接交易の実現はもう少し先になる。アメリカとアイルランドは地理的に近かったため、両者の間で取引が栄えるのを阻止しようと、1696年の法律ではアメリカのプランテーション物産をアイルランドに荷揚げすることを禁止した。この法律は、アメリカとアイルランドの地理的な近さゆえに、これがなければ合理的な理由から通商が発展してしまうのを阻止するのが狙いであった。この規制は1731年に撤廃されたが、アイルランドの交易は、18世紀を通じてほとんどがイングランドとの間で行われていた。イングランドにとっては、アイルランドの主要な通商相手であるというこの状態は、非常に有利に作用した。

ウェールズでは、イングランド南西端の忘れられたケルト辺境であるコーンウォールと同じく、密輸が活発であった。密輸はイングランドとウェールズの境界地域や、港で行われていた。イングランドがこうした「辺境」地域を自らの統治機構に組み込みこもうとしたのは、密貿易や海賊行為をイングランドが取り締まるためであった。活発な密輸によって政府の歳入が失われていたからである。国境地域に経済的な秩序を確立すること、つまり密輸を撲滅し、組織的な関税徴収によって一定の収入を確保することが国内植民地主義の主な動機であった。

ケルト辺境の潜在的な収入への関心に見合うだけの投資がなされることはほとんどなかった。16 世紀、17 世紀のアイルランド植民計画は、アイルランドへの経済支援やアイルランドとの連携よりも、そこに王党派の人口を増やすのが目的だった。中央集権化は、帝国の後の時代のもっと遠く離れた植民地でもそうであったように、辺境勢力より支配者側を利することが多かった。例えば銀行業では、ロンドンが地方の中心地を差し置いて順調に勢力を伸ばした。1690 年代のロンドンにおけるイングランド銀行創立は、ある意味金融界の勢力関係の象徴であった。スコットランドの銀行は、1840 年代の銀行再編まで確たる地位を保っていたが、ウェールズとアイルランドの銀行は、イングランドの競争相手には太刀打ちできなかった。

経済的な競争力は、この時期、政治的に生き延びるうえでも決定的な意味を持っていた。ここでも優位に立ったのは、またしてもイングランドの戦略や行動であったが、この傾向は 18 世紀以後、とりわけ顕著になった。ケルト文化において一般的な土地保有の慣習は、イングランドの相続や富の創出、経済的な効率性などの概念とは相いれなかった。ケルト地域ですべての男性相続人が土地を共有するガヴェルカインドが支配的であったが、これはイングランドで典型的であった長子相続制、すなわち、財産を長男に集中させる慣習とは対照的であった。イングランド経済が、より収益性が高く、効率的な商品作物栽培のために土地区画がますます大規模なものに統合されていく流れが強まっていた時代にあって、すべての息子に土地を割り当てるために、それぞれの土地の持ち分が小さくなる傾向があるガヴェルカインドは、後進的で非効率なシステムと見なされた。スコットランドのハイランドでよくみられたクラン制度もまた、農場や農地を小さな単位でまた貸しすることから、やはり経済改革を阻害するものと見なされた。自分たちのものとは異なる慣習や生活習慣を認めようとしないイングランドの姿勢は、他の文化を野蛮であるとか、文明化されていない、あるいは非効率であるなどと非難する姿勢につながった。やがて帝国主義が拡大するにつれて、もっと遠い文化も同じように批判の対象となり、それがしばしば植民地支配や介入を正当化する口実とされるようになった。

違い、あるいは異質なものに対する恐怖は、国内植民地主義のゆくえを決めるもうひとつの大きな要因であると同時に、イギリスにとってヨーロッパにおける最大のライバルであったフランスとの敵対関係の原因となっていたものでもあった。18 世紀を通じてフランスはイングランドにとって常にもっとも大きな対抗相手であり、フランスとの緊張関係が帝国を舞台にあらわになることもしばしばであった。1689 年から 1815 年までに、イングランドとフランスは七度にわたって戦った。フランスは 1770 年代に独立への道を求めていたアメリカの人びとを支援しただけではなく、1715 年と 1745 年のスコットランドにおけるジャコバイト[iv]の反乱、つまりイングランドの王位をカトリック側に奪還しようとする試みにおいて、カトリックであるステュアート家の王位主張者を支持した。フランスとイングランドはインド、北米、カリブ海でも戦った。イングランドとフランスの抗争は 1815 年、ナポレオン軍が敗北を喫し、ナポレオンが追放されるまで終わることはなかった。18 世紀、イングランドはスペインやオーストリアとも一戦を交えたが、これも植民地交易の権益をめぐる軋轢が引き起こしたものであった。このような宗教や通商、競合する拡張主義などの複雑な関係は、スコットランド、ウェールズ、アイルランドという国内植民地の状況にもそのまま反映された。イングランドがケルト辺境を併合しようとしたのは、国境の守りをかためて外国の侵略を思いとどまらせるという理由も大きかった。カトリックのフランスがジャコバイトやアイルランドへの支援を申し出たことにより、このような不安は現実味を増した。1798 年のアイルランドの反乱（これが結果的に 1800 年のイングランドによるアイルランドの正式な併合へとつながった）が起きたと

---

iv　ジェイムズ 2 世の王位を正統とみなす人びと。

き、イングランド政府は、国内の混乱がフランスの侵攻を招くことを懸念した。敵対するフランスが常に虎視眈々とイングランドを狙っているという不安は、重大な結果をもたらした。ウェールズ、スコットランドおよびアイルランドの辺境性は、いずれもイングランドという国家に対するこれらの地域の潜在的な不信につながったが、これは、植民地主義によって助長された嫌悪感を考えれば無理もないことである。

結果として、これら 3 地域に対するイングランドの統制は強められるばかりで、ここでの関係史とは、イングランドがケルト辺境に対して支配と監視を強化する過程をたどるものであった。ケルト辺境に対するイングランドの厳重な統制は、イングランド自身の安定を図るためでもあるが、競合するヨーロッパの植民地勢力の脅威にさらされている、遠く離れた帝国の拠点の安全を確保するためでもあった。

こうした支配は、ケルト地域を経済的にも政治的にもイングランドに依存させることになり、結果的に、彼らは複雑で非常に保護主義的な貿易ネットワークにできる限り参入することを望むようになった。正式な併合以前ですら、イングランド優位のなかで、ウェールズ、スコットランド、アイルランドのイングランドへの依存度はかなり高かった。1720 年にウェストミンスタの議会を通過した宣言法の中には、「この法律の目的はアイルランドのグレート・ブリテン王位への依存を確実にすることである」との文言がある。この法律によって、ウェストミンスタの議会を通過した法律はアイルランドにも適用されるばかりでなく、アイルランドで起こされ、上訴された裁判もイングランドで審理されることが決定されたため、裁判についても同じように中央が正式にコントロールすることになった。中央の権威を明確にするこのような仕組みは、1766 年にアメリカ植民地に対しても適用されることになり、一連の法律が不人気で強硬な抵抗にあったことをうけて、ウェストミンスタの議会は植民地についての立法権を有すると宣言した。当然のことながら、アメリカの植民地議会もアイルランド議会もこのような法律を歓迎することはなかった。1720 年のアイルランド法は 1782 年に撤廃されたが、これは、ヨークタウンにおけるコーンウォリス卿の軍の降伏、つまり、イングランドという国にとって忘れることのできない植民地での象徴的敗北で、アメリカ独立革命に終止符を打つことになった出来事の後であったことと無関係ではない（第3章参照）。

アイルランドは、ブリテンがアメリカにかかりきりである状況を巧みに利用した。アメリカ革命はアイルランド経済に壊滅的な打撃となり、アイルランドの市場の多くが失われた。イングランドの貿易商は、危機に陥ったアイルランドを支援するためにアイルランドとの取引に課されていた制限をわずかに緩和することすら、すべて拒否した。このような非協力的な態度を前に、アイルランド側もブリテンからの工業製品の輸入を拒否するという報復に出た。さらに状況を緊迫させたのは、イングランド軍がアメリカに大規模に展開していた状況下で、プロテスタントおよびカトリックのアイルランド人義勇軍がアイルランド全土で訓練を開始し、イングランド政府に大きな脅威を与えたことである。宣言法が撤廃され、アイルランドで議会が再開されたのは、このような流れを受けてのことであった。これは、アイルランド、とくにアイルランド人プロテスタントの不満を鎮めるためであった。

もちろん、アイルランドの勝利は短命であった。20年もたたないうちにアイルランド議会は再び閉鎖されることになった。しかも、1798年のウルフ・トーンの反乱は、宗教的な信条にかかわらず、すべてのアイルランド人の政治参加を求めたにも関わらず、1782年の状態にもどして再開されたアイルランド議会は完全にプロテスタントのみで構成されており、多数派であるカトリックの意見はほとんど顧みられることがなかった。このような域内の緊張は、ケルト地域が植民地主義的な侵略の犠牲者であると単純に決めつけることはできないということをあらためて思い出させてくれる。この地域が侵攻を受けたことは確かであるが、国内植民地主義の歴史の内実はもっと複雑である。ケルト地域自身が内部で分裂していることも珍しくなかったのである。彼ら自身が植民地化を企てることもあった。1695年、スコットランドがスペイン領中央アメリカに植民地を設立しようともくろんで行った探検、ダリエン計画は失敗に終わった。これが10年後に現実のものとなった、イングランドによるスコットランド併合への刺激となったことは確かであろう。イングランド人は、スコットランドが独自におこしたこの行動に激怒し、イングランドの植民地交易やスペインとの関係への影響を憂慮した。スコットランドは、自律的に外交政策を遂行する権利を主張したが、スコットランドからイングランドへの輸出禁止をちらつかせるイングランドの姿勢に、スコットランド側の反発は抑え込まれてしまった。このやり取りにおいて、スコットランドは明らかに弱い立場にあり、自身が植民地化される側としての経験を持っていた。それでもなお、海外の植民地化を試みたのである。

さらに複雑なことに、ハイランドとローランドのスコットランド人の間には、どうみてもはっきりとした断絶があった。18世紀、スコットランドの都市部は、当時もっとも活躍していた思想家の何人かの出身地であった。そのような著名な著述家であるデイヴィッド・ヒューム、アダム・スミス、アダム・ファーガソンとともに、スコットランドが誇りにしていたのが、洗練された医学、科学、そして法学の権威であることであった。18世紀のスコットランドで受けることができた医学や学術の指導は、全般に南のイングランドで一般的に受けられるそれよりもはるかに優れていた。こうした知的な環境は、スコットランドのハイランドの住民には無縁のものであった。1745年のジャコバイトの反乱を鎮圧した軍隊にはイングランドの兵士だけではなく、スコットランドのローランド出身者も多かった。ローランドのスコットランド人やイングランド人は、ハイランドのスコットランド人を都市化されて洗練されたローランドの人びとに比べて教養がなく、粗野で野蛮だと見なしていた。結局、1745年以後はハイランドにおいて社会を解体し、さらなる反乱を阻止しようとしたが、この方針に対して、スコットランドの主だった政治家からはほとんど反対が出なかった。彼らは、スコットランドの中でもより経済的に発展した南部（ローランド）を重視していたからである。このような分断は、植民地の関係を単純化したり、ロマンチックに見立てすぎたりすることの危うさを示してくれる。

ウェールズでは、ウェールズ人を野蛮と見なしていたのは、イングランドからの移住者であった。ウェールズの人口が少なかったこともあって（1801年で50万人）、スコットランドやアイルランドの人びとに比べてここは同質性が高かったといえる。ウェールズ人と混交することに対するイングランド人の懸念は、合同以前にすでに、例えばウェールズ人女性と結婚した男性をウェールズ系イングランド人として区別する規定があったことにもあきらかである。これは、夫の条件が妻のステイタスを規定し、その逆ではないという、一般的な男女のステイタス決定の事例とはまったく反対であるという意味で、きわめて特徴的である。ウェールズは後進的であるとされており、大学や博物館などの近代的な機関が整備されたのは他のケルト地域よりもはるかに遅く、ようやく 19 世紀末になってからであった。

イングランドがウェールズに関心を寄せたのには、密輸を撲滅し、国境を平定する必要性もあるが、最大の理由はウェールズが持つ鉱産資源のためであった。19 世紀半ばまで、ウェールズはグラモガンシアに集積する製鉄業で知られていた。その後、石炭生産が主流になった。こうした原料は、富裕層にさらなる富と利益をもたらした。しかしながら、ウェールズの庶民は困窮する一方であった。多くの地域で石炭採掘以外に仕事がなく、家族が全員採炭に従事する、つまり父に続いて息子が炭坑に入り、女性は家庭でそれを支える場合もあったが、女性たち自身が採炭現場で働くことも珍しくなかった。このサイクルを打ち破る術はほとんどなかったため、ウェールズは経済不況の影響をもろにかぶることになった。とくに 20 世紀になると炭鉱を擁するウェールズの峡谷地帯は、ブリテン諸島のなかでもっとも失業が深刻な地域となっていった。

アイルランドは国内植民地主義のさまざまな歴史のなかでも、ある意味もっとも複雑な事例と言えるだろう。独立した島であり、大半がカトリックのままであるアイルランドに対する、攻撃的かつ拡張主義的なイングランドの介入には長い歴史がある。歴史家は 16 世紀のアイルランドをイングランドの「植民地の実験場」と見なすことも多いが、イングランドによるアイルランド支配の兆しははるかに前からみられた。1494 年に制定されたポイニングズ法は、イングランド君主の同意なしにアイルランド議会を開会することを禁じ、プロテスタントにのみ選挙権を与えた。この法律は 1782 年にようやく廃止されたが、これはアイルランドに対する直接的な統治の始まりを告げるものであった。ペナル・ローとよばれる厳格な法規（コード）制により、アイルランドのカトリックの生活はあらゆる面で制限されていた。カトリックの家族と結婚することは市民権を失うことを意味した。カトリックが保持できる財産の形態や額だけでなく、働くことができる場所、雇用できる人、学ぶことができる場所と内容まで厳しく制限されていた。武器を持つことは許されず、法律を扱うこともできなかった。アイルランド独自の政治制度を発展させることは法的に阻止されてていた一方で、アイルランド独特の土地保有の慣習のために、人口の大半は困窮にあえぎ続けた。アイルランドの土地保有条件はかなり特殊であり、土地所有者ではなく借地人が土地の改良や投資の責任を負うことになっていたが、安定した借地権が保証されているわけではなかったため、借地人は改良のために投資する積極的な動機をほとんど見いだせなかった。このような制度から発達してきたのが、広範な不在地主のシステムである。不在地主は収益を最大にすることにばかり熱心で、土地の改良や借地人のために金を使うことには消極的であった。一方、借地人はといえば、土地改良への動機がないばかりか、ほとんどの場合、それに必要な資金も持ち合わせていなかった。メアリ・テューダーの治世下で始まった 16 世紀、17 世紀の植民計画は、時が経過するにつれ、範囲や規模が飛躍的に拡大していったが、もともとあった不平等がさらにひどくなっただけであった。こうした植民地化計画の目的は、イングランド人に土地を与えてアイルランドのプロテスタント化を推進することであったからだ。この点については、この事業はある意味成功であった。アイルランドのカトリックが所有する土地は 1641 年には 61% であったが、1704 年には 14%、1770 年代にはわずか 5% にまで減少していた。その他のほとんどの面においては、入植は失敗であった。散発的におきる憎悪に満ちた反乱の増加に対する、イングランド人の反応は非常に偏狭なものであり、報復として、カトリック信仰のシンボルや（聖）遺物を破壊していった。

参政権を奪われ、さらに困窮してゆく人びとの不満を前に、イングランドがアイルランドにおいて大規模な軍事力を維持したのは驚くことではないし、この方針は、後に他の多くの植民地でも踏襲された。こうした軍の維持費負担をイングランドではなくアイルランドに求めたことが、傷ついたアイルランド人にさらなる屈辱を与えることになった。

しかしながら、イングランドの支配は武力に頼るだけではなかった。長い間、ケルト地域全域で地方の言語の使用を制限する政策がとられていた。英語は政治と法律、文化の言葉であったが、さらに、教育の言語でもあったという要素が、決定的な意味を持っていた。すでに指摘したように、ウェールズの教会が地盤を失った原因は、通常の礼拝が支配と力の言語である英語でとり行われるようになったためであった。一方、ウェールズの教会と勢力を競うプロテスタント諸派は頻繁にウェールズ語で礼拝した。これはとりわけ重要な意味を持つ。ウェールズ語は、スコットランド語やゲール語と比べてはるかに広範囲で話されていたからである。小学校におけるウェールズ語教育の禁止は 1907 年まで続いたが、ウェールズ人の半数以上は、1890 年代になってもウェールズ語を話していた。スコットランドやアイルランドの人びとのうち、それぞれの地方の言葉を話していた人の割合ははるかに少なかったが、ゲール語もまた、初等教育のカリキュラムからは周到に排除されており、教育にはもっぱら英語が使われていた。このような禁止が存在したという事実が、地域の誇りの源として言語を復活させようとする動きを生むことになり、特に 19 世紀にはケルト語の復興を目的とする組織がたくさん設立された。ウェールズではアイステッドファッド・コンテスト[v]が 1860 年代にでき、1876 年にはアイルランドでアイルランド語保存協会などが設立された。これらは 19 世紀中に国内植民地において文化的、政治的ナショナリズムへの関心が高まったことを示す典型的な例である。

ケルト辺境の人びとの中で英語の使用がもっとも一般化したのが教育を受けた富裕な層であったのは驚くにあたらない。言葉は特権、つまり、同化とイングランド化を示すもっとも分かりやすい指標のひとつであった。いずれの植民地においてもイングランド支配の成否を分けたのは、内部の協力者を得られるかどうかであった。そして、権力、富、影響力や権利が著しく不平等な時代にあって、それぞれの地域のエリートに支援を求めるのは、植民地化をおおむね成功裏にすすめるための賢明な選択であった。富裕なスコットランド人やアイルランド人は、服装、景観やライフスタイルをイングランドの慣習や美意識に合わせようと躍起になった。イングランド風の家を建て、イングランド風のドレスを身につけ、話し方もイングランド人に合わせたし、

v　Eisteddfod poetry-reading competition：ウェールズにおけるウェールズ語による吟唱詩コンテスト。現在は、音楽、演劇、文芸などウェールズ芸術の祭典として、毎年 8 月初めに 1 週間、南北ウェールズで毎年交互に開催される。

借地人との関係もイングランドの慣習にならった。ウェールズの裕福なケルト人は、イングランド人の富裕層と同じく、貧困層や労働者たちを粗野で文明化されておらず、不道徳な人びとと見なしていた。スコットランドではこうした線引きは地理的なものとも重なった。ローランドのスコットランド人は、あまり開けておらず、隔絶されたハイランド地方の人びとのことを古い時代の粗野なライフスタイルに先祖がえりしていて、原始的であかぬけていないと見なしていたが、これは、イングランド人がスコットランド人やウェールズ人、アイルランド人に対して持っていたイメージをほぼそっくりそのまま引きうつしたものでもあった。同様の偏見に満ちた見方は大西洋を越えてアメリカにわたったり、地球を一周してオーストラリアに入植したりしたアイルランド人移民にもついてまわった。

階級間の分断は植民地の維持を確実にする一助となっていたが、1832年の議会改革法の成立によってあきらかに強化されることになった。一方で、この全国的な選挙制度と議会制度の改革は、投票システムに内包されるもっとひどい不平等を放置したままであった。この制度によって新しく生まれた有権者は、ケルト地域と比べてイングランドの権益を明らかに優先した。1832年以後は、イングランド人男性の5人に1人が選挙権（投票権）を得たのに対し、スコットランドでは8人に1人、アイルランドにおいては20人に1人であった（女性はいずれの地域でもこの法律により選挙から完全に除外されていた）。また、1800年、解散を前にアイルランド議会が求めていた非プロテスタントキリスト教徒への選挙権拡大がようやく実現したのは、1829年のカトリック解放法によってであった。

国内植民地主義は、貧富の格差の解消にはほとんどつながらなかったばかりか、遠く離れた植民地同様、これを植民地的な目的に利用した。だとすれば、貧しいものたちは一体何ができただろう。多くは、移民することを選び、貧しい地域は人口の流出によりさらに困窮することになった。王国の統合以後、ケルト辺境の人口は、イングランドに比べて相対的に縮小した。初期ですら移民が解決策であったとはいえ、貧しさと展望のなさに打ちひしがれた人びとにとってそれが必ずしも簡単で快適な方策であったわけではない。アイルランド人の若い男女の姿は17、18世紀にアメリカ植民地に到着した年季奉公人の中で際立って多く、こうした労働力は、彼らの出発地点においても、到着地においても、植民地主義の産物であった。18 世紀から 19 世紀にかけてのイギリス帝国は、スコットランド人の活躍によって作り上げられたものであるということもできる。帝国で医師、軍人、官僚などとして活躍した人びとにはスコットランド人が際立って多かったが、社会の最底辺層にはほとんどいなかった。イングランド的な環境にいる多くのスコットランド人にとって、スコットランド人であることが不利に作用することは少なくなっていった。本国から遠く離れた帝国においては、特殊にイングランド人であることよりも、ブリティッシュであるという事実の方が、その人のステイタスを上昇させるうえで重要であったのだ。19 世紀から 20 世紀にかけて、スコットランドのハイランドでは皮肉なことに経済的な目的に沿った人口の管理が行われていた。植民地主義の力は、ブリテン島の内側とそれをとり囲む海を越えた所とで同時に作用していたのである。国内植民地主義は、海外における帝国事業とは違う面も若干はみられたが、より広い地域で行われた帝国の事業の一部を構成する、もっとも早い時期の事例のひとつととらえるべきである。

拡大志向で攻撃的なイングランドの姿勢に由来するこのような発展や変化の中でも、プロテスタントの継承や活発な植民地交易は変わらず維持された。すでに見てきたように、17 世紀、そしてとくに 18 世紀にイングランドが関与した軍事行動の多くは、植民地交易と通商ルートの安全と利益の維持が主眼であった。1700 年ごろからイングランドの主要な貿易相手はヨーロッパから成長途上の帝国へと移っていき、商業上の制度的な優位はイングランドにとって必要であるということを法的にも保障した。1650 年にまでさかのぼる悪名高い航海法は、すべての商船について規制をかけていた。イギリスで建造され、イギリス人船員が運航する船は、商品をイギリスの港を経てイギリス領内に運ぶことと定めている。商業は「閉鎖的な商圏」で行われ、そこではイングランドは当然のように特権を与えられ、保護されていた。もちろん、多くの規制は時とともに撤廃されていったが、イングランドの通商の保護は常に何よりも優先された。

ジョージ 3 世は、1760 年に即位すると、君主が国家の運営にもっと直接的に関与できるような体制を築いた。広範な反カトリック感情とフランス革命に対する懸念のために、この君主権の復活は1809年の即位50周年に最高潮に達した。ヴィクトリア女王の治世までには、君主に対するこのような崇拝は、イギリス帝国において異質なものが調和し、統合されたイメージを想起させる、植民地支配には欠かせない道具となった。王族の植民地訪問が頻繁になり、1876年にヴィクトリア女王がインド皇帝を宣言するのに合わせて、そのための壮麗な行列や儀式が創り出されると、新しい大衆的な忠誠心が高揚した。この忠誠心において、イギリス帝国は、イギリスの偉大さの絶対的な象徴の位置を占めていた。イギリス人の結束を強調するレトリックにより、国内植民地の併合につきものであった残酷な記憶が薄れていった。結果として、連合王国はブリテンのより壮大な植民地事業の産物であって、かなり異質なグループが「自然に」一緒になったものではないということ、つまり、帝国の形成に従ってイギリス（グレート・ブリテン）として凝集していったことは、いとも簡単に忘れ去られてしまった。

注

（1） Colin Kidd, 'North Britishness and the Nature of Eighteenth-century British Patriotisms', *Historical Journal* 39, no.2（1996）, pp.361-82.

（2） Steven G.Ellis, ' "Not mere English": The British Perspective, 1400-1650', *History Today* 38（1998）, p.48; Ellis and Sarah Barber（eds）, *Conquest and Union: Fashoning a British State 1485-1725*（London: Longman, 1995）参照。

（3） Linda Colley, *Britons: Forging the Nation, 1770-1837*（New Haven, CT: Yale University Press, 1992）, p.2. リンダ・コリー著『イギリス国民の誕生』（川北稔監訳、名古屋大学出版会、2000年）、57頁。

第2章

奴隷、商人、交易

SLAVES, MERCHANTS AND TRADE

18世紀までにイギリスの海軍力は他を圧倒するようになっていた。この時期は戦争の時代でもあるが、軍事力の優位性は、戦争ではもちろんのこと、植民地との通商、物資や人を世界中に送り届ける場面などでもいかんなく発揮された。世界を股にかけたイギリスの活動が目に見えて活発化するにつれて、ヨーロッパの外における権益や収益性に関心が向けられるようになり、帝国主義が称揚されることも多くなっていった。18世紀になると、「帝国」は、海外にあるイギリスの単なる勢力圏ではなく、実際にイギリスが保持している領土をさすことが多くなっていった。議会では、帝国に関係することについて取り上げられる時間が増えていった。1714年から39年の間だけでも、植民地との取引やそれに関連する法案が29本も可決された。18世紀イギリスの新聞や雑誌は、イギリスの帝国領をめぐる議論に紙面のかなりを割いていた。これまでより多くの人や物が、地球上を縦横に行き交った。世紀が進むとともに、イギリス帝国は、規模も利益も大きくなっていき、成熟していった。それと同時に関心の的が変化していった。18世紀というのは、大西洋側の所領がイギリス帝国の特性を象徴する時代であり、北米、そして何よりイギリスの富の源泉として決定的な意味を持っていた西インドが帝国の中心であった。

18世紀、ヨーロッパやイギリス帝国の莫大な富と政治的成功を確かなものにしたのが、大西洋奴隷貿易であったことは間違いない。ヨーロッパが持っていた植民地における奴隷労働は、他にない独特の現象であったというわけではない。大西洋奴隷貿易が利益を生むようになるまでに、人間を奴隷とすることにはすでに長く多様な歴史があった。しかしながら、地中海やサハラ以南のアフリカに以前からあった奴隷制に西ヨーロッパが参入したことで、植民地主義と結びついた大規模で特異な貿易が生まれたのである。ゴールド・コースト沿岸の小さな漁村が16世紀から17世紀にかけて、アフリカ人の居住者だけでなく、はるばるヨーロッパからも人が集まってくる活気のある貿易の中心地となっていった。奴隷とともにスパイス、武器、象牙などが活発に取り引きされ、大きな利益をあげるようになった。18世紀の間、奴隷の存在に異議を唱える者はほとんどいなかった。

しかしながら、カリブや北アメリカに奴隷を供給した帝国の奴隷貿易は、多くの面で特殊であった。まず、この貿易は規模が非常に大きかった。また、戦争捕虜や犯罪者がほとんどであったそれまでの奴隷制では考えられないほど故郷から遠く離れた場所に奴隷を連れ去った。大西洋の奴隷制は人種的に限定されているという点でも特異である。それまでは、解放された奴隷たちは、多くの場合、その社会の周囲の者たちと何ら変わりがなかった。一方で、大西洋貿易でとらえられた奴隷たちにとっては、彼らの肌の色が奴隷のしるしであり、存在を際立たせるものになった。新世界の奴隷制は、農業生産にほぼ特化していたという面でも他とは異なっている。他の地域の奴隷たちはさまざまな仕事をこなしていたが、大西洋地域ではほとんど農業プランテーションでの労働に従事させられていた。プランテーションで彼らが生産していた作物は、もともと植民地探検や旅行などを通じてこの地域にもたらされたものであった。砂糖も綿花も西インドには他の熱帯地域から移植されたものであるが、カリブ海の風景だけでなく、労働のあり方、社会構造などを一変させてしまった。イギリスのもっとも有名な博物学者、ジョゼフ・バンクスは、秘密裏にイングランドの商務院のために働いており、1780年代、アジアの綿花のさまざまな品種を西インドに持ち込んだ。太平洋、インド洋地域原産の砂糖の品種の多様性は、西インドのプランテーションにおける砂糖の増産に大いに役立った。ヨーロッパの帝国主義と分かちがたく結びついた大西洋奴隷貿易は、他のどこにもない奴隷制の特異な形態であった。

奴隷たちは西アフリカの沿岸で大量に買い付けられ、1740年（もっとも、奴隷貿易そのものは、これより200年以上前に始まっていたのであるが）からイギリス帝国が奴隷貿易を廃止する1807年までのあいだ、大半は大西洋地域に送られた。彼らの労働は、ヨーロッパ人が砂糖、タバコ、綿花生産で大きな富を築くのに貢献した。18世紀を通じて、毎年およそ6万人が奴隷として船積みされた。奴隷貿易はカリブ海や北アメリカ、ヨーロッパの帝国列強だけでなくアフリカにも大きな影響を及ぼした。奴隷狩りや誘拐、奴隷貿易の範囲がかつてないほど拡大したことで、奴隷とされた人びとの人生だけでなく、アフリカの政治までも変わってしまった。アフリカのエリートたちはこの貿易で利益を得たし、ヨーロッパの植民地勢力との交易における力学をよく理解したうえで、自分たちが管理している土地や商品に手を伸ばそうとする彼らを巧妙にコントロールしていた。彼らの競合関係をよく理解していたアフリカの指導者たちは、ヨーロッパの商人や貿易会社を互いに競わせたりしたのである。奴隷狩りに対して無防備な地域が防衛体制を強化するために再編された結果、それまで西アフリカに存在した国家に比べてより中央集権的な国家の創設につながることも珍しくなかった。

15世紀半ばから19世紀終わりまでの間に、およそ1200万人のアフリカ人が奴隷としてアメリカ大陸に送られた。彼らの経験はどこに送られるかでずいぶん違っていた。奴隷たちが送られた先には西インドの砂糖植民地もあれば、ヴァージニアのタバコプランテーションも、あるいははるか北、プランテーション労働とは無縁のニューイングランドのニューヨークやカナダもあったからである。わずかではあるが、イギリス本国に送られた奴隷もいる。ここでは、家事労働がアフリカ人奴隷にとってもっとも一般的な仕事であった。18世紀の初めごろは、北米植民地よりも、西インド諸島に送られる奴隷が圧倒的に多かった。しかし、この割合は18世紀の終わりが近付くにつれて変化し、19世紀に入るころにはアメリカに送られる奴隷の数がカリブ海地域へのそれを凌駕するようになった。

17世紀、18世紀を通じて、イギリス領植民地の労働力は、それまで一般的であった白人（多くはアイルランド人）から奴隷へと徐々に置き換わっていった。18世紀に奴隷貿易が大きく発展するよりも前の西インドや北米植民地では、年季奉公人が広く雇用されていた。植民地の白人労働者には、流刑囚や「無賃渡航移民（リデンプショナー）」といわれる、約束の日までに乗ってきた船の渡航費が払えなければ、船長によって借金のかたに売り飛ばされてしまうものが多数含まれていた。大西洋を越えてきた流刑囚には刑事犯（大半はスリや浮浪、窃盗といった微罪犯）と政治犯がいた。17 世紀、オリヴァー・クロムウェルは、アイルランド植民政策に抵抗する多くのアイルランド人を追放するため、移送を利用した。執拗かつ公然と法律を拒む非国教徒もまた、流刑囚をのせ、植民地に向けて大西洋を横断する船に同乗していた。こうした人びとは、大西洋植民地で働く白人貧困層の中でももっとも自由のない人びとであった。一方、年季奉公人たちは、自分が働くことになる植民地までの船賃を雇用主に肩代わりしてもらうのと引き換えに、一定期間就労する契約を結んでいた。契約を更新する者もいれば、植民地を去る者もいた。またある者は年季奉公ではないかたちでその地にとどまった。彼らの選択肢も限られてはいたが、奴隷とは違って自分で選ぶことができた。18 世紀のあいだに奴隷労働が支配的になり、この地域へのアフリカ人の流入が白人のそれを圧倒するようになっていった。白人の移民が数のうえで再び多数になるのは 1807 年の奴隷貿易廃止の後である。

西インドでは、初めのうちは、奴隷と年季奉公人は従事する労働にも待遇にもほとんど違いがなかった。ときには奴隷が裁判で自由を勝ち取ることすらできた。奴隷貿易が発展し、植民地の奴隷制プランテーション経済が確立していくと、年季奉公人と奴隷、つまり白人と黒人との間には越えがたい一線がはっきりと引かれるようになった。プランテーション経済のなかで白人労働力の使用は急激に減少し、アフリカ人奴隷の移入が急がれた。

奴隷狩りは、費用がかかるうえにリスクの高い投機的なビジネスだった。さらに、労働集約的でもあった。しかし、大きな収益を上げることも可能であったため、死、反乱、難破や海賊などのリスクをあえて負うこともいとわない事業家が常にいた。さらに、利益を手にしたのは、奴隷貿易のルート上にいた人びとや、積荷である人間を購入した人だけではなかった。イングランドの港にあった造船業は、奴隷貿易で非常に潤った。リヴァプールでは、人間を「積荷」として運ぶための船が 18 世紀末まで毎年およそ 21 隻ずつ建造され、さまざまな労働者に雇用を提供した。製鉄業は、鎖や足かせだけでなく、アフリカで奴隷と交換する商品を大量に製造した。

奴隷船の状態は悲惨であった。航海のほとんどの間、狭くて不衛生な場所にたくさんの人が閉じ込められていた。食べることを拒否した者は、強制的に食事を取らされた。赤痢、天然痘やはしかといった伝染病が、不本意な渡航者たちの間に蔓延し、彼らを恐怖に陥れた。1678 年にバルバドスに向けて西アフリカを出港した奴隷船、アーサー号では、アフリカ人が死なない日は 1 日たりともなかった。2 ヶ月の航海のあいだに、82 名の命が失われた。奴隷として売られて船に乗せられるためにアフリカ沿岸までつれてこられるまでに、20 ～ 40%が死亡した。さらに、3 ～ 10%は、乗船する前に亡くなった。加えて、15%は奴隷船のなかで命を落とした。これは、この時期に奴隷としてではなく、船賃を支払って乗船した客の死亡率の実に 2 倍にのぼる。奴隷として運ばれた人たちのうち、1/3 以上が目的地に到着する前に亡くなった。そのうえ、新世界に着いてからも、それまで一度も経験のない伝染病にさらされて、さらに多くが死亡した。驚くべき死亡率の高さであった。1788 年、イギリス議会は奴隷船の状況を改善するためにドルベン法を制定し、奴隷たちの苦痛を緩和し、失われる命を減らそうと試みたが、積み荷として運ばれる人間の死亡率は高いままであった。

目的地に着いた後、奴隷たちの運命が大きく改善されるわけでもなかった。初期には、西インドの奴隷たちの 3 人に 1 人は、カリブ海地域の農場での辛い仕事で 3 年以内に亡くなった。イギリス植民地における奴隷の生活は困難をきわめた。奴隷たちは自分たちの住居を自ら建てなければならなかったし、食物を育て、配給された布で衣服を作ったが、これらすべては、週 6 日の農場での長時間労働のあとに行われた。

とはいえ、奴隷たちも起きている時間のなかで、ある程度は自分でコントロールする方法がないわけではなかったし、どのような抵抗のかたちが深刻な結果をもっとももたらしにくいのか、また、どれが効果的なのかを素早く身につけた。アイラ・バーリンは、奴隷たちが他の労働者たちと共有していた選択肢を次のように挙げている。「知らないふりをする、労働のペースを落とす、節約を最低限にする、道具を壊す、大事な時に姿を消す、そして最終手段であるが、監督や所有者に直接暴力を使って対峙する[(1)]」である。奴隷たちは道具の使い方が分からないふりをしたり、指示が理解できないふりをした。彼らは巧妙に仕事を基準以下に抑えることもできた。奴隷たちが農業生産のリズムを体得するようになるにつれ、彼らが協力的であるか否かは、収穫量や作物の質に顕著に反映されるようになった。

奴隷の中に、ひそかな抵抗よりも逃亡の誘惑にかられるものがいたとしても驚くにはあたらない。捕らえられて罰せられ、もとの仕事に連れ戻されることがなかったものは、マルーン共同体と呼ばれる集落で肩を寄せ合うように暮らした。彼らは容易には近寄れないし、捕まえられないような場所で孤立して暮らしており、ときにはプランテーションへの襲撃を組織したり、プランテーションでの反乱を企てたりした。最大のマルーン共同体は、ジャマイカにあった。そこではおよそ1000人の逃亡奴隷がひとつは島の東（ウィンドワード）、もうひとつは西（リーワード）という具合に二つに分かれて暮らしていた。1729年から1739年にかけて続いたマルーン戦争は、ジャマイカ経済を壊滅させた。1739年にマルーンと当局側との間で交わされた協定により、マルーンは自由を付与された。ただし、この協定への合意と引き換えに、逃亡奴隷を所有者のもとに返すということも取り決められていた。これは、逃亡したものと、逃亡された側との間での奇妙な合意であって、将来逃亡するものにまで言及している。

18世紀末までに、イギリスの奴隷植民地は奴隷にかかわる諸法を成立させていった。奴隷たちは権利が存在しない状態に耐えていたが、こうした法は彼らにそれよりもさらにわずかな権利しか認めなかった。法律では奴隷は動産（チャテル）（つまり、売買あるいは相続されうる）と規定され、解放（マニュミッション）（奴隷の側から自由を獲得すること）の見通しをほぼ不可能なものにしていた。こうした法律は、奴隷の悪行に対する罰則について定め、奴隷の移動を厳しく制限するパス法[i]を確立した。こうした統合奴隷諸法で、奴隷に認められるようになったものもある。奴隷たちは、所有者が収益用の耕作には向かないと判断

i　この後、イギリス帝国各地で非白人に身分証明書の携行を義務付け、移動を制限する同様の法律が制定された。

した土地に小さな区画を割り当てられており、そこで自分たちのために育てている作物の世話をするために、収穫期を除いて日曜にくわえて14日に一度、休みが与えられていた。

17世紀を通じてイギリスは西インドにおける足場を着実に固めていった。この地域におけるスペインの勢力を弱体化さようと積極的に動き、ポルトガルがブラジルで行う砂糖生産と肩を並べるだけでなく、最終的にはそれに取って代わるべく着々と植民地を獲得していった。18世紀にはイギリスは奴隷貿易を行う国家のあいだで主要な位置を占めるようになり、他のどの国よりも多くの奴隷を移送していた。1670年代半ばから1800年にかけて大西洋を渡った奴隷の40%以上はイギリス船によって運ばれた。1655年のジャマイカ併合がこの流れを決定づけた。18世紀初頭までに、この島はイギリスにとってもっとも重要な砂糖生産地になった。ただし、1790年代初頭からの奴隷反乱を経てハイチとなったフランス領の砂糖植民地、サン＝ドマングと比べると小さかった。イギリス領のカリブ海植民地で奴隷が生産していたのは砂糖だけではなかったが、砂糖は何よりも重要であった。一方、アメリカ植民地の生産物ははるかに多様で、単一の作物栽培（モノカルチャー）に特化することはまれだった。カリブ海地域に19ヶ所あったイギリス植民地のうち、14ヶ所が主要な砂糖植民地であった。タバコ、ココナツ、コーヒーや他の作物も作られていたが、砂糖がもっとも大きな利益をもたらした。必要とされる労働力がもっとも多かっただけでなく、砂糖ほど統制のとれた労働力を必要とするものもなかった。1830年代の初めごろまで、ジャマイカの砂糖プランテーションでは平均で223人の奴隷が働いていたのに対し、コーヒープランテーションでは128人、牧場では100人であった。

西インドの砂糖生産は農業労働と近代の工場制が組み合わされたものであった。サトウキビが使われる前に腐敗するのを防ぐために、砂糖は西インドで栽培されるだけではなく、半加工された。奴隷たちは農場だけでなく、収穫された原料のサトウキビを手際よく加工できるように厳密に生産計画が組まれた工場でも働いていた。このように、イギリス本国で労働者の大半が土地での労働に従事していた時期に、図1が示すように、植民地ではすでに工場制の生産システムが取り入れられていた。しかしながら、砂糖は西イン

図１　奴隷が湯気の上がる砂糖キビの絞り汁を大桶から移している。アンティグア。1823年（Clark William（1808-83), The Bridgeman Art Library）

ドで完全に加工、精製されたわけではない。イギリスに砂糖がとどく前にどの程度精製できるのかは、法律によって厳格に決められていたのである。製糖作業のかなりの部分はイギリスでなされたが、腐敗しやすいというこの作物の特性のために、植民地は早くから工場生産が行われる場になった。労働は苛酷であったが、プランテーションの所有者には巨富をもたらした。1770年から1787年にかけて、イギリス領西インドは北大西洋地域の砂糖生産の35％を占めていたが、19世紀初頭には55％にものぼった。これは、奴隷反乱のためにフランス領の砂糖植民地で生産量が減ったためである。1750年代から1820年代にかけて、砂糖はイギリスで最大の輸入品であったから、これは大きなビジネスであった。とどまるところを知らないかのようなイギリス国内の砂糖消費の伸び——ヨーロッパの他のどの国とも比較にならないほどであった——は、この時期を通じてこの輸入品の価値を押し上げた。西インド植民地は18世紀後半、イギリス経済とイギリス人の味覚にとって恐ろしく重要なものであった。奴隷貿易と同様に、プランテーションの開設には大きな初期投資が必要であり、多額の費用がかかる事業であったが、一方で、もしもすべてが順調なら利益も莫大であった。

奴隷制は年季奉公人と違い、再生産によって次世代を供給することが可能であった。奴隷身分で生まれた子どもがプランテーションを決して離れることができないように定められていたのは、あきらかに経済的な理由からであった。奴隷の子どもは、父親ではなく母親の身分を受け継いだ。これは、女性たちが従属的に位置づけられ、子どもたちは生まれながらに父親の身分を引き継ぐとされていた18世紀のイギリスの法律とは対照的である。はっきりした法律はなかったが、イギリスの法の下では、奴隷ではなく、白人男性が奴隷の女性を妊娠させた場合（このようなケースはよくあったが）、生まれた子どもを奴隷にすることは回避された。2年ごとに子どもを産む奴隷の女性はもっとも頑健で仕事の速い男性の奴隷よりも大きな利益を生む。彼女が生む子どもによって、長期的に見れば労働力を十分にまかなうことができるからであると述べたのは、トマス・ジェファソンである(2)。妊娠できる女性は大切にされ、とくに価値の高い財産として、奴隷所有者の遺言状による相続の対象とされた。奴隷所有者の中には、ジェファソンのように妊娠中の奴隷を保護することで得られる利益を実感しているものもいた。奴隷の出産数が、新しい奴隷の購入数を上回るところも多かったからである。1627年にイギリス領になったバルバドスなどがそうであった。ここは、砂糖という利益の大きい商品を、大規模な資本集約的奴隷制プランテーションで先駆的に生産しはじめた植民地であり、1760年ごろから島で必要とされる労働人口が、奴隷の自然増加で満たされるようになった。もっとも、これは西インドの奴隷植民地の中では特殊な例であった。奴隷の出産を計画的に促すことは、アメリカのプランテーションでより一般的に行われており、出生力も、アメリカの女性の奴隷たちのほうが高かった。西インドでは、過酷な労働を強いる砂糖生産が中心であったため、奴隷の女性の出生力も低くなりがちであった。男性の奴隷は砂糖栽培や生産のなかで、より高い技能を要する仕事を任されていたので、女性たちは畑での作業に駆り出されることになった。一団となって行う植え付け、草取り、収穫などの重労働が、女性たちの健康と出生力を蝕んだ。

妊娠時や出産直後には、女性の奴隷たちが苦しい奴隷労働から一時的に離脱できることもあった。必ずというわけでは決してなかったが、場合によっては、妊娠した女性の奴隷は労働が軽減されることがあったからである。これは、心情的な配慮というより、経済的な判断であった。こうした方法をとる奴隷主のもとにいる奴隷は幸運だった。リチャード・ステッケルが19世紀アメリカのプランテーションの記録を分析したところ、奴隷の妊娠のうち54％は死産か乳幼児死亡に終わった[(3)]。これ以前、あるいはイギリス植民地の状況はもう少しましであったと推定しうる根拠は何もない。妊娠は女性にある意味で利益をもたらすこともあったとはいえ、彼女たちは性的な虐待に対して無力であった。所有者や監督官からの性的な誘いを拒絶するのは致命的な結果を招くことになるからであった。奴隷である母親から生まれた子どもたちの地位を規定する法律がプランテーションの所有者にとって重要であったのは、それだけ白人男性と女性の奴隷との間の性交渉が頻繁であったためである。法がなければそうした子どもたちは白人、すなわち自由であると見なされることになった。

暴力は女性に対する性的暴行にとどまらなかった。暴力は、捕らわれた人が奴隷船に乗せられる前に始まり、足かせをはめられ、無理やり乗せられた奴隷船では暴力が日常であった。耐え難い航海を何とか生き延びて故郷が遠く離れた地にたどり着いても、状況は何も変わらなかった。奴隷の反乱は日常的であり、常に暴力による鎮圧がつきものであった。それでも、それが抗議行動を思いとどまらせることにはならなかった。トバゴは1770年代と19世紀初頭に繰り返し奴隷反乱に見舞われた。アンティグアでは1736年、グレナダでは1795年、トリニダードでは1805年、バルバドスでは1675年と1816年、デメララでは1823年、そしてジャマイカでは1760年、1776年、1831年にそれぞれ大きな奴隷の反乱がおきた。奴隷の反乱は、多くの場合、プランテーション奴隷にとって日常的なものであった暴力への対抗手段であった。奴隷は鞭でうたれたり、殴られたり、性的に暴行されることもあったし、時には殺されることさえあったが、それが罪に問われることはなかった。彼らを奴隷にすることそのものが、あらゆる意味で暴力の結果であった。

強制は奴隷制の根幹であり、結局、鞭、銃、足かせなどに頼るものであった。奴隷が経験した暴力は、単に身体的な虐待に対する苦痛を与えるだけのものではなかった。奴隷たちは自分たちのコミュニティから強制的に連れ去られ、異なる言葉を話す見ず知らずの人たちの中に投げ込まれた男であり女であった。彼らは所有者が選んだ名前を強要され、監督が示すどんな仕事でもせねばならなかった。暴力と強制が彼らの存在を支配していた。

18 世紀後半になるまで奴隷は広く所有されていただけでなく、一般的に許容されてもいた。16 世紀、ジョン・ホーキンスが行った奴隷貿易のための航海は、イギリスにとって初めての奴隷関連事業であったが、女王エリザベス 1 世はこれに何度も投資した。1710 年、バルバドスのプランター、クリストファ･コドリントンは、カレッジ設立のために自分の奴隷制プランテーションをイングランド国教会系の伝道協会､福音普及協会（SPG）に遺贈した。彼は「わたしの願いはプランテーションがそっくりそのまま存続することであり、そこにはいつも少なくとも 300 人は黒人がいることである」との遺言をのこした(4)。現在もなお存在するコドリントン・カレッジは、1845 年にこの島に開学した。教会はプランテーションと奴隷を 1838 年まで維持した。

18 世紀の終わり近くになると、奴隷制に反対する気運がヨーロッパ内に力強く生まれてきた。18 世紀の政治哲学者たちは、ほとんどが奴隷制を無視するか、奴隷制を正当化してきた。ところが、1760 年代になると、フランスの哲学者、シャルル・ド・モンテスキューがこの制度に対する批判を展開した。さらに、強い影響力のあったスコットランドの経済学者、アダム・スミスも奴隷制に対する苦悩を吐露している。彼は、奴隷制を人類の進歩とは相いれないものと考えていた。スミスは、奴隷にはあきらかに欠如している自由意思こそが、進歩をもたらす原動力であり、自由労働は、彼の描く社会像のなかで道徳、経済や統治と相互作用をなす際の核と位置付けていたからである。スミスの反奴隷制の論理的根拠は、彼が世界を進歩に導くと考えていた経済的システムとの整合性にあったが、多くの反奴隷制運動家の動機は宗教心であり、反奴隷制運動では、さまざまな福音主義的キリスト教徒や他のプロテスタントのグループが重要な役割を果たすことになった。ただし、宗教的な動機は、こうした奴隷貿易廃止論者が奴隷を自分たちと同等のもの

図2　ウェッジウッドの工場で製作された反奴隷制を訴えるメダル。1787年（Josiah Wedgwood（1730-95), Harris Museum and Art Gallery, Preston, Lancashire）

と見なしていたことを必ずしも意味するわけではなく、実際ほとんどの場合、そうではなかった。反奴隷制運動によく見られた論理は、アダム・スミスの不自由に対する考え方とよく似ており、奴隷制度は奴隷としてとらわれ、苦しめられている人びとを退化させ、暴力的にするというものであった。こうした心情が典型的に表れているのが、1789年にウィリアム・ウィルバーフォースが庶民院で行った演説である。ここで彼は「アフリカの発展を妨げているのはひとえにイギリスとの交流である。奴隷貿易は（アフリカ人の）心を奴隷のようにし、彼らの性質をゆがめてしまっている。奴隷貿易のためにアフリカ人は動物としての尺度から見てもひどく劣った状態にあり、猿の方が優れていると考えるものがいるほどである。」と述べた[(5)]。奴隷貿易廃止論者の多くは、アフリカ人を文明化できる環境を整えることが、自分たちの役割であると考えていた。彼らは、奴隷として生きている限り文明化とは無縁であり、文明化はキリスト教の贖罪を通してのみ実現できると信じていた。図2のメダルの鎖に繋がれた奴隷がなぜ祈り、哀願している姿、つまり、当時すぐにキリスト教徒であるとわかるものであったのかに注目すべきである。この図像は広く複製され、長い間、大西洋の両側で反奴隷制感情の象徴となった。

このメダルは奴隷貿易廃止協会の印章であり、最初期のメンバーのひとりで、当時の製陶業界でもっとも成功していたジョサイア・ウェッジウッドがデザインした。ウェッジウッドはチャールズ・ダーウィンの母方の祖父であり、両家は世代を超えて一貫して奴隷制に反対し続けた。ダーウィンが 1830 年代初頭にビーグル号で世界中を航海している間に家族にしたためた手紙は、アメリカ大陸で目にした奴隷の非道さについてのおびただしい批判に満ちている。ダーウィン一族の女性たちは、反奴隷制運動において著名な人びとであった。イギリスにいた多くの女性と同様、彼女たちは資金を集め、奴隷制に反対する手紙を書いた。反奴隷制運動は、かなりの数の女性たちに、イギリスに生きる女性たち自身の不平等を意識させるきっかけとなり、彼女たちを女性の権利のための闘いへと誘うことになった。

イギリスにおける反奴隷制運動は、18 世紀末に急速に発展した。イギリスが奴隷貿易廃止の先駆けであったわけではない。デンマークは 1803 年に奴隷貿易を廃止した初めての国であるし、イギリスが奴隷貿易廃止を決定した時期には、アメリカにもその用意があるといううわさが広く流れていた。（デンマークの奴隷貿易廃止法は 1792 年に成立したが、施行は 1803 年であった。アメリカの奴隷制廃止はもちろん 1860 年代以前には起こりえなかった。）イギリスでは、1770 年代までに裕福な人びとが多い宗教セクトであるクエーカー[ii]が、奴隷所有者や奴隷貿易業者とは一切の関係を断ち、メンバーには奴隷と関連するあらゆる事業から手を引くよう求めた。1772 年、裁判所により下されたマンスフィールド判決は、イギリスの地では元奴隷は自由であるため、元奴隷で当時イギリスにいたジェイムズ・サマセットを強制的にアメリカに送還し、奴隷にすることはできないと裁定した。この判決は、イギリス国内において奴隷制の法的根拠に対する主張を一切無効にしたという意味で、非常に重要であった。1787 年、奴隷貿易廃止協会は奴隷制に反対する請願に 6 万筆もの署名を集めた。翌年、議会はこれに関して他のいかなる議題よりも多くの請願を受け取った。最初の奴隷貿易廃止法案は 1792 年に議会に上程された。法案が成立しなかったのは、前年にフランス領サン＝ドマングで

---

ii　17 世紀のイングランドで誕生した非国教会系の教派。

多数の犠牲者を出した反乱の影響がとりわけ大きかった。19世紀初頭の最終的な奴隷貿易の廃止は特筆すべき道徳的な成果であり、リスクが高いながらも利益の大きい奴隷貿易に対して多くの人が行動を起こした。同時に19世紀初頭のイギリス政治は自由貿易システムへの傾斜を強めていたが、これも反奴隷制運動の追い風となった。というのも自由貿易派は、労働は労働者と雇用者間の自由意志による契約によるべきあると主張していたからである。(6)

反奴隷制運動の影響は、当然のことながら場所によってさまざまであった。アッパー・カナダでは、1793年をもって奴隷の受け入れは終了していたが、イギリスは1807年まで奴隷貿易を廃止しなかったし、奴隷制度の廃止法案が最終的に議会を通過したのは1833年であった。政府がプランターたちの経済的な打撃を救済することを、必要な措置であると正当化した奴隷解放宣言の条件には多くの人が失望した。奴隷制度は1834年8月に廃止されたものの、奴隷たちはその後7年間もとの所有者のところにとどまり、食料と衣服を提供される見返りに労働時間の3/4は彼らのための労働に従事することが求められた。奴隷所有者に対しては、これに加えて補償として2000万ポンドにのぼる莫大な現金が支払われた。7年とされていた徒弟期間は当初の予定より早く1838年に終了した。しかしながら、それまでに元奴隷の多くは奴隷解放後に残る面倒な奉公を嫌って未開拓の土地へと移動していた。イギリス領西インド植民地と砂糖を生産していたインド洋のモーリシャスの島では、1830年代の終わりまでにおよそ80万人の奴隷たちが自由を勝ち取った。

1830年代の奴隷制の廃止は、イギリス領における最大規模の奴隷反乱の後、まもなく実現した。「バプティスト戦争」がジャマイカの大部分を揺るがしたのは1831年のことであった。作物や財産が破壊され、奴隷たちの不満や怒りがだれの目にもあきらかになった。この蜂起だけが奴隷解放の背景であったわけではないが、この出来事がそれまでの、より漸進的な改革の流れを変える契機となり、1833年の解放につながったのは確かである。

イギリス帝国の他の地域、特に東アフリカでは奴隷解放の後も奴隷制度は廃止されずに残った。奴隷貿易と奴隷所有を分離するという原則は、イギリスの反奴隷制改革のプロセスの特色であったが、あちこちの法律にも影響を与え続けた。19世紀の第4四半期になると、イギリス領アフリカの多くの地域で奴隷貿易は禁止されたが、このとき用いられたのが、「法的地位」の廃止として知られるものであった。1772年のマンスフィールド判決と同様、この方法は奴隷制に何ら法的根拠を認めないというものであった。つまりこれは、裁判所は奴隷の所有を法的に保障できないというものであった。1843年、イギリス領インドでも同じ原則が打ち出されたが、帝国の大部分、とりわけアフリカでは、奴隷の所有は20世紀に入るまで正式に非合法とされることはなかった。

帝国の中で解放されて自由になった奴隷や逃亡奴隷の数は、1830年代よりかなり前から増加の一途をたどっていた。1780年代初頭にアメリカ革命が終了した時点で、多数の元奴隷がカナダやイギリスに向かった。そのほとんどは困窮していた。予期していなかった貧しい移民の流入に直面して、1787年、自由な黒人の植民地の実験地としてシエラレオネが設立された。最初の植民計画は失敗におわり、実験もしばらくは試行錯誤を繰り返したが、植民地はなんとか存続した。ここは1808年、直轄植民地となったものの、この植民地計画を推進した人びとが望んだ、自由な労働者たちによる自給自足的な農業プランテーション経済が実現されることは一度もなかった。自由な労働に立脚した植民地という同じような構想は奴隷制廃止によってトリニダードでも進められていた。彼らは、奴隷制にかわる制度が人道的なだけでなく経済的でもあることを示そうとしていた。こうした実験も、イギリス人が紅茶やケーキに入れてせっせと消費する砂糖と同じく、奴隷制の植民地的な産物であった。

1807年以後もイギリスの貿易は奴隷が生産する商品によって大きな利益を上げ続けたし、イギリスの工業も、足かせや手かせなど、奴隷制と密接に結びついた商品を積極的に生産し続けた。奴隷貿易の廃止は、奴隷が生産する砂糖の輸出の減少をまったく前提としていなかったが、これは1833年の奴隷解放法もアメリカで奴隷が生産する綿花のイギリス向けの取引には何ら影響を与えなかったのと同じことである。イギリスが法的に奴隷制を廃止してからずいぶんたっても、イギリスの経済や貿易は、実質的には奴隷の生産品から大きな利益を得ていた。

奴隷が生産する砂糖は、18世紀のイギリスにとってもっとも価値のある輸入品であったから、西インドは18世紀後半のイギリス帝国をさまざまな意味で支配していたということができるが、奴隷解放後のカリブ海植民地は、帝国内での重要性を急速に失っていった。プランターたちが事業で富を蓄え、イギリスの政界に大きな影響力を持ちえた奴隷制の時代とは、話ががらりと変わってしまったのである。18世紀のあいだ、プランテーション植民地が他のイギリス領植民地に比べて高い独立性を保持していたのは事実である。大西洋植民地は、立法議会と財産制の選挙のもとに自治を行っていた。バルバドスが先頭を切って1639年に最初の議会が招集された。イギリス経済の健全性を確保するために大西洋植民地は重要であったため、西インドのプランターは帝国議会からさまざまな譲歩を引き出していった。こうして、プランターたちは富を蓄え、イギリス以外との競争を制限することができた。くわえて、本国議会の議員の相当数は、かなりの砂糖権益を持っていた。

重大な結果を招くことになったいら立ちの原因のひとつは、隣接する北アメリカの植民地が反対するような案件について西インド派が帝国政府から譲歩を引き出す能力の高さであった。例えば、1733年の糖蜜法はアメリカ植民地への外国産（つまりイギリス産以外）の砂糖輸入に対して高額の関税をかけると同時に、フランス産の砂糖と糖蜜のアイルランドへの輸入を禁止した。アメリカはイギリス産のものよりも安価な時には、フランスや他の生産地の砂糖を買い続けたが、自分たちの利益を犠牲にして西インド派の利益を優先するイギリス本国の姿勢に対する怒りが燃え上がった。

自由貿易論が支配的な経済思想となる前、つまり、重商主義的が原則であった時代にはこうした保護主義的な要求は広く一般的に見られるものであり、海軍などの軍事行動で確実に保証されていた。18世紀を研究する歴史家は、イギリスを「財政軍事国家」と呼び、外交は経済政策と密接に関係しており、それが政治的な行動を決定づけたとしている(7)。経済と外交は、どちらも政府の財政的な安定に寄与した帝国の富の成長と深く結びついていた。

誰が誰と取引できるのか、あるいは、誰が大西洋を越えてイギリス商品を運ぶことができるのかということについて、数々の法で取り決められており、こうした法律には重商主義の原則がはっきりと見てとれる。人間を扱う貿易にも同じ経済原則があてはめられた。イギリスの奴隷貿易は独占事業として始まり、1663年、まず王立冒険商人会社に特許が与えられたが、9年後には新参の王立アフリカ会社にも付与された。重要なのは、特許会社はどのような商品を扱う場合でも、独占権を認めてもらうのと引き換えに王に対価を支払っていたということである。1698年、王立アフリカ会社は独占権を失い、奴隷貿易が（特許を持たない）民間人に開放された。これにより、人身売買はイギリス人が初めて経験する自由貿易のひとつとなった。

18世紀中ごろまで150隻もの奴隷船が活発に貿易を行っていたが、奴隷の取引にまったく制限がなかったわけではない。1713年、ユトレヒト条約によってスペイン継承戦争が終結し、イギリスはジブラルタルとアカディア（現在のノヴァスコシアとほぼ重なる地域）を獲得した。くわえて、スペインは、イングランドにむこう30年にわたってスペイン帝国に奴隷を独占的に供給する権利（アシエントとよばれる）を認めた。政府は、王立アフリカ会社から奴隷を購入することを条件に、この権利を南海会社に与えた。（もっとも王立アフリカ会社は、1731年、競争によって疲弊したために奴隷取引から完全に手を引いた。）独占によって手厚く保護されていたおかげで富を蓄えてきたイギリスのプランターは、スペインが一番よい奴隷を獲得してしまい、イギリスのプランターにはスペインが引き取りを拒んだものが回ってくるのではないかとの懸念から、これに強く反対した。

当時の重商主義は、人道的な側面をほとんどそなえていなかった。これはひとつの経済システムであり、植民地は本国に対し、工業製品の見返りに原料を供給することが期待されており、両者は互いの市場で独占的な地位を享受できた。もっとも、植民地は常にイギリスの需要に従うだけであった。これが第3章で述べる18世紀後半におけるイギリスと北アメリカ植民地の緊張の大きな原因のひとつである。独占的な物資の交換は、結局のところ、常に軍事力、イギリスの場合は強大な海軍力によって保障されていた。17世紀から18世紀にかけて、海軍力は飛躍的に増大した。

1651年以来、一連の航海法が植民地交易を厳しく規制していた。これらの法律では、イギリスとイギリス植民地の船だけに植民地物産の輸送を許可することや、ほぼすべての輸出品と再輸出品はイギリスに向かわせることが定められていた（例外が奴隷、マデイラワインと漁業用の塩であった）。その見返りに、植民地は本国市場を独占できた。植民地は、イギリス内に需要はあるが本国では得られない物産を生産することや、工業製品の購入はイギリスからだけに限ることを奨励されたというだけでなく、ある意味、強要されることになった。1696年以後、植民地交易は新しい商務・プランテーション院、一般的には単に商務院と呼ばれるところが監督するようになった。この組織は、民間の貿易に対する中央の監視を強めていったが、これは、国家が関税や物品税の徴収を通してこの巨大な富の取り分を確保するためであった。18世紀中、イギリス植民地へ向かう奴隷の運搬は、ほぼイギリスの奴隷船だけが独占していたことにも同様の意味があった。

18世紀、商業は活力と成長力にあふれた事業であった。この時期の社会理論家は、複雑な商業活動がヨーロッパ勢力の象徴であり、これこそが文明の極みであると論じることも多かった。18世紀、商業やビジネスに関心を持たないということは、すなわち「原始」的な人びとであることの証左であると見なされることも珍しくなかった。おもに交易を前提とした植民地拡大期にあって、これは植民地征服と未開地の占有を正当化する完璧な論法だった。経済学者や哲学者、政治家などは、文明化されていない人びとは、工業製品の消費や取引に対してあまり大きな価値を見いださないが、貿易国家が与える影響は、彼らに大きな利益をもたらすことになると考えていた。他の時代は、宗教や肌の色の違いが植民地化する側とされる側を分ける決定的な事項となることが多かったが、18世紀においては、商業が文明の度合いを測り、他との違いを決定づけていた。イギリスに一次産品を輸入し、イギリスからは工業製品を輸出するという貿易を奨励するような風潮のために、こうした見方は一層強くなった。植民地での消費水準が相対的に低いことは、「現地」の人びとの野蛮な状態を示す証拠とされ、アフリカやアジアで貿易商がしばしば直面することになったイギリス製品への無関心や、本来は植民地が現地の人びとに影響を与えた結果であることが多かった貧困を説明する格好の理由ともされた。これはもちろん環大西洋奴隷制を正当化する便利な論法でもあった。

重商主義は、当時すべてのものの中でもっとも価値があると考えられていた銀をできるだけ多く獲得したいとの欲求が発端となっていた。重商主義者の見解によれば、交易の目的は銀の蓄えを増やすことにあり、イギリスとカリブ海、あるいは、イギリスとアメリカ植民地との間の取引のように、富を生み出すそれは正しい交易と見なされていた。ヨーロッパ人ではない人たちがヨーロッパの商品には興味を示さず、あるひとつのモノ、すなわち銀にだけ関心を見せたことは、ことを複雑にした。しかし、銀を使ってアジア物産を購入することは、手元のストックを増やすどころか減らすことにしかならないのは明らかである。これは重商主義者たちの不満のタネであった。重商主義経済では、取引の種類によっては許可されず、厳密な管理のもと、イギリス世界の内側だけで交易されていた奴隷の交易は一つの権利の証とされ、一方、アジア人がイギリスやイギリス植民地物産に無関心なのは、文明化された通商からかけ離れている証拠と見なされた。

モノとならんで人の交易がこの時期のイギリス帝国主義に際立つ特色のひとつだったが、いまひとつの重要なテーマは、帝国主義的な覇権抗争であった。とりわけ、18 世紀は主要な侵略者であるフランス、スペイン、イギリスなど、覇を競うヨーロッパ勢力の間で陸海軍の衝突が頻繁に起きた。西インドの奴隷経済が拡大傾向にあったため、政治家たちは戦闘に必要な財源を確保することができた。したがって、ヨーロッパの膨張の中心となった国家の間で勃発した一連の戦争において、戦いの場がヨーロッパの中ではなく、ほとんどが植民地の領土であったというのも偶然ではない。ヨーロッパの植民地勢力は、カリブ海、インド、北アメリカで互いに激しく競り合い、植民地の支配者は頻繁に入れ替わったが、そこに暮らす人びとの意向や彼らが必要とするものは一顧だにされなかった。

イギリスが対抗しようとしたのはフランスであった。とりわけカリブ海において旧スペイン帝国の勢力と重要性が衰えるにつれて、この傾向は顕著になった。1680 年から 1815 年までに英仏間では七度戦争がおこった。なかでももっとも決定的であったと思われる七年戦争は 1763 年に終結した。イギリスは、新しい領土をかなり獲得したが、それなりの代償を払ってのことだった。この戦争は、イギリスとイギリス植民地の多くに多大な財政支出を強いたばかりでなく（これは貿易封鎖のためばかりではない）、新たに獲得した植民地にかかるコストも相当なものであった。しかも、戦争はイギリスにとってもっとも重要な植民地のひとつであるアメリカとの関係を不安定なものにした。次に見ていくように、イギリス系のアメリカ人と、ヨーロッパにおけるイギリスのライバルは10年もたたないうちにアメリカ独立戦争の弱点を利用し始めた。

しかしながら、イギリス帝国は、七年戦争を終結させた1763年のパリ条約で獲得した領土のおかげで大きく成長した。カリブ海では、イギリスはグレナダ、ドミニカ、セント・ヴィンセントとトバゴを得た。北米では、ケベック、プリンス・エドワード島と東西フロリダがすべてイギリスの支配下にはいった。南アジアにおけるイギリスの権益もまた、この時期にかなり拡大した。多くの歴史家が、パリ和約を分水嶺と見なすのは驚くにあたらない。この条約の前には、イギリス帝国はおもに交易のために作られ、そのために獲得されたものであった。しかし、1763年以後は、イギリス帝国領が広がり、規模、多様性も拡大したために、純然たる経済的な領域に収まるものではなくなり、政治的な意味を持つようになっていった。帝国の論理は、少なくとも純粋に経済的なものとはいえなくなっていったのである。

ところで、イギリス帝国の規模の拡大や多様性の広がりと同時にまったく別のものが成長したこと、つまり帝国内で不満や緊張の高まりがみられたのは興味深いことである。北アメリカでは大きく分けて二つのグループがイギリス支配に対する不満を募らせていた。もとからのイギリス領に住むアメリカ植民地の人びとは、彼らを縛る政治的、経済的な制約にいら立っていたし、フランス領からイギリス領へと編入された地域のカトリックのフランス系住民（フランス語話者）は、イギリスの政治システムが反カトリック的な要素を持っているために、彼らの政治参加が制限されることに反発していたのである。

もっとも、カトリックのいらだちは、ケベックのような植民地に限定されていたわけではない。帝国の中心にはるかに近いアイルランドも騒乱の中にあったことは、第1章でも述べたとおりである。1798年の反乱は、以後100年にわたるアイルランドの命運を決定づけることになったが、同時にイギリスが帝国内に抱えていたもろさを浮き彫りにすることにもなった。アイルランドよりも中心に近いところで、奴隷制反対派の成長が奴隷労働の継続を脅かしつつあったし、アダム・スミスに代表される新しい世代の経済理論家も重商主義の保護主義的な慣行を批判し、自由貿易主義の効用を説いていた。歴史が教えてくれるのは、潜在的なものも実際に起きたことも、結局のところ帝国を現実に崩壊させるにいたった危機は何もなかったし、植民地主義は、自由貿易や奴隷制反対派などによって持ち込まれることになった、新しい大きなイデオロギーの変革に対応するだけの柔軟性を持ち合わせていたということである。しかし、当時そうした変化の渦中に生きていた人びとは、帝国が崩壊するかどうかではなく、いつ崩壊するのかに気をもんでいたことであろう。1770年代にアメリカで起きたことは、多くの人の眼には帝国の破滅を予告するものに映ったはずであるから。

注

(1) Ira Berlin, *Many Thousands Gone. The First Two Centuries of Slavery in North America* (Cambridge, MA: The Belknap Press of Harvard University Press, 1998), p.11.

(2) Edwin M. Betts (eds), *Thomas Jefferson's Farm Book: With Commentary and Relevant Extracts from Other Writings* (Charlottesville, VA: University Press of Virginia, 1976), p.46.

(3) Richard Steckel, 'A Dreadful Childhood: The Excess Mortality of American Slaves', in Kenneth Kiple (ed.), *The Africans Exchange: Toward a Biological History of Black People* (Durham, NC: Duke University Press, 1998), p.220.

(4) Vincent T. Harlow, *Christopher Codrington III: 1667-1710* (New York: St. Martin's Press, 1990), p.218.

(5) Wilberforce's parliamentary speech, May 1789, quated in Barbara Harlow with Mia Carter, *Archives of Empire Vol II: The Scramble for Africa* (Durham, NC: Duke University Press, 2003), p.97.

(6) ドレッシャーは、とくにこの裁判が道徳的に許しがたいという感情を喚起し、奴隷貿易の廃止に導いたと *Econocide* において述べている。Seymour Dorescher, *Econocide, British Slavery in the Era of Abolition* (2nd edn, Chapel Hill, NC: University of North Carolina Press, 2010). この見解の対極にあるもっともよく知られた議論は、エリック・ウィリアムズによる記念碑的な業績『資本主義と奴隷制』(中山毅訳、ちくま学芸文庫、2020年)である。Erick Williams, *Capitalism and Slavery*

（Chapel Hill NC: University of North Carolina Press, 1944）.

（7）Philip Harling and Peter Mandler, 'From "Fiscal-military" State to Laissez-Faire State, 1760-1850', *Journal of British Studies* 32（1993）: pp.44-70.

第3章

「新世界」への入植

SETTLING THE 'NEW WORLD'

後にアメリカとなる大西洋植民地は、カリブ海植民地とほぼ時期を同じくして発展しており、実際これら二つの植民地の歴史は対をなして密接に結びついていた。現在のヴァージニアおよびそのはるか北方のニューファンドランドでは、1580年代に始まった初期の入植の試みのうち、より永続性がありそうな植民を行って17世紀に成功をみたものがある。ヴァージニア植民地は1607年に設立され、エリザベス1世（いわゆる「処女王」）にちなんでその名を与えられた。17世紀を通じて入植者たちは次々とイギリスを旅立ったが、その中には新しいアメリカ植民地での職を求める者もあれば、土地を求める者もあり、また宗教の自由を求める者もいた。これらの新しいアメリカ植民地を建設し、その初期に住み着いたのは、大部分が移民という道を自ら選択した白人入植者であった。このことは、征服ではなく移民によって成し遂げられ、そこに入植した人びとがかなりの政治的自由を享受したひとつの現象として、アメリカの植民地化のいくつかの特徴となっている。ただしこの見解は、ある三つの重要なグループをあえて無視した場合にのみ適確である。それらのグループとはすなわち、初期アメリカの繁栄にきわめて重要であった流刑囚と契約労働者、新たにやってきた人びとが自分たちの求める自由と成功を謳歌するためには入植者社会による支配と周縁化が必要だったアメリカ先住民の諸族、そして続々とこの地域に運ばれて労働を強制された奴隷たちの集団である。これらのグループは、自らの選択と自由意志でやってきた人びとよりも、はるかに少ない自由しか与えられていなかった。

初期の入植者たちは、しばしば自分たちはイギリス人であり、植民地で出会った現地の先住民やアフリカから強制的に連れてこられた奴隷たちはよそ者だと考えていた。アメリカ先住民が被った植民地化の影響は甚大で、住む場所はもちろんのこと、彼らの健康や財産、社会構造、慣習と伝統にも作用した。もっとも悪名高いのは、ヨーロッパ人がそれと知らぬ間にこの大陸に持ち込んだ未知の伝染病の衝撃であった。アメリカ先住民は天然痘や麻疹、インフルエンザ、結核、ジフテリアに過去にさらされたことがなかったため免疫を一切持っておらず、格好の餌食になった。伝染病がアメリカ先住民の居住地で広がると、住民のほぼすべてがたやすく病に見舞われた。植民初期にあっては、伝染病がもっともありふれた殺人者だったのである。新しい形態の土地利用と入植のための土地の囲い込みは現地の生態系を長期的に変容させてゆき、地元の人びとが昔から食料源として拠り所にしてきた野生の猟鳥獣などの資源をしばしば激減させた。また土地使用の変化によって、アメリカ先住民諸族の暮らしのよりどころは、自給自足農業から交易と商業への依存へとゆるやかに移行していった。それは多くの民族が伝統的に従ってきた季節的な定住と移動の急激な変化であるとともに、諸民族が入植者への依存度を高めてゆくという変化でもあった。ことに毛皮交易はアメリカ先住民の重要な収入源となったが、大規模な動物の捕獲は環境に大きな打撃を与えた。またヨーロッパ式火器の導入も安定を揺るがせた。銃はその威力ゆえに価値の高い商品となり、先住民の集団はそれを手に入れようと互いに争ったのである。そのような争いは諸族間の抗争へと発展し、銃の使用によってそれ自身が殺戮をもたらすものとなった。しかし諸族間の戦争は、旧来のアメリカ先住民の生活様式を破壊したという点では、ヨーロッパ人入植者との戦争に比べればまだ影響が小さかった。それは現地の生活とは遠くかけ離れた出来事と関連していながらも、アメリカ先住民に影響を及ぼした。イギリスと、帝国をめぐる他のヨーロッパの競争者たちのライバル関係や、広大な土地への渇望は、これらの抗争に巻き込まれたアメリカ先住民に相当の緊張をもたらし、アメリカへの入植者に立ち向かって生き延びるための彼らの能力を弱めた。

だが、生き延びた者たちは周囲の変化を受け入れただけではなく、ヨーロッパ流の交渉術をすぐに学びとった。18 世紀までに、とりわけ弱体化した民族のうち難を逃れた者たちが合流してゆくにつれ、彼らのコミュニティは多様性を増していった。アメリカ先住民はさまざまなヨーロッパのライバル勢力を自分たちに有利なように互いに争わせることを学び、またかなりの程度まで異文化間の交流も行われた。今日のアメリカの感謝祭の食卓に並ぶのは、入植者たちが地元の人びとから学んだものがほとんどである。すなわち七面鳥やトウモロコシ、メープルシロップ、カボチャなどは、すべて入植者がアメリカ先住民から手に入れる方法を教えてもらった食料なのである。このような交流や、敵意を持った世界の中で生き抜くという堅い決意にもかかわらず、アメリカ革命の頃までには大西洋岸のアメリカ先住民はヨーロッパ人入植者に大きく経済的に依存するようになってしまったが、それは彼らが政治的な力をほとんど持たなかったことを意味した。

独立革命時にアメリカ先住民がイギリス本国側に与えた相当の支援は報われることがなく、当時の多くの人びとは、彼らの未来についての含みまでももたせつつ、1783 年の平和調停（以下で論じる）の失敗はアメリカ先住民の忠誠心にたいするみじめな報いだと考えた。白人のアメリカが帝国から独立を勝ち取った後も、イギリスはアメリカ先住民を手なずけていたが、1780 年代と 1790 年代に新しいアメリカの共和国と先住民のあいだでおこった戦いに際しては一貫して彼らへの支援を断り続けた。独立戦争時に本国を支援したために、アメリカ先住民は新しい支配者たちに好意をもたれることはなく、合衆国が数多くの先住民諸族と次々に結んだ諸条約が彼らに寛容であることはめったになかった。

アメリカ先住民の人口がヨーロッパ人との接触ののち 17、18 世紀に減少していった一方で、激増していったのは入植者人口である。1620 年から 1640 年の間に約 2 万人の移民が新大陸に到着し、1730 年のその人口は約 62 万 9000 人になっていたし、1783 年までには、ほぼ 150 万人におよぶヨーロッパの白人がこの地に入植していた。1800 年までに人口は総計で 500 万人を超えた。ごく初期の移民たちはその大方が若く、男性で、独身であったが、これは入植植民地に典型的なパターンだった。時代が下って植民地が安定してくると、家族での移住が始まった。1630年代までに北アメリカ北東部沿岸の500マイルほどにおよぶ海岸部はイギリス領となり、1759年までにはそこに13の植民地ができて、そのほとんどが繁栄をみた。18世紀半ばまででもっとも人口が多かったのは、タバコ栽培植民地のヴァージニアとメリーランドだとみられ、この両者をあわせると1750年までに約37万2000人に達した。これに次ぐ人口集中がみられたのは、ニューイングランド植民地だった。

アメリカ植民地をそれほどまでに魅力的にしたものはいったい何だったのだろうか。もちろんもっともよく語られる物語は、良心と信仰の自由を求めた1620年のメイフラワー号の旅であるし、ピューリタンがアメリカ植民地の初期の歴史において重要な足跡を刻んだことも確かではある。アメリカにやってきた白人入植者たちの大部分はアングリカンではないプロテスタントで、18世紀と19世紀には、植民地は小規模の宗教的セクトが勢力を伸ばせる場所として知られるようになった。総じていうなら、アメリカでの生活におけるひとつの重要な側面は大多数派の宗教というものが存在しないことであったが、このことはアメリカを際立たせて特徴づける宗教的寛容という強固な構成要素の説明となる部分があった。公定教会を持っていたのは、13植民地のうちわずか2植民地――マサチューセッツとコネティカット――だけだったが、これはイングランド国教会の力がカトリックやユダヤ教徒（第1章で詳述）と同様に、非国教徒のキリスト教徒にも完全な政治参加をさせなかったイギリス本国とはまったく異なった状況であった。

しかしながら宗教は、入植者の植民地主義がアメリカではなぜあれほどまでに成功したかという複雑な要因の一部であるにすぎない。18世紀までに、ことにイギリスで顕著にみられた商業的環境の成長のなかで、これらの植民地は近辺の西インド奴隷植民地からさらにその南方へと物資を供給する有効な拠点となってゆき、またイギリス本国では入手できない商品を提供するようにもなった。18世紀後半までに、北大西洋市場は数多くの商品について決定的な重要性をもつようになった。すなわち砂糖、タバコ、コーヒー、綿花、ココア、そしてラム酒である。さらに北方の植民地では、船舶を建造して内部に設備をするための木材が同様に重要であり、毛皮貿易も高い利益を上げていた。18 世紀半ばまでには、入植者資本主義が十分に確立され、アメリカの商人や貿易業者は、イギリスの重商主義政策によって理論上課せられた制約の多くを、報復を少しも恐れることなく無視するのが常となった。

土地は、その入手の容易さと価格の安さに引き寄せられた入植者と、自分たちの文化とはまったく相容れない財産法の受容を次第に求められるようになったアメリカ先住民の間の少なからぬ抗争の種であったとともに、植民地が発展するにあたってのおそらくもっとも重要な要因でもあった。新たにやってきた人びとと現地の人びとの間の抗争の大方は、土地にたいする感覚や関わり方の根本的な相違を反映していた。入植者とアメリカ先住民は、たがいに相手方の侵害を訴えた。この絶えまない緊張は、フロンティアでの暴力行為や襲撃、家畜の殺害や窃盗、畑や住居への放火などをもたらした。これらはいずれも植民地政府が容認するところではなかったが、フロンティアで生きることの現実であった。植民地時代のアメリカでは、土地を入手する方法はひとつではなく、植民地ごとにそれぞれ違った土地配分の方法があった。特に北部の植民地など、もっぱら集団やコミュニティに土地を分配するところもあったが、南部ではむしろ個人にたいして土地を売却する傾向があった。南部では人頭権として知られる制度によって、現地までの渡航費を自弁できる人びとに土地が無償で与えられた。しかしイギリス人の基準からすれば土地は安くてふんだんにあり、また移民はイングランド（革命以前のアメリカでは多勢を占めた）からだけではなく、ドイツやスイス、スカンディナヴィア、オランダ、アイルランドからもやってきた。18 世紀には、スコットランド人やアイルランド人の移民の方が、イングランド人の移民よりも多かった。初期のアイルランド人移民の多くはカトリックではない、やがてスコットランド系アイルランド人としてアメリカで認知を得ることになるアルスタ出身者であった。彼らはスコットランドを出て北アイルランドへと移ったスコットランドのプロテスタントで、カトリック優勢のアイルランドで居場所を見失ったあげくアメリカにやってきた人びとが大部分であった。1763 年の七年戦争終結から 1775 年の独立戦争開始までのあいだに、およそ 5 万 5000 人のプロテスタントのアイルランド人と、4 万人のスコットランド人、

3万人のイングランド人、そして1万2000人のドイツ人が13植民地に到着し、同様に8万4500人のアフリカ人奴隷も運ばれてきた。

土地は大きな魅力ではあったものの、17世紀と18世紀にアメリカに上陸したすべての移民のうち少なくとも半分は土地を購入しに来たわけではなく、自分たちの渡航費を支払って契約期間内の食べ物と住まいを保障してくれる雇用主に規定の期間は縛られる、年季奉公の契約労働者としてやってきた者たちであった。アメリカの歴史には、貧者が成功するという野心に満ちた物語――大衆読み物によくある「極貧から大金持ちへ」という物語――があふれているが、アメリカで年季奉公人として出発した人間に、おとぎ話のような富を得た者などはほとんどいなかった。たいていの者は貧しいままで、いつか土地を手に入れるためというよりはむしろ賃金を得るために、年季を過ぎても働き続けることになった。これは営利志向が進行してゆく社会にとって好都合だった。土地が安いと多くの人が小さな地所を買えるようになるため、労働者が得にくくなることがあるからだった。そのような労働者の供給不足という状況はあたかも労働者にとって望ましいようにもきこえるが、そうではなかった。契約と、植民地の多くにあった営利主義的な最高賃金の押し付けは、富を持つものと賃金のために働く者の格差を動かしがたいものとした。土地所有者層と労働者の間のはりつめた関係は、植民地時代のオーストラリアでふたたび顕在化することになる（第4章参照）。

しかしながら、全般的にみれば18世紀のアメリカ社会は、土地保有者を多く含んだ中流階級と、賃金労働に従事する少数の労働者階級からなる、突出した上流階級が不在の社会であった。この有力な土地保有者層に、厳格な勤労理念を奉じ個人を尊重することの大切さを堅く信じる非アングリカン系プロテスタントが多かったことは、新しい共和国が多様な方向に形づくられてゆくことに寄与したと考えられる。宗教的寛容という原則は、もっぱらプロテスタント系セクトのみに限られた。さまざまな宗教を持つ入植者たちにとって、生活はさまざまなものでありえた。ニューイングランド植民地はヴァージニアよりも都市的だったし、北部植民地の農業は南部のプランテーション植民地の農業よりもずっと多様性に富んでいた。しかし白人入植者たちにとっての植民地経験がさまざまであっても、奴隷やアメリカ先住民にとっては、13 植民地のすべてにおいて暴力と抗争が生活を支配していた。

入植植民地はある程度の政治的自由を享受したが、それは白人移民人口が優勢になった植民地にのみ与えられたものであった。アメリカの大西洋植民地でみられる「代議政体」は、選挙による議会を通じて機能した。イギリスと同様、選挙権は財産所有に基づいており、成人男性に限られていた。女性と土地を持たぬ男性は、アメリカ先住民と同様に排除された。防衛や課税のような問題——これらは 1770 年代に議論の的となるのだが——は、いまだロンドンの帝国政府の手の内にあったが、植民地議会は地元にとって重要な法令を可決する力を持っていた。植民初期から 18 世紀半ばまで、イギリス本国政府は植民地内政の施行については、それが歳入の妨げとならないかぎりほとんど無関心であった。本国政府がコントロールしようとしたのは交易であり、交易と政治が崩壊し始めたときになって、ようやくイギリス本国の政治家たちはアメリカ植民地の統治という問題に注意を払うようになったのである。

この関心の欠如は、商業と歳入が圧倒的な関心事だった 18 世紀のイギリス帝国に特有な性格だったという部分もある。しかし 18 世紀初頭のアメリカ植民地のケースについていえば、17 世紀にそうであったと同様、この地が西インド植民地と比べるとはるかにうまみが少ないと見なされていたからでもあった。アメリカ植民地の主要な役割は、奴隷植民地がその地の特産であり、そして儲けがとても魅力的な諸物産に専念できるよう、西インドに食料や家畜、木材や衣服を供給することであった。西インドはそのかわりにアメリカ植民地にたいして砂糖やラム酒、糖蜜を供給したが、これはイギリス本国が植民地交易をどのように機能させたかったかということを示す古典的な手本であった。すなわち、本国と植民地は生産と供給の複雑なネットワークで結びつき、イギリス世界の外部からやってくる商品は排除するというやり方である。北アメリカにおける入植者人口の着実な増加はこのシステムに勢いを与え、アメリカ植民地の重要性を高めたが、本国が彼らの交易に課す制限についての苛立ちが見えるようにもなってきた。18 世紀半ばまでに、アメリカ植民地は、西インドとイギリス本国への物資供給元としての役割をより重要なものにしてゆき、それにつれてかつての活気のない経済集団から輸出と再輸出の双方の面で重要な市場へと変貌していった。

しかしながら、イギリスがヨーロッパの競争相手とほかならぬこれらの地域でしばしば争っていた時代にあって、経済を政治的な動乱と隔絶することは不可能であった。大西洋とカリブ海における英仏抗争は商業のための、とりわけ砂糖をめぐる対立であった。アメリカの植民者と本国政府の間に本当の意味での問題が起きてきたのは、まさにここにいたってのことであり、とりわけ1763年に終結した七年戦争とその後の時期であった。富の誘惑が愛国心の引力をときにしのぐことは明らかになり、この戦争の間もニューイングランドの入植者たちはイギリスの敵国との交易を頑としてやめようとはせず、彼らがイギリスと戦うまさにその船舶を用立てることさえあった。事業のために戦時における忠誠心をここまで軽視したというのは極端な事例ではあろうが、そのような裁可や法、そして義務に逆らったり、あるいはこれをないがしろにしたりするというのは、大西洋経済においては少しも珍しいことではなかった。18世紀の間はほとんどずっと、そして1763年と1764年にはその阻止を意図した法ができたにもかかわらず、北アメリカの商人たちはイギリスの砂糖だけでなくフランスの砂糖も買い付けていた。北アメリカの砂糖交易における法施行の不如意さは、本国政府に反抗する集団のなかでひとつの伝説のようなものになった。経済史家エリック・ウィリアムズは「法をないがしろにすることは、アメリカの経済的慣行においては主要な美徳となった」(1)と評している。イギリス本国とアメリカ植民地の間には軋轢が強まり、それは13植民地内部における局地的な不満にたいしてだけではなく、帝国における西インドの役割にも動揺をもたらした。アメリカ植民地において不安が堰を切った、まさにその瞬間であった七年戦争の後に、アメリカ植民地は、砂糖植民地近辺の防衛と保護についていっそう重要な部分を担うことになった。戦争の結果、イギリスはカリブ海の領土を獲得したが、戦いは高くついたし、フランスは依然として砂糖生産を掌握していた。イギリスの領土獲得と戦いの勝利は、それらが必然的に引き起こす財政上の緊張を代償にしつつ、注意深くバランスをとってゆかねばならないものだった。

しかし戦争にはまた別のコストがかかり、そのことは1770年代になると次第にはっきりしてきた。アメリカの植民者たちは、自分たちにとって重荷と感じられるさまざまな制約にかねてから憤りを表していたが、それらの制約が戦争の負担でいっそう顕著になってきたことで、火に油が注がれたのである。ニューイングランドの商人たちが敵国フランスと結んだ取引の契約を考慮したとしても、七年戦争がアメリカ植民地に不都合な影響を与えたことに疑いはなかった。1763年以降、アメリカには二つの方向から戦争のつけが回ってきた。戦争は、まずイギリス本国による課税で植民地のフラストレーションを鬱積させた。入植者たちの多くは、課税がまったく不公正だとまではいわないものの、自分たちは戦争に際して兵力と金の双方で貢献したのだし、これ以上の課税は重荷だと主張した。これは重要な問題として一気に燃え上がることはなかったが、目に見えないところで着実にかつ恨みがましく燻り続けた。さらに差し迫っていたのは、植民地に駐屯する駐留部隊の姿が目に見えて増加したことと、のみならずその維持のために課税までされることへの根深い憤慨であった。イギリス本国は、この地域により大きな軍事力を駐留させてヨーロッパのライバル諸国を牽制し、西インドの有事に備えて部隊をその近辺に配備しておこうと考えていた。アメリカの住民はイギリスが示すこの目的を完全に信用はしておらず、駐留部隊は帝国と当局の支配の象徴だと感じていた。その後数年にわたるイギリスの鈍感で頑迷な態度は、アメリカの住人の不満を煽りたてるにはとどまらず、そのような疑念をさらに強めて彼らを反逆へと駆り立てていった。すでに述べたように多くの経済的制限が広くないがしろにされていたことは、重商主義にたいするアメリカ側の不満をよくあらわしている。

イギリス本国の軍隊がもたらした疑念や、経済的不平等だと見なされたことにたいする憤りとともに、入植者たちは政治的な制約にも苛立っていた。代議制議会は、イギリス国王が任命した本国に忠誠心を持つ植民地総督によって頻繁に妨害を受けた。反抗的な入植者たちは、自分たちの利益——政治的な、そして経済的な利益——が、遠く離れた本国の人びとにつねに踏みつけにされ、彼らの言いなりにさせられていると感じていた。1760年代後半と1770年代前半におけるロンドンの帝国議会の決議は、彼らを宥めることがほとんどできなかった。七年戦争後まもない1764年に制定されたプランテーション法（砂糖法ともよばれる）は砂糖関税の納税を要求して、アメリカの住民の逆鱗に触れた。税率こそ引き下げられてはいたものの、これは1733年にアメリカの住民を怒らせ（第2章で述べたモラセス法のことである）、彼らがほとんど無視したのと同じ税金だった。違っていたのは、今回のこの税金は確実に徴収されそうな気配があったことだった。1年後には、商用および行政文書に課税する悪名高い印紙法でアメリカ住民の怒りはさらに高まった。13植民地のうちの12がこの法に反対し、本国はすぐにこれを撤回したが、その後みせた動きのために既存の不協和は確実に激化した。1720年にアイルランドについて出された法（第1章で述べた）と似た1766年の宣言法は、植民地にたいして任意の税を課す議会の権利を明言した。しかしながらこの強弁にもかかわらず、1768年までほぼすべての税は強い反対にあって撤回されていた。唯一留めおかれたのが茶に対する課税で、これはきわめて重要と見なされた。皮肉なことに、茶は大西洋植民地にあっては重要な歳入源となる商品だったわけではなく、この税はもっぱら宣言法の原則と、課税を統制する帝国の権威の象徴として残されたところが大きかった。しかし茶はこの地域においてこそ財政上の重要性がほとんどなかったものの、世界の他の地域では主要な貿易商品だった。1770年代のアメリカ植民地統治にたいするこの法の押しつけは、18世紀末におけるイギリス帝国の、成長途上にあって多様化が進みつつあったさまざまな地域間のつながりを強調している。

地球の反対側の南アジアでは、茶は急成長しつつあったイギリス東インド会社のもっとも重要な品目のひとつだった。イギリスがイギリス領カリブ海域とその周辺で砲火を交える一方で、東インド会社はインドでの地域的、政治的影響力を強化していた。会社がおさえていたインド領の中心はインド東部のベンガル地方だったが、1760年代後半のベンガルは深刻な飢饉に襲われており、これが地元住民と東インド会社の資産の双方を壊滅させせつつあった。地元住民の飢えよりも会社の利益の損失をこそ看過できないと考え、イギリス本国は、会社はアメリカの輸入業者を通さず直接アメリカに茶を輸出して利益を得るべしとの決定を下した。現実問題としては、1773年の茶法は実際にアメリカで歳入を得る手段などではまったくなく、むしろ消費者に直接販売することで関税収入が目減りするような計画で、そこにあったのは大西洋を横断して市場を拡張すれば、東インド会社が東洋での深刻な財政問題を乗り切る助けとなるだろうという期待であった。東インド会社はアメリカの入植者たちに嫌悪された。なぜならそれは彼らにとって、自分たちを悩ませる独占的なメカニズムのひとつの象徴だったからである。東インド会社をアメリカで優遇する茶法がもたらした結果が、有名な 1773 年 12 月のボストン茶会事件である。不満を持った入植者たちは、茶の積荷を運んできてボストンに停泊中だった 3 隻の船舶を襲撃し、抗議として茶を海へ投棄した。この派手なエピソードは俗に革命戦争に火を付けた導火線と位置付けられているが、実際には当時アメリカ住民の多くは、これをいきすぎた反逆的行為と見なしてショックを受けたのである。

だが、さらに事を荒立てることになったのはイギリス本国の対応だった。イギリスは港を閉鎖し、その行為に無関係だった多くの人びとの生活を危機にさらして報復としただけではなく、本国議会は植民地から市民権も政治的権利も取り上げた。1774 年になると、議会は懲罰的な高圧的諸法と植民地の構造を変えるマサチューセッツ統治法を押し付けてきた。マサチューセッツ統治法は代議制議会を任命制議会へと置き換えるもので、植民地にたいする本国の政治的優位を明言していた。植民地の緊張状態を考えれば、これらの動きだけでもアメリカ住民の怒りはかき立てられたであったろうが、機を同じくして通過した別の法がさらに疑心と不満をつのらせた。1763 年の七年戦争終結時の条約で、イギリスはカナダのフランス語圏地域を獲得し、これをケベック植民地に併合した。1774 年のケベック法は新しい植民地を統治する政治のシステムを構築するものだったが、それはアメリカ住民にとってまったく面白くないシステムであった。これは同地の多数派であるカトリックにたいし宗教的寛容を保障しただけではなく、代議制議会ではなく、カトリックがプロテスタントを議席数で上回る任命制議会を設けるというものだった。プロテスタントのアメリカ住民は、イギリス本国の思惑にすでに不審を抱いていたため、そのような政治的措置がカナダから南の方にも持ち込まれるのではないかと不安を抱いた。植民地総督にたいし軍隊の宿営についての権利を拡張した 1765 年のアメリカ反乱法（軍隊宿営法）は、自分たちの政治的自由が潜在的に帝国中枢からの脅威にさらされているというアメリカ人の思い込みを宥めるには、まったく役に立たなかった。イギリス本国には実質上の妥協策を取る気などさらさらなく、このような攻撃的な決定を多く下したが、これは本国が自身の力にたいして疑いもせずに誤った信頼をおいていたことと、判断がまずかったことをあらわしている。

1774年と1776年の2回の大陸会議が招集されたのは、このような緊張と難しい空気の中でのことであり、後者の会議でアメリカ独立宣言が出された。1775年に正式に宣戦布告される以前に、1770年代にはイギリス軍とアメリカ反乱軍の間に数多くの小競り合いがあった。海軍力できこえるイギリスだが、このときは陸上での戦いだけを望んでいた。イギリスは、自国とフランスがつい最近まで熾烈な戦いをくり拡げていた西インドとの距離の近さからすると、海軍を動かせばフランスの注意を引いてしまうだろうと考えたのである。結果的には陸上戦になったからといって、フランスが他のライバル帝国よりも有利な立場を得ようとするのは阻止できなかった。1778年の始めに結ばれた仏米同盟条約はアメリカ反乱軍の軍事力を増強し、さらには苛烈ではあっても純粋に局地的な戦いだったこの戦争を、他の植民地地域、とりわけ西インドにたいし直接的でかつ根深いところにまで影響を与える戦争へと拡大させたのである。

アメリカ反乱軍が失望したのは、西インドの住民が独立という目的での合流はせず、逆に本国への忠誠を守ったことだった。これはかなり戦略的な選択であった。小さな島々の連なりである西インドはきわめて戦争の危険にさらされやすく、実際長年にわたって多くの戦争を経験していた。また人口の4分の3もしくはそれ以上が奴隷であったため、政治的自由の問題についていえばアメリカ植民地よりもはるかに強い制約を受けていた。さらにプランターたちはイギリスの影響力を存分に受けてきており、(第2章でみたように)概して重商主義貿易の支持者であった。ドミニカ、セント・ヴィンセント、そしてグレナダは、独立戦争のあいだにフランスの手に落ちたが、後にイギリス領に戻った。その他の植民地は、貿易と物資供給の両面で相当の痛手を被った。この苦難のつけをたいていの場合に、そして力ずくで支払わされたのが奴隷たちであったのはいうまでもない。

1781年の後半までに、イギリスがこの戦争に勝てる見込みがなさそうなことは次第にはっきりしてきた。1779 年の夏には、イギリスに対抗する勢力にスペインが加わり、アメリカから遠く離れてはいるが帝国の結び付きの象徴であったスペイン南端のイギリス領植民地ジブラルタルを包囲した。この年の 10 月にヨークタウンでチャールズ・コーンウォリスがアメリカ軍に降伏したのは、敗戦の予兆であった。すなわちその結果として、首相ノース卿はイギリス議会を承握できなくなったのである。1782 年 2 月、戦争はもはや遂行不能であると主張する動議が下院を通過し、ひと月もたたないうちにノースは辞任した。11 月までには和平合意の基本的な枠組みが設定され、1783 年 9 月のヴェルサイユ条約ですべての敵対関係は終結し、イギリスは戦争中に獲得したフランス領植民地を返還、同時にスペインとフランスに奪われた植民地の大部分をとり戻した。この年イギリスは新たに誕生したアメリカ合衆国との自由貿易の方針にも同意している。1800 年までに合衆国との貿易は年間 4000 万ポンドに達した。商業が勢いを回復するにつれて、敵愾心は葬り去られた。イギリスの元植民地からの輸入は急増し、アメリカの植民地の喪失はイギリスの繁栄にほとんど影響しなかった。

戦争の後にアメリカ先住民連合を捨て去ったのとは対照的に、イギリスは 1 年以上イギリスについて戦った逃亡奴隷にたいし、自由身分の証明書を発行した。そのうち 3000 人ほどがノヴァスコシアに入植し、さらに多くの人数がロンドンにやってきた。ロンドンに渡った集団の多くは、アフリカの新しいシエラレオネ植民地に再移民する者たちだった。カナダに渡った者たちは、日々の暮らしの煩わしさに気づいた。彼らに与えられた土地は、北方に移り住んだ白人の王党派に与えられた土地よりもずっと耕作が困難であったし、その他の差別も経験することになった。1792 年には半数近くがシエラレオネにむけて旅立った。

アメリカ 13 植民地の喪失が、イギリス帝国やその力の大きな喪失につながらなかったのは明らかだった。イギリスは急速に新しい領土を世界のあちこちで獲得してゆき、その後 19 世紀を通じて、帝国の領土を着実に拡張し続けた。ではなぜアメリカ独立戦争が重要だとされるのだろうか。それはまさにいくつかの点において、この戦争がイギリスの帝国としての関心を、20 世紀中葉まで続くことになる新しい方向に移行させたからだということにつきる。その他にも理由はある。アメリカ独立戦争におけるイギリスの敗北は、この国が18世紀の間に被ったごくわずかな敗北のうちのひとつであるが、この時代にイギリスが関わった数多くの戦いを考えてみると、注目に値するのはこの戦争だけである。さらに18世紀のより早い時期の戦争では、イギリスは外国と国益をかけて戦ったが、この戦争はイギリス人どうしの戦いであった。イギリスは、イギリス人でありかつプロテスタントである相手（たとえその相手が、カトリックのライバル国からかなりの支援に与っていたとしても）と戦うことになった。アメリカを失い、アジアの植民地にたいする関心が高まったために、イギリス帝国は、英語を話し、プロテスタントであり、白人であるという性格を大きく減じ、自治的性格も少ないものになっていった。またフランスとスペインがイギリスに対抗してアメリカ植民地を支援したことで、この戦争はイギリスをヨーロッパの中で孤立させた。

戦争の帰結は、イギリス帝国内の将来的な成長の指針にたいしてだけではなく、西インドの運命にも影響を及ぼした。その後20年ほどにわたって、西インドの力と富はかなり先細りになっていった。強力なフランス砂糖産業との競争や、アメリカ貿易の市場占有率の低下、そして奴隷貿易の廃止は、イギリス帝国内における西インドの優位に終焉をもたらしたのである。

もちろん1783年にイギリス大西洋領のすべてが失われたというわけではない。イギリス国王への忠誠を守ったアメリカの入植者はしばしば北方のカナダの植民地へと逃れたが、この地は植民地統治におけるさまざまな重要な試みが行われる重要な場所となった。「責任自治政府」という新しい支配規定が最初に設けられるのは、イギリス領カナダになったのである。しかしながら入植していた住民の相当数がフランス人でかつカトリックであり、またフランスが18世紀までに北大西洋にかなりの足場を獲得していたこともあって、カナダは植民地政府にたいしていくつかの厄介な問題を提起していた。アメリカ独立の時期にいたっても、依然としてイギリス人にとってカトリシズムはイギリスへの不忠と象徴的に結びついていた。イギリスという国がプロテスタントによる王位継承を確実なものとし、国教徒以外のすべての教派を公職保有から締めだす諸法を制定してから、まだ100年もたってはいなかった。新しいアメリカ合衆国憲法における教会と国家の分離の主張は、イギリスの制限的で不公正な宗教上の区別にたいするひとつの反作用だった。

カナダに関連していえば、イギリスの統治下で生活するカトリックの忠誠心が非常に重要だということが明らかになった。18 世紀後半および 19 世紀前半にみられる立憲的な諸整備は、この地域におけるフランスの政教分離主義に目を向けさせまいとする帝国の政治家たちの企図を反映している。アメリカでの経験をふまえて、イギリスは 1791 年にカナダ植民地にたいし、土地財産に基づく選挙権と拒否権を享有する総督とともに、制限つきの代議政体を授けた。政府はイギリス人移民をカナダに誘致し、合衆国となったアメリカを出てきた王党派に土地を与えて、このさまざまな人びとからなる人口のなかでイギリス人の割合が増えることを静観しつつ期待していた。しかしローワー・カナダ（のちのケベック州）はフランス人優勢のままであり、1830 年代までイギリス領カナダにおけるイギリス人入植者とフランス人入植者の間の平和は不確かなもので、反乱がおきれば解消される危険もあった。この緊張を和らげるシステムを見出す必要性は、19 世紀の間に帝国中の白人入植者植民地に移植されてゆくことになる、ある解決方法におちついた（第 6 章参照）。代表自治政府というそのシステムは、イギリス人優勢のカナダとフランス人優勢のカナダの緊張回避にはほとんど役に立たなかったが、その後の 19 世紀から 20 世紀に入るまで白人入植者植民地主義を支えるシステムであり続けた。カナダは帝国のなかのひとつの重要な資源となった。カナダの人口は、1815 年のおよそ 50 万人から 1911 年には 1900 万人となり、イギリスの貿易の 16.5%を占めるようになった。カナダはイギリス帝国の歴史においてはしばしば等閑視されているが、帝国が 19 世紀に成熟したとき、ひとつの重要な政治的実験の場となったのである。

注

(1) Eric E. Williams, *Capitalism and Slavery* (Chapel Hill: University of North Carolina Press, 1944), p.119（エリック・ウィリアムズ『資本主義と奴隷制――経済史から見た黒人奴隷制の発生と崩壊』（山本伸監訳、明石書店、2004 年）

第 4 章

合衆国独立以降

AFTER AMERICA

北米の領土をかなり多く失ったとはいえ、18 世紀末の時点でイギリスはひとつの主要な帝国勢力であった。イギリスは本国から遠くかつ広範囲におよぶ地域を保有しており、そこにはおびただしい数の言語、習慣、そして宗教があった。戦争――もっぱらフランス人とスペイン人を相手にしたものだった――に明け暮れた 1 世紀ののち、イギリス人はヨーロッパの拡張主義勢力のなかでの覇権を確立した。これは小さな島国であるイギリスに沿岸防備が必要だったために発展した、強大な海軍力の賜物であった部分もあった。

アメリカ植民地を喪失し、また西インド植民地の重要性が減じたことで、イギリスの帝国としての関心は大西洋世界から、少なくとも 1750 年代以降には、魅力的な植民地領域として着実な発展をとげていた太平洋とアジアへとシフトし始めた。18 世紀の終わりから 19 世紀にかけて太平洋に出現したと考えられる白人入植地の新しい諸形態は、アメリカ 13 植民地のそれとは政治的な面でまったく異なっていた。1860 年代までにこれらの新しい入植植民地、すなわちオーストラリアとニュージーランドは、カナダ植民地に続いて「責任自治政府」を与えられ、その後もコモンウェルスの成長構想の中心であり続けた。

太平洋での本格的な入植にさきだっては探検が行われたが、とりわけ 1760 年代と 1770 年代には海岸部の探検が盛んだった。この時期、太平洋地域に多くの船が向かった動機はさまざまであった。企業家や探検家たちを彼方の地へと常に誘ってきた、資源と富のあくなき欲求はいうまでもない。船を停泊させ、長い旅の途上で休養と補給ができるような、良質な港や波止場を見つけたいという差し迫った関心もあった。加えて18世紀の科学は帝国開発と密接に結びついており、異文化だけではなく新しい植物相（フローラ）と動物相（ファウナ）が発見された。この時代における探検家兼科学者たちの活動は、帝国の方向性を定めたとともに、詩や芸術にも影響を与えた。南太平洋や太平洋へのロマン主義的なまなざしは、イギリス文化の重要な要素となった。18世紀後半の探検には、たいてい科学者だけではなく画家を含む随行員が同行した。この時期のイギリスの航海者兼探検家としてもっとも有名なキャプテン・ジェイムズ・クックは、自らの太平洋の冒険に数多くの科学者から成るグループを招いたが、彼らの多くは後に太平洋やその他の植民地化された地域の商業的発展の推進に活躍することになる。西インドに綿花を導入したジョゼフ・バンクスの功績は、すでに述べたとおりである（第2章）。クックもまた植民地経験を持っていた。彼には、七年戦争に従軍してケベック奪取に重要な役割を果たした経歴があった。

クックの最初の太平洋航海は、1768年8月にイギリスを出航し、約9ヶ月後にタヒチに着いたものだった。タヒチについては、すでに1767年にサミュエル・ウォリスがイギリスの領有権を主張していたが、クックはこの地域をさらに綿密に航行し、3回の航海のうちの最初の航海で東オーストラリア海岸部の数か所に上陸して、イギリスの名のもとにオーストラリア大陸の領有を主張した。他のヨーロッパ諸国の入植者たちはわずかに後れをとり、この地域へのイギリスの関心の高まりに焦りを感じていた。スペイン人とフランス人は1770年代に太平洋探検に着手し、後にオーストラリアとされる地は、当時はこの地域でのオランダの積極的な活動を反映して、一般にはニュー・ホランドとして知られていた。太平洋にたいしてはアメリカ住民の関心も高まっており、そこではニューイングランドの貿易船が優位を占めていた。

これらの太平洋の島々にたいし、イギリスは一切植民を行おうとはしなかったが、それでもヨーロッパ人との接触の影響は、地元の人びとの人口に破壊的な打撃を与えることになった。タヒチの人口は1770年に約4万人であったが、1830年代にはわずか9000人になった。太平洋地域に恒久的な植民地主義が初めて出現したのは、1788年に最初の流刑植民地が作られたときだといえるだろう。しかしなぜイギリス人は、このような遠隔地への、費用が高くつく、そして危険な航海に囚人を送り出すことにしたのだろうか。17世紀から18世紀前半までずっと、「テラ・アウストラリス」（すなわちニュー・ホランド）は、ヨーロッパ商業に実利をもたらしうる地というよりは、もっぱら伝説上の神秘的な場所という目で見られていた。18世紀後半に進んだ太平洋の航海と探検は、東オーストラリア沿岸部についてしか明らかにはできなかったが、それでもこのような見方は決定的に覆された。同じ時期にイギリスは、アメリカ独立戦争で主要な流刑植民地を失っていたが、囚人を流刑にする気をなくしたわけではなかった。イギリス周辺の水辺にはハルクとして知られていた囚人船が散在しており、囚人たちは夜間はそこに閉じ込められ、昼間はこれらの不衛生な船が停泊している港や波止場で過ごした。囚人船のなかに航行可能な船はほとんどなかったが、この収監方法はイギリスの海事的特性が深く根差しかつ支配的だったことをあらわしている。遠隔地に囚人を送り出すのはおきまりの慣行であり、もしその地が海軍や商業にとっての利点をも備えているとなれば、国家はあらゆる手をつくしてそこを獲得して不要な人間を送り込み、彼らの労働を通じて潜在的利益、商品、そして将来的な商業的、軍事的安全のための拠点を手に入れようとしたのである。

アメリカ独立革命のあと、政府はすぐに代替となる流刑植民地の建設に注意を向けた。アメリカは毎年1000人前後の流刑囚を受け入れていたからである。アフリカが候補に挙がったものの却下され、1786年になってニュー・ホランド東海岸のボタニー湾が採用された。これは主として白人の囚人のための流刑植民地となるものであった。インド洋の流刑植民地（イギリス領ベンクーレンの各地、ペナン、モーリシャス、マラッカ、シンガポール、アンダマン諸島、ミャンマーのアラカン［現ヤカイン］・テナセリム［現タニンダーリ地方域］地域）は、植民地の囚人、特にインド人を収容した。アフリカ人やインド人、中国人の囚人がオーストラリアの刑務所に収監されることもあるにはあったが、決して多い数ではなかった。

ニューサウスウェールズは、囚人に逃亡しようという気をおこさせず、かつその実行も難しい場所であったし、本国からの距離も遠いことで、潜在的な犯罪者にとっての抑止要因になりそうだった。また港はこの地域の将来的な拡張のための海軍の拠点となるだろうし、流刑と同様、アメリカ合衆国の独立以降は操業不能になっていた捕鯨業が、この海域で有利に再開できるのではとの期待もあった。ボタニー湾から約1400km東にある孤島、ノーフォーク島には、海軍にとってきわめて重要な物資である木材と亜麻の両産業の見込みがありそうだった。ヨーロッパのライバル帝国もこの地域を偵察していたため、実際に機能している占有状態の植民地を確立すれば、イギリスの権利主張は強化されるだろうと考えられた。

もちろんこれは、遠く離れた不案内な土地だというばかりではなく、流刑囚、すなわちイギリスが捨てた棄民によって建設が遂行される植民地になるとの理由からも、きわめて大胆な計画であった。このことは、この植民地をどのように統治すべきかについて、数々の興味深い問題を提起した。アメリカの植民地でそうしていたような管理ができないのは明らかだった。囚人たちは当然自由身分ではなかったし、それ以外の入植者といえば、囚人に同行し、航海後は彼らの監視の任務にあたる海軍の人間だけだったからである。結果として新しい植民地は、海軍将校が運営する軍事植民地でありながらも、囚人が判決を受けた根拠である市民法制をも兼ね備えた奇妙な合成物となった。そこで期待されるのは、犯罪者を生産的な入植者へと転じ、彼らにこの地を有益な入植地とするための下準備をさせることだった。

11隻の船からなる第1船団は、動物や農具、2年分はもつだけの食糧とともに、約1050名の人びと（うち約750名が流刑囚）を乗せて1787年5月にポーツマスを出発した。船団は翌年1月にボタニー湾に到着したが、そこがとうてい理想的な上陸地とはいえないことはすぐに判明した。船は北へと進み、12km離れたポート・ジャクソンに停泊したのが1788年の1月26日であった。この日はオーストラリア・デイとして現在も毎年祝賀されている。

新しくやってきた移住者たちは、この地が1年のうちもっとも暑い時期に到着したが、ここでは穀物を育てるのが困難であり、またこの地域の馴染みのない樹木は彼らの斧では容易に切り倒せないことがすぐにわかった。彼ら最初の開拓者にとって、生活は辛く物資は乏しかった。新しい植民地に着いて 6 ヶ月後、開墾に成功していた土地はわずか 12 エーカーにすぎず、オーストラリアの夏の過酷な環境に慣れていない家畜は死に瀕しており、食糧と医薬品の供給は厳しく制限せざるをえなかった。東のノーフォーク島に送られた一団も、現地の松の木や亜麻が使い物にならないと知って同様に落胆した。1803 年に、オーストラリア南東端沖の島、ヴァンディーメンズランド（1856 年にタスマニアと改称）にも入植が行われた。ここでは正式な入植が始まる以前にアザラシ狩りが産業として確立されてはいたものの、やはり安楽な暮らしには程遠かった。

このような先行きの見えない始まりであったにもかかわらず、入植はゆっくりと、しかし着実に足場を得ていった。最初の 10 年ないし 20 年の間はたえず物資不足と危機に見舞われた。1793 年から 1815 年にかけてのナポレオン戦争はこの二つの苦難をもたらしたが、同時にイギリスのこの地域への関心をも高めた。太平洋への野心をいまだ失わないフランスと戦うことで、イギリスのニュー・ホランド東岸における駐留は、戦略的、軍事的に重要なものとなった。だが戦争は、船舶の戦時転用のために運ばれる人間の数の減少をももたらしたし、海を渡る旅は安全ではなくなった。それでもなおナポレオン戦争が終結した 1815 年まで、植民地の将来は安泰だった。1800 年までに本島部東部には 5000 人ほどの、そしてノーフォーク島にはさらに約 1000 人の白人入植者がいた。本国では、囚人の運命はかなりの土地の所有が見込める幸せなものだと一般に見なされるようになっていたが、囚人たちは自分の運命が懲罰という状況下にあることを日々思い知らされていた。ごく初期のうち、囚人たちは公共労働か個人の雇用主に割り当てられ、自分のために働く時間を持つことを許されて、刑期の一部としての作業に従事しながら収入を得ることができた。女性の囚人は数のうえでははるかに少なく、もっぱら家事サーヴィスや女性たちがいる工場の生産ラインで働いていたが、たいして男性の仕事は、この植民地がまさに文字通り彼らによって建設されたものであったため、あらゆる領域を網羅していた。制度に抗った者たちには鞭打ちが容赦なく科せられ、打たれた翌日には身体の状態がどうであろうとも仕事に戻るように求められた。1800 年までに、囚人労働に依存する個人の雇用主の多くは、自身が刑期を務め上げたか早期釈放を得た元囚人になっていた。この頃には植民者の 2/3 が自由身分になっていたが、本国に戻る手段を持つ者はほとんどおらず、多くがいまやニューサウスウェールズと呼ばれるようになった地にとりあえずはとどまるという道を選択していた。

囚人の状況が過酷になったのは、むしろ 19 世紀の半ばであった。囚人が自分のために働くことは一切できなくなり、以前あったような自由時間は剥奪された。早期の恩赦もずっと減り、反抗的な者は、そのころにはもう海岸沿いや南のヴァンディーメンズランドにまで開発が及んでいた、孤立した入植地のひとつに送られる可能性が高くなった。刑罰としての流刑にたいし本国の人びとを懐疑的にしていた土地供与はなくなり、元囚人である土地を持たない労働力が生み出されて、新しい植民地の産業に供給された。

ナポレオン戦争が終わると、流刑は再び盛んに行われるようになった。1820 年までにはニューサウスウェールズとヴァンディーメンズランドには 3 万 2000 人の入植者がおり、1850 年までに白人人口は 40 万人に増加していた。人口の劇的な増加は自発的移民と囚人の双方の不断の流入に加え、自然増がもたらした結果でもあった。入植者人口は概して若く、植民地の子どもの数の増加は目覚ましかった。子どもは最初の入植者では約 3%だった（航海の途中で生まれた者もあれば、わずかながら親についてきた者もいた）が、1799 年の終わりには、人口のほぼ 17%を占めるようになっていた。

人口がこのように急増した唯一の理由は、入植者の若さであった。女性の入植者は数こそ少なかったものの、植民地の政策はそのすべてが彼女らを家庭的にし、植民地文化の中心にあってキリスト教徒の家族生活の諸原理をはぐくませることを目的としていた。刑期満了に際して囚人の男性に与えられた（女性には与えられなかった）初期の土地供与は、もし彼が結婚していれば割増され、子どもがいた場合はさらに上積みされた。ある意味では、生殖という女性の潜在能力は、新しい入植地の設計者たちが思い描く社会的景観の重要な部分をなしていた。女性はすべての流刑囚の約 6 分の 1 だったが、きまって出産可能な年齢にあった。彼女たちは意図的に取り計らわれた植民地政策の道具であり、1800 年代初めまでには正式に男たちと結婚したり同棲したりするものが多くなった。

彼女たちの生活が、男たちのそれよりも容易でなかったのは確かである。

女性たちは経済的にきわめて不利な立場におかれた。彼女たちには自分自身の権利として土地が配給されることはなかったし、じつはその多くが本国での以前の生活で職業上の技能を身に付けていたにもかかわらず、植民地で開かれていた雇用はきわめて限られていたからである。望めば船賃代わりに本国までの船で働くこともできた男性とは違い、女性には本国に帰る手だても機会もめったになかった。入植が始まった当初、女性の食糧配給は男性への配給の3分の2しかなかった。人口上、男性と女性の数がだいたい同じになるのは、20世紀初頭になってからだと思われる。しかしながら興味深いことに、オーストラリアの諸植民地は女性に選挙権を与えた最初の地のひとつなのである。南オーストラリアが先頭を切って1861年に地方政体選挙の、そして1894年には議会選挙の投票権を女性に与えた。

囚人のなかで別扱いを受けていた集団は、女性だけではなかった。多くがアイルランド人であった政治犯は、反乱を組織することを懸念して（実行したものもいた）、個々が引き離された。いまひとつの興味深いグループは、元奴隷の1000人ほどのアフリカ人である。彼らはイギリスに連れてこられてから罪を犯し、流刑判決を受けたものたちだった。

流刑は1867年に終焉を迎えた。ニューサウスウェールズは1840年に流刑を廃止したが、1847年には短期的に再開した。ヴァンディーメンズランドは1853年にこの慣行を放棄した。スワン・リヴァー植民地（現在では西オーストラリア州）は1850年になってようやく囚人移送を開始したが、ここが1867年に最後の人間の積み荷を降ろした植民地になった。1788年から1867年までの間に、15万人から16万人の囚人がオーストラリアに到着した。そのうち約60%はイングランド人であり、34%がアイルランド人で、5%がスコットランド人だった。

この活動はすべて、相当数の先住民人口を背景として展開された。先住民たちのおもだった植民地主義経験は、この地における狩場と生計を立てる手段、そして居場所の喪失であった。アボリジナルの人びとはわずかな衣類しか身に着けず、定着農業を営むことなく、西洋式の建物にも住まなかったために、入植者たちに未開人であると見なされた。入植者に抵抗しようとする、あるいは友好的に共存しようとする勇気ある試みもあったが、アボリジナルの人びとは、大陸にやってきた新しい住民のせいで相当な苦難を被った。西洋式農業の拡張で、アボリジナルの活動と食糧の入手には厳しい制限が課せられた。西洋の考え方のうち彼らのそれともっとも違いがはっきりしていたのは、個人財産とは柵で囲い込んで監視の目を光らせるものだという考え方だった。植民地時代のアメリカと同様、西洋から持ち込まれた病気は、それに初めてさらされた人びとに惨害をもたらした。アボリジナルの人口規模は、最初に白人が入植した時の約 30 万人から、1880 年代には 8 万人に急落し、人類学者や科学者、そして多くの白系オーストラリア人は、彼らを死に絶えつつある種族と——誤解してのことだが——見なすようになった。

入植したごく初期には、役人たちはアボリジナルのオーストラリア人との関係にいくぶん注意を払っており、現地の慣習と文化の翻訳者として役に立ってくれるだろうとの期待から、アボリジナルの男性を誘拐して白人の入植地にとどめ置いていた。いうまでもなくそのような策略は憤慨を招き、拘束された人びとは隙ありと見ればすぐに逃げ出した。1790 年代までには、反抗的なアボリジナルの集団にたいする懲罰的な襲撃が裁可され、殺戮が始まった。しかしながら、入植者の銃よりもさらに多くのアボリジナルを死なせたのは、病気と栄養不良だった。なじみのない病気にさらされ、食物を集める伝統的な方法を失ったことが、オーストラリアの先住民人口への壊滅的な影響を決定づけたのである。

都市部の外では、農場や羊あるいは牛の牧場で、アボリジナルの労働力は成功の鍵になった。水利に乏しく、またたちまちのうちに危険な嵐が発生する過酷な土地にあって、入植者たちは地元の人びとの知恵を頼みにしたからである。アボリジナルの狩人のおかげで、測量技師や入植者らは奥地を無事に進み通り抜けることができたが、入植者の重要な手助けになっていたにもかかわらず、アボリジナルの労働者はしばしばひどい扱いを受けた。白人労働者とは違い、彼らは金銭ではなく食糧の配給で報酬を受けることがよくあったが、これは賃金労働が、職場が近代的であるという主な証となっていた西洋の労働市場では、とうの昔になくなっていた慣習だった。他の多くの植民地と同様に、地元の人びとは前近代的あるいは非近代的であり、植民地主義が地球全体をのみこむとともにもたらした近代西洋的な状況を受け入れそうにないか、あるいは受け入れる能力がないと見なされた。オーストラリアの労働慣習の場合のように、このことは帝国のどこでも入植者と現地の人びとのあいだにひどい不平等をもたらした。19 世紀後半までに、オーストラリア植民地は新しい進歩的な労働条件と労働慣行の輝かしい事例となったが、そのような恩恵は白人のオーストラリア人に限定されていたのである。

白人入植者とアボリジナルのオーストラリア人の関係としてもっとも悪名高いものは、19 世紀前半のヴァンディーメンズランドでみられた。1830 年までにはすでに、入植者の暴力によってアボリジナルの人口は深刻な減少をみていた。植民地副総督のジョージ・アーサーは、ロンドンの植民地省書記官との書簡で、現地のアボリジナルが「白人が自分たちの国を占拠し、自分たちの狩場を侵害して、自分たちの天然の食料であるカンガルーをだいなしにした」と不平を言っていることを伝えている。[(1)] 数人の入植者が殺されたことで彼はいきり立ち、戒厳令を発した。1830 年の彼の「ブラック・ライン」計画――島を横断して列を作る 2000 人の武装兵士と市民から成る文字通りの人間の鎖――は、残ったアボリジナルの人びとを南へ追いつめて捕獲し、割り当て地に封じ込めようとするものであった。この計画は惨憺たる結果に終わった。当初、アーサーはジョージ・ロビンソンという職人に、島のアボリジナルを連行するよう委託した。より敵対的でない手段を用いてロビンソンは成功したが、このことでおそらく有色人たちの運命は決定づけられた。なぜならこの明白な保護措置のために、彼らは居住には適さないフリンダーズ島に孤立させられることになり、この地で人口が激減したからである。1880 年代までに、ヴァンディーメンズランドには純血のアボリジナルはひとりもいなくなってしまった。最後のひとりはトルガニニというヌエナン人の女性で、1876 年に死去した。彼女はロビンソンのガイドのひとりであり、彼に自らの民族の言葉と習慣を教えた。どうみてもトルガニニは死後に科学研究の対象とはなりたくなかったであろうに、タスマニアのロイヤル・ソサエティは 1878 年に、科学者だけが利用できるという条件で、彼女の遺骸を掘り返す許可を与えられた。しかし 1904 年に彼女の遺骸はホバートのタスマニア博物館・美術館で公開され、1947 年まで人目にさらされ続けた。

白人の入植以来、オーストラリアの先住民は新たにやってきた者たちを魅

図３　アボリジナルの集団。ニューサウスウェールズ、ポートジャクソン北岸にて。1792-97 年頃（Thomas Watling (1762-97)，© Trustees of the Natural History Museum, London）

了し、ときに煩わせた。トルガニニがホバートで展示されるずっと前から、画家たちは地元の人びとをスケッチし、絵に描いた。アボリジナルの生活の場面を描いた最初の画家のなかには、囚人もいた。彼らは家族の生活や狩猟の場面、諍い合い、景観を描き、白人入植地の初期における入植者とアボリジナルのオーストラリア人の日常生活を記録した。トマス・ワトリングは、初期の囚人画家の中でもっともよく知られている。このスコットランド人の画家は紙幣偽造で有罪判決を受け、1791 年に流刑に処された。オーストラリアで彼の才能はたちまち当局に知られるところとなり、景色や地元の植物や動物を描く仕事が与えられた。

アボリジナルを保護するという発想は 1830 年代頃には一般的な考え方となったが、それは帝国内の奴隷制の廃止とほぼ時を同じくしていた。この考え方に同情して耳を傾ける人びとは、植民地の中よりも本国の方に多くいた。1830 年代半ばにロンドンの帝国議会は、イギリス領植民地の先住民にたいし植民地主義が与えた影響についての公式な調査を開始したし、一方でこの問題に関心を持つ人道主義者、とりわけ福音主義者たちは、イギリス海外アボリジナル保護協会（先住民保護協会）を設立した。やがてオーストラリア各植民地はアボリジナル保護諸法を導入することになる。その最初のものは、ヴィクトリア植民地（オーストラリア南東部）で1869年に制定された法であった。名称とはうらはらに、諸法は保護というより統制に重きを置いており、アボリジナルがどこに住んでよいか、誰と結婚できるか、何の仕事をしてよいかを規定し、その他にも彼らの日常生活の多くの局面に口出しをするのが常であった。これは、アボリジナルには責任ある判断を下す能力がないとの確信に基づいた、家父長主義的な立法であった。そのような法はまた、白人とアボリジナルの領域の間に明確な線引きをするのに有効だったが、それで不利益をこうむるのはいつも後者、すなわちアボリジナルだった。

土地および土地使用の問題は、アボリジナルと新しい植民地の入植地住民の間の大方の争いの中心に、その始まりから存在していた。1873年のケンブリッジ大学のル・バ賞は、J・ラングフィールド・ウォードに与えられたが、彼は論文「植民とアボリジナル民族の絶滅に対するその影響」で、「我々は、人類の幸福の総量をかくも増進させるであろうことが、ひとつの民族がたまにぶらつく土地を求めるために妨げられるのは寛恕しがたい」と論じていた。(2)言い換えれば、耕作されていない土地があれば、そこをよりどころにして生きている者は、より多くの人びとの利益のためにその土地を奪われうるということであった。イギリス人の目から見れば、アボリジナルの人びとは自分が住む土地で何ら生産的なことを成していなかった――彼らは定着農業を行わず、農業生産物の市場も持たず、土地を耕すこともなかった――から、そこを引き受けて西洋流に使うのは、正当かつ適切なことだった。もちろんこのような見方は、アボリジナルの人びとが土地によって生きてゆく、農業以外の豊かな方法を理解できていないがためのものであった。ともあれ白人入植者が最初に到着したときには、アボリジナルの人びとは健康で数も多かったし、イギリス人の目には耕作されていないと映った土地からもっぱら糧を得て安楽に暮らしていた。「無主の地（テラ・ヌリウス）」という法概念の発達をもたらしたのは、この植民地主義的な考え方であり、これによってイギリス人は、生産的な用途に使われていない土地は入植してかまわないと理屈づけた。1992年にマボ対クイーンズランド裁判で「無主の地」の原理が却下されて、これが画期的な判例となるまで、イギリス人はアボリジナルの土地所有権の原則を認めなかった。この見解は、大陸の広大な地域を手中におさめ、新たに農場を作って耕作し肥やした土壌の外側に、現地の人びとをどんどん押し出してゆくことを正当化した。

土地は、新しい植民地文化と政策を形作るうえでひとつの鍵になる要素だった。入植者の植民地主義が命脈を保つ力は、その土地が何を効率的に生産しうるかという見込みにかかっていた。さまざまなオーストラリア植民地が経済的に成長するにつれて、財産所有についての旧来のイギリス的な考えが復活してきた。これまで見てきたように、ごく初期の入植は、囚人労働に依存していただけではなく、それがたとえ元囚人である場合ですら、人に土地を与えることは彼らを懸命に働かせて富を生ませる誘因となるだろうという希望と確信をよりどころとしていた。緩やかではあるが着実な成功は、ある意味でギャンブルでもあったので、失敗することもあった。その結果として入植者のオーストラリアの中では、白人とアボリジナルが分かたれるのに加えて、本国イギリスと同様に富を持つ者と持たぬ者の間に線引きがされるようになった。19 世紀半ばまでに、土地は無料で供与されるよりも購入することで手に入れられるものになっていたが、おもに家畜の放牧のために広大な土地を非合法ながら支配下におくことに成功した、スクウォッターとして知られる者たちがいた。彼らの立場については政府内で激しく議論が戦わされただろうが、少なくとも法的なレベルでは、大方のところで決着がつかないままであった。それでもなお 19 世紀中葉までに、そしてとりわけ都市部において、白人のオーストラリア社会は、財産を持つ者と、その財産所有者に労働力を売る者とにはっきりと分断された。しかしながら本国とまったく異なっていたのは、ニューサウスウェールズとヴィクトリア、南オーストラリア植民地には 1855 年に、タスマニアは 1856 年に、クイーンズランドには 1859 年にそれぞれ責任自治政府が与えられたのちは、立法議会すなわち下院については普通男性選挙権が特徴だったことである。

「責任自治政府」というこの用語は、何を意味していたのだろうか。イギリス領カナダ植民地（第 3 章参照）から移入されたそれは、入植植民地を、イギリス人が住んでいる数がはるかに少なく、たいていそこを一時的な拠点としているだけの帝国の他の大部分と差別化する装置であった。それはもっと早い時期に大西洋にあった統治形態をもとにしていた。白人入植者がほとんどおらず、自分たち自身のことを管理する能力がないと見なされるようになっていった植民地とは異なり、オーストラリアやその他の白人入植植民地はイギリスの社会と文明の前哨地と見なされた。責任自治政府は、植民地での議会の縮小版を作りだした。その二院制政体は、立法議会が選挙制による議会として本国の下院に近いもので、もうひとつの立法評議会は植民地総督が任命した者で構成されていた。新しい植民地には、イギリス上院で行われていたように議席を世襲する公式な貴族は存在しなかったが、この上院は任命制議員を擁していた。責任自治政府に優越する存在として、総督は相当の権限を行使した。彼は、土地供与や結婚契約およびその他多くの植民地生活の様相において法的な決定を下し、経済や財政事案を裁定した。

しかしながら、入植植民地としての歴史の最初の100年以上のあいだ、多くの重要な権限はウェストミンスタの帝国議会におかれたままだった。大西洋植民地でそうであったように、総督はオーストラリアではなくロンドンにある植民地省で任命された。帝国議会は植民地で通過した法を否決することができ、財政、金融や税の問題、そして防衛の統制権をも掌握していた。さらにいえば、責任自治政府が与えられたときも、その決定はロンドンで下されたし、のみならずその後の植民地の統治構造は帝国の中心のそれとそっくりになった。責任自治政府は、ひとつの英語の慣用表現のなかに作られた政治的構造を、植民地が受容するかどうかにかかっていたのである。

1850年代における一連の「イギリスのミニチュア」の形成は、流刑植民地から自由植民地へというオーストラリア植民地の転換に基づいていた。1793年以来、オーストラリア植民地へやってくる自由入植者はかなり数を増していた。1830年代から、支援つきの植民でオーストラリアの社会構造は変わり始め、自由入植者はたちまち囚人人口をしのぐ勢いになった。1840年代後半までには、自由移民――その多くは貧しかった――の数は、刑事裁判所を経由して植民地へやってくる者たちの数を上回った。

とりわけ1840年代以前には、オーストラリア植民地には相当数のイギリス人の年季契約奉公人もいたのだが、契約労働は広まることもなければ成功もしないものであることが分かってきた。雇用主たちは、契約奉公人は囚人よりも怠け者だと愚痴をこぼし、他方、契約に縛られた者たちは、自分たちの低賃金と、いまだ人口の少ないこの地で自由労働者たちが意のままにできる事との格差にいらだちを覚えた。彼らは契約から早く解放されることを切望しており、年季明けに際して契約を更新することはまれだった。時がたつにつれてオーストラリアの白人のあいだで年季契約はすたれていったが、この後本書で示すように、これがオーストラリア植民地における契約労働の終焉となったわけではなかった。

1831 年にはイギリス本国からの補助移民が始まり、地球の裏側に渡って新しい生活を始めたいと願う者たちには、無料の渡航と安い土地が提供された。この計画を委託された業者は契約を取り付けた人数分の金を支払われ、任意移民の数は激増した。この計画が導入される前の 1820 年代には、オーストラリア植民地へやってくる自由身分の入植者は約 8000 人であったが、当然のことながら国家による補助計画の導入で、その数は劇的に跳ね上がった。1830 年代になると渡航者は約 3 万人に増え、さらに 1840 年代には約 8 万人に増加した。無料ないし補助付きの渡航は、より貧しいイギリス人に移民という選択肢を与えたが、そのための資金はオーストラリアの中で土地供与を土地販売へと移行させることで確保されていた。1840 年に設立された植民地土地・移民委員会が、植民地の土地売却の利益の幾分かを、帝国への移民の財源として用いたのである。オーストラリアにやってきた新しい入植者たちは大部分がささやかな資金しか持たない人びとであり、賃金が低く雇用主と労働者の社会的な関係がまだ厳格なイングランド南部の農村地域の出身者が多かった。時がたつにつれ、そしてとりわけアイルランドが飢饉で打撃を受けた後は、移民のかなりの部分は貧困に打ちのめされたアイルランドの出身者が占めるようになった。また、男女の人口の極端な不均衡を解決する手段として、独身女性の移民を奨励しようと計画したキャンペーンもあったが、これはいつも成功したわけではなかった。マライア・ライやジェイン・ルインは、1860 年代に中流階級女性移民協会を設立し、独身女性の植民地への移民を奨励した。1860 年代にライはオーストラリア植民地とニュージーランドに向かう女性たちの集団に自ら随行している。

多くの移民が到着するようになると、入植地はどんどん拡大してゆき、ニューサウスウェールズの域外に新しい植民地が作られた。1850 年代後半までに、植民地は六つになった。それらは人口や統治の方針の点で決してまったく同じものではなかったのだが、1814 年あたりから、オーストラリアと呼ばれるものの確かな兆しが息づいていたとみられる。1829 年にまずスワン・リヴァー植民地が、そして 1836 年には南オーストラリア植民地が建設された。新しい植民地の設立は、本国からの移民の波だけではなく、現地におけるさまざまな政治的関心によっても促進された。19 世紀初頭のヴァンディーメンズランドの場合と同じく、スワン・リヴァー植民地はオーストラリア西海岸にフランス人に入植地を作らせないことを主な目的として作られたものであった。年季契約奉公の者を含んではいたものの、当初は任意移民だけの入植地として計画され、初期の住民たちの苦闘のおかげで 1850 年まで流刑を導入してこなかった。ただ、囚人抜きの植民地にしたいという願いにもかかわらず、スワン・リヴァー植民地はさきに示したように、流刑を最後に廃止した植民地となった。

対照的に南オーストラリアは、人口を自由入植者に限定することに成功した。ここではエドワード・ギボン・ウェイクフィールドが見取り図を示した「組織的植民」の原理が実践され、それはやがてニュージーランドの各所でも行われることになった。ウェイクフィールドは、19 世紀において広く受け入れられていた経済学の諸法則に則ったコミュニティの設立を提案した。土地をあまりにも安く売ると、土地、労働そして資本の間のあやういバランスが崩れてしまうとウェイクフィールドは述べ、土地を持つ階級と土地を持たない労働者階級の両方を作り出して、イギリス本国社会の伝統的な輪郭を再生することをめざした。彼はこの社会構造が労働供給を保証するものとみており、この場合それは労働を強制される囚人ではなく自由身分の入植者で成り立つものであった。ウェイクフィールドが論じるには、もし誰でも土地が手に入るようになれば、賃金労働に就こうという誘因はなくなってしまい、労働のコストは手がつけられないほど高くなる。これは社会秩序と経済の関係についての、古典的な 19 世紀的言説であった。初期の苦難の後に――それはこの地の入植者の歴史に特徴的であったが――南オーストラリアは発展した。この地は自由移民の入植植民地であり続け、また珍しいことに、オーストラリアの他の植民地よりも男女の比率のバランスがとれている植民地でもあった。

オーストラリアの入植地の拡張に不可欠だったのは探検であった。海軍軍人マシュー・フリンダーズは、19 世紀の幕開けの時期にオーストラリアを周航し、これが実際にひとつの大陸であることを証明した。内地では、1813 年に探検家たちがポート・ジャクソンからブルーマウンテンズを越えて西に進み、これで内陸部への入植が可能になった。1840 年代にはオーストラリア北部および中央部への大規模な探検で内地が開拓されたが、今日もなおそうであるように、入植者人口の大方は沿岸部を離れようとしなかった。その結果として、また土地の獲得が肝要である大規模な牧畜業が発達したにもかかわらず、オーストラリアでは高度に都市化された文化が発展し、人口のほとんどは（財産については常にそうだったわけではないが）19 世紀中頃まで都市部に集中していた。すでに 1850 年には人口の 40％が都市環境に居住しており、その割合は時代が下るにつれてかなり増加していった。

都市的様相がオーストラリア植民地の特徴であったといっても、牧畜農業の経済にたいする中心的な重要性を見過ごしてしまうことはないだろう。入植のごく初期こそ捕鯨とアザラシ狩りが重要な産業であったが、経済を支配したのは羊毛と、そして後には酪農と肉牛であった。アボリジナルの生活様式に壊滅的な影響を与えた内陸部への侵入と大規模な羊と牛の飼育拠点の建設によって、1850 年までに羊毛はオーストラリア経済の主要商品（ステイプル）となった。1800 年代前半までには石炭採掘が増加し、1850 年代には金が重要になった。また銅と銀も、経済的には価値が高かった。

囚人労働が減少するにつれて、オーストラリアではイギリスの他の植民地と比較するときわめて特徴的な 2 本立ての労働システムが成長していった。これまでみてきたように、土地政策の変化によって大規模な白人労働者階級が形成され、多くの人びとが、仮にイギリスにいれば彼らに低賃金で斡旋されるようなものと同種の仕事に従事した。しかし入植が拡張するにつれ、熱帯に属する大陸北部では、気候に適応できないのではないかとの懸念が労働市場に大きな打撃を与えた。アボリジナルの労働者も使われることはあったが、多くの白人のオーストラリア人は彼らに疑念と敵意の目を向けたし、いずれにせよ多くのアボリジナルは、白人の雇用者に与えられるような種類の仕事にほとんど関心を持たなかった。そのかわりに北部では、オーストラリアのいたるところでいっせいに使用が衰退したその時期に、契約労働者の使用が増加した。彼らの中にはインドや中国から来た者もいたが、メラネシア近辺から来たものが多かった。太平洋諸島の人びとはプランテーション式の農業、特にクイーンズランドで成長していた砂糖産業で働いた。オーストラリア植民地における非白人契約労働者の使用は、白人の契約労働が消滅したずっと後の20世紀初頭まで続いた。この形態は白人労働力がまったく雇用できないような場所でよく用いられ、オーストラリア北部の熱帯地域での耕作ではきわめて重要であった。帝国やその外のさまざまな地域からやってきた労働者が、他の土地で仕事に就くことを可能にしていたそのネットワークは魅力的ではあったが、多民族的な植民地コネクションが作用した事例にみられるように、きわめて残酷なこともあった（第8章で取り上げる）。

オーストラリアの南東から約1600km、タスマニア海を渡るとそこには1840年代に新しいイギリス領植民地ニュージーランドとなる土地があるが、ここはオーストラリアとは多くの点でまったく異なるものの、やはり白人入植地となった。1769年にクックが最初にイギリスの領有を宣言し、当初ニューサウスウェールズに属していたニュージーランドは、オーストラリア東海岸ほど気候が厳しくはなく、土壌も扱いやすかったし、造船に適した樹木も生えていた。この地では、正式な入植以前にも商業的活動がかなり行われていた。アメリカ人とフランス人は捕鯨基地を運営し、オーストラリアの裕福な投機家たちは土地の購入に奔走した。1839年には、エドワード・ギボン・ウェイクフィールドのニュージーランド会社が北島で恒久的入植地の組織的な建設を始めた。こういった活動はすべて個人企業家による事業であったが、ニュージーランドの先住民であるマオリの人びとがおとなしく従うことなくしては考えられないものでもあった。正式な植民地化に関心を持たない政府は、組織化や軍事化の推進と同様にマオリ社会の理解にも興味を示さず、したがって彼らを従わせるのはそれほど簡単ではなかった。

1840 年にワイタンギ条約に調印してニュージーランドが本国の保護領（でありニューサウスウェールズに属する地）となったときに、マオリと初期の入植者たちの生活は、どちらも変わったかもしれない。この地域でフランスの活動が活発化しているのではないかという疑念にかられたこともあって、この条約はほぼ宣教師と改革者によって作り上げられたのだが、改革者はニュージーランドにたいして行われていた極端な経済的投機が、とりわけマオリにたいして有害な無秩序状態を生み出していると主張していた。またプロテスタントの宣教師は、すでにニュージーランドの南島で積極的に活動していたライバル国フランスのカトリックを抑え込もうと躍起になっていた。

この条約は興味深いものであった。なぜなら、それは原則としてマオリの土地所有を承認しており、この点でアボリジナルのオーストラリア人が経験したものとは大きく異なる状況下での植民地化だったからである。条約では、マオリが売りたいと思う土地をイギリスが独占的に買う権利と引き換えに、マオリにたいしては保護とイギリス臣民の身分が与えられた。実際にはマオリが売るのをためらってもたいていは意に介されず、この条約は、入植者たちが相当な面積の土地をきわめて安値で獲得する効果を生んだ。土地所有権の移譲によって、統治をめぐるマオリとパケハ（マオリは白人入植者をこう呼んでいた）の間の軋轢は当然のことながら激しさを増した。1840 年代の半ばまでに、今日ニュージーランド戦争として知られる戦いがまず北部で始まり、その後拡大していった[i]。容易に勝負はつかなかったが、最終的にマオリは敗北し、このことが白人入植者の植民地主義の拡張にともなうニュージーランド先住民の土地の喪失と彼らの周縁化という帰結を必然的にもたらした。1861 年までにニュージーランドの土地の 3 分の 2 が売られ、その結果として白人入植者人口が増加し、連動してマオリの人口は減少したが、それもまた必然であった。1840 年代だけで、ニュージーランドのパケハの数は 2000 人から約 1 万人へと増加し、一方マオリの人口は、19 世紀のあいだにおよそ 20 万人から 10 万人へと半減した。しかしながら、1893 年に白人女性が

---

i　別称マオリ戦争。狭義にはイギリス・オーストラリア義勇軍とマオリが大規模な戦闘を行った 1860 年から 72 年の戦いをさす。

選挙権を与えられたとき（これがイギリス領でもっとも早い女性に対する国政選挙権の付与であった）、そのちょうど1ヶ月後にマオリにも選挙権が与えられた。この選挙権の付与と、1860年代からマオリに4議席が保障されたことは、ニュージーランド先住民のかつての繁栄や支配を回復するには到底及びようもなかったが、それでも隣接するオーストラリアで見られたものとはまったく異なった型の入植植民地主義をもたらした。とはいえ入植植民地主義とは、たいていは元からいる住民の要求を抑え込むことで成り立っているものである。1850年代になりオーストラリアのゴールドラッシュがニュージーランド製品の地域市場を生み出して状況をやや和らげたとはいえ、戦争が行われていた間のニュージーランドの経済状態は不安定なままであった。1852年にニュージーランドは連邦憲法と議会を獲得し、1876年には二つの島（北島と南島）がひとつの州として統合されたが、これはオーストラリアが連邦化される四半世紀も前のことであった。

18世紀後半からイギリスの関心が東に向けられてくると、白人入植者モデルはこの地域で運用される植民地主義の唯一の形態ではなくなった。東南アジアとマレー群島においては、イギリス帝国の支配力は決して優勢とはいえなかった。この地域ではオランダが長い歴史を持っていたし、スペインとフランスも同様であった。16世紀には東インド諸島――すなわちジャワ、スマトラ、バンダ諸島、モルッカ諸島からなる島々の連鎖――がもっとも高い利潤をもたらすと考えられており、インド（次章を参照）は、しばしばこれらの富の源に到達する途上の停泊地と見なされていた。香料諸島はしかし、地元エリートや支配者の動き、そしてヨーロッパのライバル国がすでにそこで成功をみていたという二つの理由から、イギリスにとって困難な地であることが明らかになった。1700年の時点で、イギリスは東インド会社が統治するこの地域ではスマトラ西海岸のベンクーレンをただひとつの入植地としていたにすぎず、そこでは奴隷が必要な仕事の大部分を担っていた。

よくあることだが、イギリスはこれらの地におけるいくつかの統制権をヨーロッパの競争者から奪い取るにあたり、戦時下という状況で優位を獲得した。ナポレオン戦争の間、イギリスはこの地域の多くのオランダ領を奪取した。しかし勢力のバランスと経済面での収益性はすでにかなり推移しており、イギリスが諸島を欲したのはその地の産物のためではなく、むしろその当時オランダがナポレオンの影響下におかれていたことをかんがみて、フランスによる領土の囲い込みからインドを防衛するためであった。1811年までにイギリスは、ジャワやモーリシャス、セイロンのトリンコマレ港を含む主要なオランダ領植民地をすべて占領した。その大方はナポレオンの失脚ののち、新しくオランダ王国が建てられたときオランダに返還されたが、イギリスはこの地域に戦略的かつ商業的な足場を維持することに注意を払っていた。イギリスの貿易と航行のための場所が保障される限りにおいて、オランダの回復は歓迎された。1819年にマラッカ海峡周辺のマレー半島のイギリス領に加えて、サー・トマス・スタンフォード・ラッフルズが東インド会社にひとつの島を獲得したが、これがのち1826年に新たな植民地である海峡植民地の一部、すなわちシンガポールとなった。海峡における主要な植民地は当初ペナンであったが、やがてシンガポールが経済的にも政治的にももっとも有力となった。最初の頃、この植民地は東インド会社の所有であったため、インドを通じて東インド会社が管理していた。1867年に海峡は直轄植民地となり、その時にようやくこの地域へのイギリスの介入がより完全な形へと進んだ。それ以前からこの植民地にはきわめてよい実入りがあったし、また、シャム（現代のタイ）やマレー半島の国々との外交関係を取り結ぶために重要な位置にあった。

このように、アメリカ13植民地の喪失からナポレオン戦争の終結までは、イギリスが植民地化に余念がなかった時期であり、とりわけナポレオン戦争の際にイギリスは活発に領土を獲得した。その動機には戦略的な部分と経済的な部分があり、ライバル国の力を制限すると同時に自国の収益性を最大限に上げるというものだった。1815年の直轄植民地の導入は、この活動の時代を反映するとともに、植民地化のプロセスとイギリス帝国の未来についての考え方の変化をも反映していた。植民地領域を直接イギリス君主の権威のもとにおくこの新しい装置は、イギリスの法と機構（例えば裁判所や警察力のような）を、現地のいかなる裁可も必要なしに行使することを可能にした。そのような植民地においては、ロンドンの帝国議会が完全な統制力を有しており、現地の立法府にたいしてはロンドンでの決定への同意を求めることができた。もちろんすべての植民地が直轄植民地だったわけではない。例えばインドはそのような直轄状態になったことは一度もなかったし、保護領と指定された多くの植民地もそうだった。法的には、保護領はイギリスの保護のもとに地元支配者の主権下におかれ、住民にイギリスの市民権は一切与えられなかった。だが実際にはイギリスが相当の支配力を掌握しており、保護領のほとんどはいずれかの段階で直轄植民地へと移行した。白人入植者植民地の大部分は、19 世紀半ばまでに責任自治政府を与えられ、このことで中央との政治的な関係は劇的に変化していった。この拡張に不可欠であったのは、植民地は財政的に自立した独立体であるべきだとする原則であった。

1850 年代までに責任自治政府を持たなかった入植植民地のひとつが、南アフリカ沿岸部のケープ植民地であった。同地の入植者はこの時期にはほとんどがイギリス人ではなく、彼らとアフリカ人、そしてイギリス人の間でよく衝突が起こっていたのも驚くにはあたらなかった。イギリスは 1795 年に初めてケープを占拠したが、これはもっぱらフランスによる占拠を阻止するためであった。インドへの途上の港としてのその価値が本当に明らかになったのは、占拠の後のことである。1800 年代初めに、この地域の権利はオランダとイギリスの間を飛び交うように行き来していたが、ナポレオン戦争が終わるとようやく、そして正式にイギリスに割譲されてケープ植民地となった。この地に 100 年あまり住んでいたオランダ人入植者の農民——いわゆるボーア人——は、したがってイギリス臣民となったが、その変化が 1830 年代にこの地域に少なからぬ混乱を引き起こすことになる。1833 年のイギリスの奴隷制度廃止、そして 1828 年の現地のコイサン人の年季契約の廃止に憤り、約 1 万 5000 人のボーア人（アフリカーナーとしても知られる）はオレンジ川を北に渡ったところに自分たちの土地を見つけようとした。「グレート・トレック」として知られるこの 1835 年の大移動で、イギリスは決断せざるをえなくなった。すなわち、ボーア人に離脱を許すか、それともイギリスがさらにもうひとつ植民地を統治する出費に耐えるかである。当時の南アフリカはまだ本当の意味で経済的価値がある場所ではなかった。金とダイヤモンドが発見されるのは、何十年も先のことだった。またプランテーション農業もいまだ確立されてはいなかった。イギリスがこのボーア人の挑戦にどう対応するかを判断するには時間がかかり、1843 年に当時アフリカーナーがナタールと呼んでいた地の併合にむけて動くという道を選んだときには、ほぼ 10 年の月日が経っていた。オランダ人入植者はこの地域に分散し、1852 年にはイギリスから独立した小地帯——すなわちトランスヴァール——を獲得した。19 世紀を通じてボーア人とイギリス人のあいだの緊張は高まっていったが、この緊張は当事者であるヨーロッパ人よりも、現地のアフリカ人にたいしてはるかに悪い影響を与えることがあった。イギリス人の数はケープ移民計画の開始で膨れ上がった。それは 10 人以上のイギリス人労働者を連れてくると同意した者にたいして無料の渡航と土地を提供して、イギリス人入植者の導入に期待をかけるものだった。この計画には志願者が殺到し、1820 年には 4000 人前後の移民がイギリスから到着したが、彼らは新参者に自分の土地を取り上げられまいと力の限りに戦う地元の人びととの抗争に自分たちが巻き込まれたことに気づいただけだった。

この南端部は別にすれば、19 世紀末以前のアフリカは、イギリスにとってごく限定的な関心しか持たれない場所にすぎなかった。1890 年代以前には、シエラレオネとガンビア以外、この大陸にはほとんど植民がなされなかった。この二つはいずれもイギリスの奴隷制にたいする新しい政策と直接的に関連する植民地であった。すなわちシエラレオネ（第 2 章で詳述した）は解放されたアフリカ人が帰る場所として作られ、かたやガンビアにはイギリス海軍の反奴隷艦隊が配置されていた。

しかしながら、この時期にはこの他の地域にも拡張がみられた。南大西洋の小さな、そして孤立したフォークランド諸島（スペイン人はマルビナス諸島と呼んでいた）は、大西洋と太平洋を結ぶ航路に近いことから、18 世紀末にヨーロッパの興味をひくようになった。そのためこの島々がまたしてもフランスとスペイン、そしてイギリスの間でおこったヨーロッパの対立関係の火種となったのは無理からぬことであった。この地の最初の白人入植者はフランス人だった。その 2 年後の 1766 年、イギリスの小艦隊が西方に入植した。1770 年にフランスとスペインは手を組んでイギリスを追い出しにかかり、イギリスはこれに屈しはしなかったが、そもそもこの地のために戦う気もなかった。1770 年代の終わりにイギリスは植民から撤退したが、領有権は主張し続けた。1767 年にフランスの入植地を掌握したスペイン人も 1811 年に撤退し、この遠い島々にはほとんど注意が払われなかったが、1830 年代の初頭になって新たに独立したアルゼンチンが、フォークランドはアルゼンチンと同じくかつてスペイン帝国の一部であったからというおかしな理由で領有を主張した。イギリスは即時、南大西洋に海軍を派遣し、1832 年にフォークランド諸島は直轄植民地であると宣言した。

18 世紀においてと同様、19 世紀前半においても、フランスとの軋轢はイギリスの植民活動をもっとも大きく左右する重要課題であったが、フォークランドや、多くの込み入った戦争（第 2 章と第 3 章で論じた）でみられたように、イギリスとスペインもまた衝突していた。この 2 国間の植民地抗争において、いまひとつ長年喉にひっかかった骨のような存在であったのは、スペイン南端に位置するジブラルタルである。北アフリカ海岸からほんの数 km のところにあるこのイベリア半島の岬について、最初にイギリスが領有を主張したのは 1704 年のことである。ジブラルタルの住民は 1713 年のユトレヒト条約によって、もしこの地域が完全なイギリス領であれば、カトリックであるために与えられなかっただろう諸権利を、その後も享受し続けることになった。ジブラルタルは、地中海にイギリス海軍が侵攻するにあたって大事な要地であることが分かってきた。ナポレオン戦争の結果、地中海ではマルタ島（1814）とギリシア沖のイオニア諸島（1815）が植民地領域に加わり、帝国はヨーロッパの領域の中にも着実に拡張してきていたのである。

これらの地域の攻略はまさに、イギリス帝国の力が海軍の卓越した能力をいかに大きなよりどころとしていたかを示すものである。ここまでたどってきたような植民地の獲得と統合はイギリスに圧倒的な強さを与え、その結果としてグローバルな規模の港湾の連鎖と、他国の追随を許さぬ強力な海軍、そして近代世界最大の帝国が 1815 年までに実現したのである。18 世紀の大部分は大西洋に専念し、西インドとアメリカを中心にしていたこの帝国は、太平洋に勢力を大きく拡張したのみならず、堂々たる港湾のネットワークをも確実なものとした。このネットワークによって得た帝国としての比類ない卓越性こそが、イギリスの近代史を鮮やかに彩っていたのである。

ヴィクトリア女王の治世が始まるまでには、イギリス帝国は相当な重要性を持つグローバルな政治勢力となっていた。奴隷制の廃止と（南アフリカやオーストラリア、ニュージーランドなどで）地元住民の権利の保護を推進した人道的帝国主義の擁護者たちは、中央から追いやられていた。この空気の変化のきざしは、トマス・フォウェル・バクストンやチャールズ・グラントのような、指導的な立場にあった改革の立役者たちが政治活動から排除されたことに見て取れる。バクストンは20年近くウェイマス選挙区の代表であったが、1837年に議席を失った。奴隷廃止運動における傑物であった彼は、アボリジナルに関する下院特別委員会に任命された後は、その導きの光のひとつにもなった。委員会はアフリカやアメリカ、太平洋の先住民族の苦境を検証し、前進への道として「公正な処遇とキリスト教の指導」を勧告した[(3)]。一方、チャールズ・グラント（グレネルグ卿）は、彼を中傷する人びとの圧力に屈して、1839年に陸軍・植民地大臣を辞任した。バクストンと同様、彼もまたイギリス植民地の多くにいる先住民族の権利について公然と意見を表明しており、とりわけカナダと南アフリカでの帝国政策をめぐって影響力のある政敵と対立していた。このような人びとが政界から消えたことで、家父長主義的な立場を貫き、植民地化された側の権利をとにかく守ろうという倫理的な帝国主義を求める声はほとんどなくなってしまったのである。

注

（1） George Arthur to Viscount Goderich, 10 January 1828. Parliamentary Papers, House of Commons 1831（259）, *Van Diemen's Land. Copies of all Correspondence between Lieutenant-Governor Arthur and His Majesty's Secretary of State for the Colonies, on the Subject of the Military Operations lately carried on against the Aboriginal Inhabitants of Van Diemen's Land 1831*, p.4.

（2） J. Langfield Ward, *Colonization and Its Bearing on the Extinction of the Aboriginal Races*（Leek, Staffordshire: William Clemesha, 1874）, p.12. ル・バ賞は、1837-43年の間、東インド会社ヘイリーベリー・カレッジの校長をつとめたチャールズ・ウェッブ・ル・バの元教え子たちによって1848年に創設された。ル・バは校長に就任する以前から、ヘイリーベリーで長年にわたり数学を教えていた。【訳者追記　東インド会社カレッジは、1806年にイギリス本国に設立されたイギリス東インド会社で行政職に就く者の教育施設。当初ハートフォード城内に置かれたが、ヘイリーベリーに移転した。大反乱後にインドが直接統治に移るとカレッジは閉鎖され、1862 年にパブリック・スクールとして再開、第二次世界大戦中にインペリアル・サーヴィス・カレッジと統合された。】

(3) House of Commons Parliamentary Papers, 1837 (425), *Report from the Select Committee on Aborigines (British Settlements)*, p.44.

第5章

インドにおけるイギリス
BRITAIN IN INDIA

17 世紀の段階ですでに、インドにおけるイギリス帝国の権益は、植民地構想のうえでもっとも重要なもののひとつになっていた。イギリス政府がインドの大部分を支配したと正式に主張したのは 19 世紀半ばのこととなるが、それよりずっと以前から、イギリス領インドはイギリス帝国の中心となっていたのである。

インドはひとつの国や統一体というより、さまざまなあり方で支配される諸国家の集合体で、そのそれぞれが他とは明確に異なる言語や習慣を有していた。単一のインド言語やインド宗教なるものは存在しなかった。大小の地域が地方の名門一族によって統治されており、18 世紀までにはインド北部の大部分と中央部を強力なムガル人が支配していた。インド亜大陸におけるイギリス帝国の影響は、このムガル帝国のすぐ後に続くものとなった。ムスリムのムガル人の最後の一波はすでに 16 世紀に中央アジアから渡来しており、インドのヒンドゥ教エリートと賢明な同盟関係を結び、実質的な支配を急速に確立していった。ムガル帝国の力と富は相当なものであり、早い時期に到来したイギリス人商人もムガル人の支配者にたいして臣下の礼を尽くさざるをえなかった。17 世紀においてヨーロッパ人の商人は、ヨーロッパ人と同等以上の権力と軍事力を持つ各地の支配者たちの許可を得たうえで、通商を行うのが特徴であった。

インドにおいて支配的だったイギリスの企業は、1600 年に有力な金融エリートによってロンドンで設立された東インド会社（EIC）であった。東インド会社は特許会社であり、イギリスのアジア貿易の独占権を享受していた。その特許は会社にアフリカの喜望峰ケープからマゼラン海峡、すなわち南米大陸の南にある太平洋と大西洋を結ぶ天然の通路までの間の貿易支配権を与えるものだった。特許会社とは、企業およびその後援者と、その企業が設立された国の政府に対して相互恩恵的な利益をもたらすための経済的、政治的な装置であった。こうした企業の立場は時とともに変化したが、18世紀までには、利益の配当（有望な公債の場合もあった）と引きかえに、所定の地域におけるとてつもない自由——経済的のみならず政治的、軍事的な自由——を政府から付与されるようになった。東インド会社は、貿易独占権だけでなく、地元の支配者との交渉や、会社の権益を守るためには戦闘行為を行ってもよい（ただし交戦の口火を切ることは禁止された）という政府の合意をも享受した。会社はまた自身の領域内において、通貨を発行し、要塞を建設し、イギリス人住民を統制する権利を持っていた。会社は裁判所を作って法を押しつけ、会社のテリトリーを侵害しようとする商人たちをさかんに告訴した。東インド会社はジョイント・ストック・カンパニーであったため、費用のかかる長距離貿易に適していた。規模が大きいおかげで、より大きな投資家集団から多くの資金を集めるとともに、リスクを彼らに分散できたが、それは小規模の貿易商には不可能な戦略だった。重商主義の一面であるこのような独占的な方策は、19世紀の自由貿易時代以前にグローバルな事業がとっていた典型的なやり方だった。明らかに、こうした方策は経済と統治を重要な意味あいで結びつけるものであった。なぜなら、こうして地球を股にかけて経済活動を行うような者たちには、たんに通商を管理下に置く以上のことが認められたからである。

イギリスの植民地のなかでも、インドは商業上の力を超えたところまでその重要性を増していった。東インド会社のインド支配は、アメリカ植民地がイギリスから離脱した、まさにその時に強化された。東インド諸島（インドネシアと香料諸島）におけるイギリスの貿易の失敗と1840年代以前の中国貿易にあった障壁のため、インドはアジアにおける主要な足場という、イギリスの権益にとって特に重要な場所となった。インドでの成功は、アメリカの反乱を制御できなかったイギリスの無能さを相殺する力として作用した。インドは、その地の産物のためだけではなく、アメリカ喪失後のイギリスの海外における力のひとつの象徴としても重要になっていった。インドは20世紀中頃までイギリスの関心事であり続け、他の植民地に関する諸決定に強く影響を及ぼし、数多くの植民地行政官の訓練場としての役割も果たした。

18世紀において砂糖植民地の保護が最重要であったのと同じように、19世紀にもライバル列強の侵略からインドを守るために植民地政策が定められることがあった。隣接するビルマにたいする懸念は、ビルマ側のインドへの領土伸長が契機となり、1820年代半ばの第一次英緬戦争へとつながった。アヴァのビルマ王朝との摩擦はついに、1886年のイギリス領インドの行政下への統合というかたちでのビルマの一部併合にいたった。ヨーロッパ列強とのライバル関係は、土地の争奪戦をも誘発した。すでに言及したとおり、イギリスは1810年にインド洋のモーリシャス島をフランスから、そしてジャワをオランダからそれぞれ奪い取った。インド近くのセイロン島では、ポルトガルとオランダの権益下にあった地域に侵入し、1796年に島を併合した。東方については、植民地時代の最初期にはセイロンと同様に東インド会社が管理していた利権（マレー半島のシンガポールを含む）を取りあげた。オーストラリア流刑を模倣するかたちで、会社はマレー植民地を早くからインド人囚人の廃棄場所としており、囚人たちはそこで強制労働力として使役されていた。囚人の植民地はまずインド洋のアンダマン諸島に（1789年）、そしてモーリシャス島に作られた（1815年）。また、セイシェル（1794年）、喜望峰ケープ（1795年）、マルタ（1800年；1814年併合）など、インド航路上にはイギリスが対仏戦争中に奪取した戦略的な一連の拠点もあった。

東の方では、中国がインドにおけるイギリスの権益と密接に関係していた。東インド会社の利益のかなりの部分が、インドで栽培されたアヘンを中国で販売することで得られていたからである。中国の指導者によるインド産アヘンの流入をくい止めようとする取り組みは、1839年に、そしてその後1856年にも戦争をまねき、結果、イギリスは中国本土部南岸にほど近い香港島を1842年に獲得することになった。1839年には、イギリスはアデンをも領有し、紅海とアラビア海に近い同地をインドに向かう船のきわめて重要な給炭港とした。アデンが、ほぼ100年間にもわたってボンベイから統治されたことは重要なのである。

これらの新たに獲得した、また時に一時的に占有した植民地の領土で、イギリスはインド周辺の遠近にインドを防衛するための円陣を張り、実質的に東インド会社は、触手を世界中にめぐらせるトランスナショナルな企業となって、財政的権益と政治的権益の双方を掌握した。これらの緊密なつながり——政治的、軍事的、地理的、そして経済的なつながり——は、各々の植民地が他のイギリス領に影響を与え、またそれらを形づくるという帝国の権益と膨張の相互の連関性を例示している。植民地の獲得と保持には多くの要因があるのが常だった。たったひとつの要因だけで、世界のどの地域をイギリスの支配下に入れるかが決定されることはありえなかった。そして帝国の規模が拡大するにつれ、こうしたグローバルな目配りはますます重要になっていった。インド——1857年以前には東インド会社——はこうした目配りをするにあたって、しばしば最重要とされたのである。

しかし1680年代後半にはまだ、インドでの東インド会社の将来は不確かなものにすぎなかった。防衛的軍事行動の補償金としてアウラングゼーブ帝に支払われた1万5000ポンドという金額は、東インド会社が貿易権を失わずにすむことを保証する一助とはなっていた。しかし、この軍事攻勢の失敗がはっきりと示したのは、18世紀の幕開け以前においてさえ、会社はもはや平和的な通商にのみ従事することに縛られているという意識がなかったことである。この重要な方針転換は、さらに大きな影響をもつ帰結をもたらすことになる。1700年までに、会社は（西方に）ボンベイ、（南方に）マドラス、（東方に）ベンガルという三つの管区を設立した。17世紀にはこれらを入植植民地へと転じようとする試みがあり、男性だけでなく女性をも引きつけることが入植地文化を形成するのに役立つだろう会社は賢明にも判断したのだが、失敗に終わった。

面積としては小さいものの、この頃までに会社は20以上の貿易港をムガル人から借用していた。インドの支配者たちは、これらの見返りとして海賊行為の取り締まりと、おそらくもっとも重要なこととして、地代徴収の組織化への助力を求めた。(特にベンガルにおいて)土地から税を徴収するにあたって東インド会社がはたした役割は、会社とその役職にあたった職員個人に莫大な富をもたらした。時がたつにつれて、貿易会社という起源を持つにもかかわらず、東インド会社の焦点は、貿易から徴税へと推移していった。

会社の貿易は皇帝からの「ファルマーン」によって統制された。ファルマーンとは、借用料または年間手数料を支払う見返りに、会社に対して指定された地域における貿易権を与えるとする勅令であった。最初のうち、会社はインドのごく限られた区域の管轄権を受けるのみで満足していた。だがムガル帝国が方針を転換し、強力な中央集権から地方分権へと移行してゆくと、ヨーロッパ人はその変化を衰退の兆しと見て取った。これらの変化によってムガル人は、旨味のあるインド貿易の分け前にあずかりたいと切望する他のインドの支配者たち（そう願う者は多かった）が企てる陰謀だけではなく、彼らの攻撃や侵略をも受けやすくなった。会社の方もまた18世紀の早い時期にやり方や慣習が徹底的な批判にさらされ、1709年に合同東インド会社として再編された。新しいシステムによって、会社は非常に収益率の高い企業となり、1709年から1748年のあいだに株主に配当金を支払えなかったことは2回しかなかった。18世紀初頭には、主要貨物の約90%はインドから発送されていた。アヘンとならんでもっとも利益を上げた商品は織物であった。会社はまたスマトラでは胡椒の、中国では茶、絹、陶磁器の取引をした。

イギリス領インドの拡張が本格的に始まったのは、1757年に東インド会社がムガル軍を撃破した時であった。カルカッタ（イギリス領ベンガルにおける軍事作戦の中心地）をフランス人にそなえて要塞化したことで、会社はあからさまにムガル人との合意に違反した。イギリス人はまた、この地域における多くの法に触れる怪しげな商慣習にも関与していた。ベンガル太守シラージュ・ウッダウラは憤り、1756年6月にカルカッタを会社から取り上げた。カルカッタの「ブラック・ホール」として悪名をはせることになった、彼によるヨーロッパ人の投獄——さらにそこでの数人の囚人の死——で、イギリス人の怒りは広がった。プラッシーの戦いでロバート・クライヴ大佐に率いられた会社軍に、太守軍があっさりとそして決定的に敗北したことは、新たな太守の擁立をもたらす結果となった。ミール・ジャファールは、少なくともその支配の初期においては、イギリスのいいなりであった。ベンガル、特にカルカッタは、またたくまに会社の中心的な勢力拠点となった。貿易における重要度の高まりは、ベンガルを覇権的地位に押し上げる一助となった。

1760年代から支配領域と権限が大きくなるにつれ、各管区は、本来は商社というより政府の職分であるような責務を担うようになっていった。自前の法廷と軍隊を用いて、三つの管区は亜大陸のさらに広い地域を実質的に支配するようになり、フランスに向けてと同様に、御しがたい地元の支配者に向けても軍を配備した。フランスの現地での勢力はまだ衰えてはおらず、地元の反乱を支援することでイギリスを弱体化させようとしていた。フランスの勢力の決定的な敗北は、インド南東部における一連の小規模な戦闘に勝利してイギリスの地位が確固たるものになった1760年代のはじめにおとずれた。会社は、インドからのフランスの追放と、断片化のすすむムガル帝国の弱体化に乗じて優位に立った。イギリスによる地方支配者の保護は、旧来のムガル帝国の権力構造の崩壊を早め、同時にイギリスの足場を安定させ、確立した。一時的なものを含め、モーリシャスやジャワといった、インドでの勢力拡張に役立つ地域を植民地化しようとする意欲ともあいまって、こうした戦略は会社の尋常ならざる変化を確実なものとした。また、イギリス人株主にたいしてまだたっぷりと配当金を払い続けている事実によって、会社は本国においても相当な影響力を持っていた。

だが政府関係者のあいだには、職員個人の行状や会社の不当な権利要求をめぐっての深刻な軋轢と懸念があった。東インド会社の職員は強欲で、悪辣で、利己的であると見なされるようになった。18世紀後半になると表向き会社の方針や政策をロンドンから管理していることになっていた人びとも、自分たちは雇い人すら管理できていないと感じ始めるようになっていた。小説家や劇作家、風刺画家たちは、腐敗し堕落した成金（ヌーボー・リッシュ）と見なされて本国では妬みと軽蔑の対象であった「ネイボッブ」たちを面白おかしく取り上げた。ネイボッブのなかでももっとも有名なのが、戦闘での勝利と商業的な特権、そして領土を会社にもたらしたロバート・クライヴであった。クライヴはよく問題を起こす人物だったが、1760年代にインドにおける新たな役割へと会社を導くことに大きく貢献し、ときに一般の人々には彼の雇い主たちよりも人気が高かった。1757年のプラッシーの戦いでの勝利と並ぶ、彼が

図4　ロイヤル・パビリオン。イギリス本国のブライトンに1784年に建てられ、19世紀はじめに摂政宮として購入された。1815年から1821年にかけて、ジョン・ナッシュが「ヒンドゥ・ゴシック」とも称される古典様式とインド式の混合様式での改修を監修した。このすばらしい折衷的な建物がイングランド南東部の海岸に建築されたことは、帝国の時代にインドがイギリスに与えた重要な影響を示唆している（©iStock.com/naumoid）

もっとも賞賛される功績は、1765年にベンガルのディワーニー（地税徴収権）を巧みな工作で手に入れたことである。この合意（アラーハーバード条約としても知られる）によって、会社は、当時シャー・アラム（2世）が在位していたムガル皇帝の代理として、ベンガルおよび隣接するビハールとオリッサで徴税を行う独占権を獲得した。その見返りとして、皇帝には年260万ルピーもの莫大な額が支払われることになった。クライヴはたんまり私腹を肥やし、出発した時よりもとてつもなく金持ちになってイギリスに戻ってきた。

財政面での役割の強化は、会社自身の輪郭を変えただけでなく、インド東部における土地所有のパターンにも後々まで続く影響を与えた。1793年にコーンウォリス卿が考案した「永久査定制」は、以前には収税吏の役割を担っていた地方の裕福なインド人から成る新たな地主階級を生み出した。土地にたいする税額の査定は時が経っても不変とされ、そのことは、土地を購入して、新しいタイプの儲かる資産所有とする動きの誘因となった。結果として、資産所有の基盤は本質的に変化し、以前であれば土地の耕作に関わっていたすべての人びとで分かち合っていた所有権が、個人にたいして付与されることになった。この制度によって徴税を行う裕福なザミンダールやタールクダール[i]、そしてもちろん会社が豊かになった一方で、一般の農民や農業労働者は相当な地税の納入を強いられた。収穫量にかかわらず額が不変だったので、彼らは新しい制度の下で自らの伝統的な生活を維持するために重い地税を支払うことになった。それは、――少なくとも富裕層にとっては――インドをイギリス帝国の権益の中心にすえる、利益をもたらす制度であった。

このように生み出された富と、クライヴの政治的手腕にもかかわらず、1760年代後半に会社は暗礁に乗り上げた。政治的な策謀や、汚職への非難、多額の出費を要する軍事作戦、そして東インド会社株を深刻に脅かした相場の急落で、イギリス政府は腰を上げた。1770年代までには、イギリスのインドにおける国益を存続するためには政府が会社の問題を統制する必要があることが明らかになった。その頃には、インドは失う危険を冒すにはあまりにも収益率が高い貴重な資産になっており、1773年に首相ノース卿はインドにおけるイギリス植民地主義の方針を転換した。彼の規制法は、慎重で試験的ではあったが、インドにおける会社の活動の上に政府の権限を位置づけるものだった。この法は、三つの管区すべてを監督する総督という役職を生み出した。この役職への推薦は会社の理事役員会が行ったものの、任命は政府の承認があってのみ可能だった。インドにおける権力の中心としていまやデリーに取って代わったベンガルのカルカッタには、新しい最高裁判所が置かれ、そこにはロンドンから判事が任命された。この制度は、政府の介入に憤慨するロンドンの会社理事たちにのみならず、自治の喪失に怒る三つの管区でも深刻な憤りを引き起こした。

現地職員とロンドンの政府のあいだのこうした緊張関係は、イギリス帝国主義のひとつの永続的な特徴となってゆく。ある意味では、それはアメリカのケースですでに明らかになっていた。反乱の触媒となったのは、アメリカの入植者がロンドンからの不当な統制だと見なしたものへの反発だったからである。政府介入の原則は摩擦の主要な要因であった。1774年から1785年にかけて初代インド総督であったウォレン・ヘイスティングズは、ロンドン

---

i　インドの封建的土所所有者、地主。1857年インド大反乱で反イギリスの立場を取ったが、反乱の鎮圧後はイギリスの植民地支配に協力した。

と植民地政府の間にほぼ絶え間なく生じていた不和に耐えねばならなかった。インドでの会社の業務を長く経験していたにもかかわらず、彼は多くの局面で反発にあった。また彼は、帝国のインド統治がどのようなかたちをとるかに関して自身の見解に妥協を許さなかったため、よく問題を起こす人物であった。この頃のインドはロンドンのプレスからも注目を集めており、イギリス本国と会社双方の関わり方の倫理的な立ち位置に関する議論も活発に交わされていた。

ピット政権が、ヘイスティングズの任命の根拠であった1773年法について考え直したのは、ヘイスティングズが直面した行き詰まりのいくつかによるところがあった。この法は11年後の1873年末にはインド政策をめぐって当時の本国政府が退陣した後、より包括的な法に取って代わった。その頃までには、アメリカでの反乱でイギリス帝国主義の外観は様変りしていた。そこではインドがより重要で魅力的な領土となっており、イギリス帝国の拡大の軸は東に向かいつつあった。またアメリカ13植民地とは異なり、インドには新たな構造に異議を申し立てるような入植者の伝統も、選挙で選ばれた政府も存在しないに等しかった。多くの面で、1784年のインド法は前法を膨らませたものであり、総督の権限と、マドラスとボンベイをしのぐ利益を生み出すベンガル管区の権限の双方を強化するものだった。総督は、自身の補佐機関である参事会と他の二管区によって下される決定にたいする拒否権を手にした。総督の任命権は形のうえでは会社の手中にあったが、政府が解任権を持っていたため、任命の手続きは政府と東インド会社のあいだの慎重な交渉案件のひとつとなった。ヘイスティングズ以降、この地位に任命されるのは会社の外部の人間であることが慣例化した。要するに、総督職は政治的な動機で任命されるものとなったのである。また1784年法は、本国に本拠地を置く監督局をも創設した。会社は貿易独占権や徴税機能、会社職員の任免権などを失ったわけではなかったが、インドにおける会社の行政、軍事、徴税にまつわる事柄の管轄権は、いまや監督局が握ることになったのである。この法によって、イギリスの政治家たちには会社の政治的、外交的役割を統制する新たな力が与えられた。特許企業を通じた管理から政府による直接支配へのシフトが完成するのは1858年であるが、政府の監視と関心の高まりは、インドの大部分がいかにして、そして誰によって統治されるかをすでに変え始めていた。

だが権限は拡張したものの、東インド会社はイギリス領インドにおける自らの卓越した新たな役割に費用がかさむことを悟ったし、インド支配の強化は、帳簿を精算するときに必要な利益を上げられているかどうかという不安を伴った。三つの管区のすべてで会社が担っていた統治機構と常備軍の維持にかかる膨大なコストはかなり収益を浸食し、そのため貿易の収益性を常に気にする政府が会社の案件に口を出してくるようになった。増加する会社の行政スタッフの専門職化には総督コーンウォリスがすでに着手しており、イギリス高等文官制を導入するずっと前から、成果主義の給与体系と利益中心主義的な気風が生まれていた。それは社員の腐敗した慣習にたいする本国の絶え間ない抗議がもたらした方針であるところが大きかった。1805年以降、会社の職員はイギリス本国のヘイリーベリーにある東インド会社独自のカレッジに送られ、インドに配属される前に2年間の予備訓練を受けることになった。新入社員が語学研修を受けたカルカッタのフォート・ウィリアム・カレッジ（1802年設立）とともに、ヘイリーベリーはインド文官制にたいし、政府職員への独自水準の予備教育を提供した。

各管区はまた自身の軍隊を保持しており、それらは白人の将校の指揮のもと、ほとんどがインド人兵士（シパーヒー）で構成されていた。18世紀の後半には、兵士の数は驚くほどに膨れあがった。1763年には三つの管区はおよそ1万8000人の兵士を擁していたが、40年後には15万人以上になっていた。ベンガルだけでも、1856年には3000人から成っていた分遣隊が、たった10年のあいだに2万6000人に増えた。地方支配者の反感が強まっていた時期にあって秩序を保つために、また外敵、1790年代後半には特にフランスの脅威をしりぞけるために、これらの兵士たちは必要とされた。しかし軍によって成し遂げられた領土拡大もまた軍の出費を賄うための財源であった。軍が獲得したものがもたらす収入なしには、軍の人員の増加はありえなかったのである。会社の軍事部門は、支配のために必要な自己推進的な存在であったと同時に、それ自身が領土とそこからの収入をたえず増大させる必要を生み出したが、これは18世紀後半に顕著な特徴であった。高い軍事費は19世紀に入っても続き、経済政策の方針に直接的な影響を及ぼした。

1858 年以降の数年のあいだに、インド陸軍の構成は根本的な変容をみることになるが、会社が支配していた時期には、管区の軍は圧倒的にインド人が多い構成であった。貧しい男たちはきちんと払われる賃金と食事、そして年金を約束されて軍に入った。イギリス軍が身を隠さねばならないような輩の避難所として軽蔑の目で見られていた時代にあっても、会社の軍隊はよく訓練され、規律化されていた。1830 年代には、インド人エリートにイギリス式の教育を奨励することが賢明か否かをめぐって激論があったものの、行政職に雇用されたインド人もやはりよい教育を受けていた。19 世紀の初めには、(ラックナウやカルカッタのような) インド都市部のほとんどには、生き生きとした文学や演劇の世界と確立された伝統的な音楽や舞踊を擁する活気あふれるエリート文化が存在していた。イギリスの権益は、この不可欠な行政官階級の永続的な忠誠心を、イギリス流の教育によって確かなものにできるかどうかにかかっていた。あらゆる植民地での企図と同様に、その成功は現地の協力と衝突の加減仕第という部分はあったが、事業を継続するためには十分な数のイギリス人がいないという理由からも、彼らの存在は必要であった。インド人の働きがなければ――それが事務職や行政職であろうと、農業労働や建設業であろうと、そして軍隊であろうと――イギリス領インドはまったく機能しなかったであろう。

1858 年に直接支配となるまで、インドに住むイギリス人の数は少なかった。1830 年代には、インドの全人口 1 億 5000 万人のうち、イギリス人は 4 万 5000 人を占めるにすぎなかった。1858 年以降もイギリス人の数はそれほど多くはならなかったが、どのような人間がインドにやって来たかについてはかなりの変化があった。イギリスが勢力を持ち始めたばかりの頃、時折訪れる冒険者を除けば、インドのイギリス人の大半は貿易か軍務に従事する東インド会社の職員であった。会社が政治的な機能をはたす組織になるにつれて、使者と行政官が商人に取って代わった。イギリス人の人口は依然として少ないままにとどまり、またイギリス人女性の雇用機会がまったくなかったことから、ほぼ完全に男性で占められていた。会社が職員たちにインドへの妻の同伴を許可することはめったになく、軍に結婚を許される兵士もごくわずかであった。19 世紀になるとインドへやってくるイギリス人女性のわずかな流れは数を増し始め、まず女性宣教師が、そしてその他の女性たちが住むようになった。だが、植民地時代を通じてインドにいた女性の大半は、職員や文官、武官の親族――妻や娘、姉妹――で占められていた。その結果、インド都市部のイギリス人が住む地域は、イギリスで彼らが後にしてきた環境に似た家族向けの場所へとゆるやかに変貌していった。

一方、地元の人びとの人口は、次第に流動的になっていった。ムガル帝国とイギリス双方の支配下で生じた土地利用と土地所有のパターンの変化は、伝統的な職業を崩壊させ、食料不足と飢饉――この地域ではありふれていた――が、より頻繁にかつ深刻なものとして起こるようになっていった。重税に干ばつが重なって起こった 1770 年のベンガル飢饉では、地元の人びとの人口の 3 分の 1 が死んだ。伝統的な雇用が減るにつれ、多くの人びとはイギリス人の要求を満たすような新しい仕事の機会を求めた。1830 年代から、東インドのアッサムやセイロン近辺の茶のプランテーションや、イギリス領ビルマの米作のプランテーション、あるいはさらに遠隔の島々で、多くのインド人が契約労働者となった。1917 年に制度が廃止されるまで、およそ 100 万人のインド人が植民地契約労働制の下で就労した。1833 年の奴隷制廃止は、とりわけ農業において、奴隷に代わる新たな労働力を生み出した。1838 年に元奴隷を対象とした徒弟制が早々と廃止されたことで、契約労働の雇用は加速した。インドの巨大な農村人口は、プランテーション労働の手近な供給源と映り、斡旋人たちは雇用不足の地域を狙った。負債で人を縛る制度は、イギリスの植民地支配がすすむ以前からインドに存在していた。それは借金は労働で返すが、金を借りた本人でなくてもよく、若い家族が肩代わりすることもあるというものだった。この慣習のために、彼らは契約の先行きをあまり警戒することがなかったと思われる。1820 年代から 1850 年代にかけての深刻な不況のため、そのような働き手の供給に拍車がかかったことも明らかだった。

他方、イギリス本国ではこれらとはまったく異なる一連の政治的な影響力が作用していた。18 世紀の重商主義システムの顕著な特徴であった保護主義と独占を敵視する自由貿易運動の影響は次第に強くなってきており、1813

年に東インド会社の特許が更新のため議会に提出された頃には、自由貿易を主張するロビィ団体はまさに臨戦態勢にあった。活動は大きな成功をおさめ、インドにおける独占権のほとんどを会社は失い、アヘンと塩を残すのみとなった。アヘンと塩は合わせても会社の収入の25％にしかならず、また貿易は会社事業の抜きんでて重要な部門ではなくなる傾向が強まっていた。そのため、独占権の喪失はある意味で象徴的なものにすぎず、経済よりも政治の面での関心を反映するものだった。会社は商業部門でいくらか減損を被ったものの、三つの管区におけるその力はますます包括的なものとなり、その軍隊は特許の更新に際しても手つかずの状態だった。しかしながら、特許の更新によって、4万人ほどの王立軍の分遣小隊がインドに派遣され、それが東インド会社軍の規模の拡大を補完した。20年後にあたる1833年の特許更新で、自由貿易派は完勝した。会社は最後に残っていた中国における独占権を失い、インドは民間の商人に完全に開放されたのである。

19世紀の前半期を通して、東インド会社の活動は、それが貿易と商業のための組織であることを忘れさせるほどのものだった。フィリップ・ローソンは、1813年以降の会社を「国家の一部門」と表現している[(1)]。1820年代以降、インド行政府はまさにひとつの政府として立ち回ってインドの数多くの社会問題の改革に取り組み、地元文化への目立った干渉は避けるという初期の「東洋学」の原則から遠ざかっていった。この新たな方針の特徴は、ベンガル最高参事会メンバーのトマス・バビントン・マコウレイと、1828年から1835年にかけて総督をつとめたウィリアム・ベンティンクに示される。マコウレイは、「教育に関する覚え書き」（1835年）として知られる小冊子で、英語がインドの国家言語であるべきであり、西洋化こそがインドの現状を改善し、教養ある階級のインド人の忠誠を保証すると主張した。またベンティンクは1830年代に一連の社会改革を主導し、地元の野蛮な慣習とみなしたものを攻撃した。

ベンティンクが総督に任命されたのと同じ年、カルカッタを拠点とする活動家であり多作な著述家でもあったラーム・モーハン・ローイはブラフマ・サマージという改革組織を立ち上げ、これがインド東部できわめて大きな影響力を持った。ブラフマ・サマージはヒンドゥ教にもとづいた組織であり、偶像崇拝とカースト制の根絶に力を注いだが、社会改革の分野でも活動的であった。この組織の協議リストに載せられた問題の多くは、ベンティンクの注意をひいたものと同じであり、なかでも重要なのが、寡婦が夫を火葬する燃えさかる薪に自ら身を投じ、自分にとっては夫がすべてだということを証明して死んでゆくサティ（寡婦殉死）という古くからの慣習であった。1813年の東インド会社の規定では、自発的な行為である限りにおいてサティは合法であると宣言されていた。ローイは、この慣習が必ずしも宗教的なしきたりではないと主張し、1818年にこれを糾弾する小冊子をベンガル語と英語の双方で出版した。女性たちのぞっとするような苦悶の叫びについての新聞記事や文学的な叙述は、イギリス人の想像力をかき立てて魅了したが、ローイや彼の支持者にとって、この習慣はヒンドゥ教の教義の残虐な堕落にほかならなかった。1829年にベンティンクはこの習慣を違法化したが、実行を防ぐにはほとんど無力であった。僻地では、法の改正について知る者はほとんどおらず、サティが行われるのは特定の地域限定でかつ高カーストに限られていたようである。歴史家のなかには、法律はむしろ逆効果であり、この慣習をより広く宣伝することになったうえ、イギリス支配を打倒しようとする行為に見せてしまったと主張する者もいる。

サティの禁止は、東インド会社統治時代に実施されたインド人女性を対象とする数多くの改革のなかのひとつにすぎなかった。1856年には寡婦再婚法で、ヒンドゥ教徒の寡婦の再婚を許可した一方で、死んだ夫の資産についての利益の剥奪を強制した。これは、イシュワール・チャンドラ・ヴィディヤーサーガルに率いられたインド人の社会改革者たちが何十年にもわたって訴えていたことでもあった。しかしこの法でとられた形式では、低カーストの女性の経済的な機会が奪われることになった。なぜなら再婚の禁止は、サティの場合と同じように、概して比較的高いカーストのあいだで行われていたからである。他のカーストでは、女性は当たり前に再婚していたが、新しい法の下では、再婚すれば前夫から財産を受け継ぐことはできなくなってしまった。

寡婦の再婚とサティに関する二つの改革は、いずれもエリート層の家族と貧しい家族の慣習の違いを考慮することができていなかった。高カーストのバラモンには正統性があると広く認識されていたことを考えると、この種の改革で低カーストの貧しい女性たちの生活はときに困難なものとなった。イギリス人の改革者もインド人の改革者も、インド人女性の行動を定めるにあたって、彼女たちの話をきくことが必要だとは一切感じていなかった。これらの法律はいずれもインドの文化と社会において女性が劣位にあることを想定しており、バラモンの文献のみに依拠したきわめてエリート主義的なヒンドゥ教の解釈を強調していた。こうした考え方は、19 世紀において地元住民の慣習を植民地的主義的に順応させるにあたって、かなりの部分の基礎となっていた。政策はヒンドゥ教のカースト制をあらためて強化し、適切なヒンドゥ主義や適切なインド人の行動とは何によって成り立つかという議論において、聖職者であるバラモン・カーストの男たちに不釣合いなまでの権力を与えるものであった。それは、帝国の他の地域においても同じようにくり返しておこり、有害で分裂的な結果をもたらすことになる、ひとつの植民地主義の傾向であった。それはまた、イスラム教徒よりもヒンドゥ教徒を優遇するという、イギリス人側の意図的な力加減の推移をも反映していた。

改革の手段には、典型的なインド人のふるまいや考えとみなされたものにたいする批判が必ずといっていいほど含まれており、イギリスのエリート文化が支持する行動や価値観が示されていた。特許の更新のたびに会社の力が次々に減じられてゆくと、首都ロンドンでの改革を求める声――自由貿易主義者と福音主義者がその先鋒となった――は影響力を増していった。関心領域の多くを同じくするインド人行動主義派の支持を受け、19 世紀初期の政府はインドの宗教、文化、社会生活にかつてないほどこと細かに介入していった。その結果としてしばしば起こったのは、地元社会のなかでもより保守的な部分が強調されるということだった。いまや法廷で施行されるようになったヒンドゥ教のカースト制は、むしろ以前よりも広く行き渡ってより無意味なものになってゆき、一方では、インドの藩王たちを地方の支配者として維持することによって得られるイギリスの利権は、伝統が与えられた地位を固く維持する一助となった。イギリスの経済政策は本国との競争意欲をくじき、ヨーロッパで工業化がおきていたまさにそのときに、インドの大部分をより田園的、農業的なものとした。

これらの諸改革は、東インド会社の役割の衰退と政府のインドへの関心の高まりの双方を示している。改革の多くは、東インド会社の力だけでは恐らく着手できなかっただろうからである。宗教にたいする会社の長年の方針は寛容と不介入であり、この原則のために会社は宣教師たちをインドから遠ざけていた。キリスト教の宣教師たちがインドにやって来たのは、福音主義ロビィが東インド会社への不信感をようやく拭い去った1813年以降であった。ただそれでも、宣教師たちの勝利は部分的なものにすぎなかった。宣教師たちは会社の支配下の地域では活動にあたって免許を必要とされ、慎重に監視された。宣教師たちがインドにおいて移動と組織化の完全な自由を得るには、そこからさらに20年の月日がかかることになる。

インドの社会的病理とされた関心事のなかには、ひとつの重要な領域が手つかずのままで存在していたが、それがインド（生産地）と中国（販売地）のあいだのアヘン貿易であった。感覚を鈍らせ、依存性を持つアヘン剤の効果はイギリスではすでに知られていたし、大衆の想像のなかでは、アヘンは「チャイナマン」と結びついていた。19世紀を通じて、植民地の中国人街（チャイナタウン）（それがイギリス本国でも、オーストラリアや香港、あるいはカナダのいずれにあるものでも）は、アヘン依存患者が夢見心地でうたた寝をしている、薄煙が充満したアヘン窟が乱立する場所として描写されるのがお決まりだった。しかしその貿易――中国当局にとっては望ましくないものであった――は、東インド会社とこの薬物を売りさばく中国人ブローカーには莫大な利益をもたらすものであった。アヘン輸入にたいする中国政府の敵意のため、東インド会社は中国の反アヘン諸法の抜け道を探さなければならなくなったが、インドでのアヘン生産が妨げられることはなかった。実際のところ、会社は巨大で精緻な密輸組織を裏で是認していた。収入という面でいえば、それにはリスクを冒すだけの価値があったのだ。アヘンがなければ、中国貿易ルートは赤字になっていたはずだった。中国はイギリス人商人が持ってくる他の商品にはほとんど興味を示さなかった。自国製の陶磁器や織物のほうがはるかに優れていたし、茶は溢れるほどにあったからである。もし中国人が会社のアヘンを買わなければ、会社が売れる物は他にはほとんどなかった。中国人は勧められる他のイギリス商品には関心を持たなかったので、中国から茶を買うにあたっては現金を支払わねばならなかった。この大きな現金流出に伴う赤字を処理する唯一の方法が、アヘンの販売だったのである。

中国で違法だったにもかかわらず、アヘン貿易は巨利をもたらしつつさらに成長を続け、結果としてアヘンは東インド会社が管理し、そして売買する最重要商品のひとつとなった。インドの多くの労働者たちはケシ栽培から得られる収入を頼みとしており、会社はその生産農家に多額の奨励金を出した。こうして会社は、相当な時間と労力をアヘン貿易の成長に投資した。インドにおけるアヘンケシの大規模栽培が始まる以前には、トルコが世界の主要なアヘン源だった。19 世紀にオスマン帝国の崩壊が進むにつれ、インドでの栽培開発は見込みのある事業企画となってゆき、1830 年には、イギリス政府はインドにおけるさらに大規模なアヘン栽培に許可を与えるまでになった。その結果、アヘンケシで容易に得られる利益との競争で、他の農産物の栽培が削減されたのは驚くにはあたらなかった。

会社のアヘン独占は、最初のインド総督であったウォレン・ヘイスティングズの業績であった。時とともに独占は強化されていった。1793 年までには、インドのケシ生産者は東インド会社にたいしてのみ販売を許可されるようになった。インドから中国へのアヘン輸送で中心的な役割をはたしたにもかかわらず、会社はその貿易における自らの位置を懸命に隠そうとした。会社はアヘンをカルカッタでの競売で売り、アヘンはそこから会社ではなく民間企業の船で中国へ運ばれ、密輸者たちに分配された。だが販売による利益はつねに東インド会社の中国事務所に支払われた。

中国への大量のアヘンの違法輸入をめぐる、中国の満州人指導者たちとイギリス人商人たちの衝突は避けられなかった。中国の懸念は、民衆のアヘン依存症率の高さと、アヘンの支払いに転用される国内銀の備蓄流出の双方の問題にあった。二度にわたるアヘン戦争のうちの最初の戦いは、広東（現在の広州）に着いたアヘンの積み荷を中国の税関役人たちが没収した際に勃発した。この貿易を抑制しようとする中国側の攻勢に苛立っていたイギリスは、抗議として海軍を派遣し、中国の重要な港と交易拠点を砲撃した。この攻撃の結果、イギリスは中国に貿易上の特権を強要しただけではなく、中国本土南岸沖に位置する岩の多い小島、すなわち香港という新たな重要な植民地を獲得するにいたった。

1839年から1842年までの3年におよぶこの戦争は、社会改革家たちがインド社会の道徳的な破綻を叫んでいたのとほぼ同じ頃に起こった。しかし宣教者のロビィ団体を除けば、1893年に王立委員会がアヘン貿易の調査に乗り出すまで、アヘンの販売について異義を唱えるイギリス人の声は驚くほど少なかった。第一次アヘン戦争は、イギリスのプレスや議会では、薬物の密売ではなく自由貿易をめぐる道義にかなった戦いとして描かれた。イギリス政府と東インド会社はいずれも、中国が外国人商人の取引を認めようとしないことに関心を集中させた。会社がアヘン取引で相変わらず享受していた独占という問題については、その販売が中国の法律に違反しているという事実とともに、都合良く忘れ去られた。実際のところ、この戦争――それは会社ではなくイギリス政府によって遂行された――は、長らくイギリス人を締め出してきた中国貿易を強制的に開かせるには、勝手の良い方法だった。1845年の小説『シビル』で、後に保守党首相となるベンジャミン・ディズレイリは、アヘン商人としてもっともよく知られていたウィリアム・ジャーディンを、「両ポケットにアヘンで儲けた大金を突っ込み、腐敗を非難し自由貿易を声高に叫ぶ広東帰りのマックドラッギー(2)」[ii]という虚構の人物になぞらえて風刺した。

1842年の南京条約は、アヘンがこの戦争のきっかけであったという事実にもかかわらず、それに言及しなかった。1849年には、香港経由の貿易は年間約600万ポンド相当になっており、中国へのアヘン輸出は条約締結後も着実に伸びた。アヘンはインドで地税に次ぐ2番目の歳入源であり、アヘン貿易はイギリス領インドにおける相当に期待の持てる投機事業であり続けた。香港の商業組織のなかで傑出した企業のいくつかは、この薬物のおかげで成功したものだった。第二次アヘン戦争（1856-60年）の後、アヘン輸入にたいする関税が正式に設けられたことで、アヘン貿易は実質的に合法化された。

アヘン取引に携わる者たちにとっては、アヘンの依存性の深刻さよりも、

---

ii　スコットランド人、アイルランド人の姓の頭によくつけられるゲール語で「息子」の意の「マック」と、ドラッグ（薬物）をもじった「ドラッギー」を合わせた造語の姓。スコットランド人であったジャーディンを揶揄している。

それが生み出す膨大な利潤の方がつねに重要なものだ。植民地主義下でのアヘン貿易が非常に興味深いのは、地下組織や非合法組織ではなく当時最大級の優良企業が管理し、しかも歴代のイギリス政府がそれをよく承知していたことである。さらに東インド会社の場合、それは同時に会社の政治部門を通じてイギリス領インドにおける法と秩序の遂行に関わる、ひとつの経営事業でもあった。したがって実際には、19 世紀のアヘン貿易はたんに政府の黙認にはとどまらず、むしろ積極的に奨励された。一方で奨励は負い目とはならず、役人たちはこの商品を栽培する人びとや届け先の人びとに自らの道徳的、宗教的、文明的な優越性をためらいなく主張した。至極良心的な福音主義系サークルを除けば、政治と経済、宗教、文化が完全に癒合した領域で働くことに矛盾を見出すものはまずいなかった。皮肉にもアヘン貿易に法的根拠を与えた 1858 年の天津条約は、初めて中国がキリスト教伝道団に開かれた時でもあった。改革と崇高な道徳の時代は、明らかに強欲の時代でもあったのだ。

1838 年に東インド会社はインド北東部のアッサムに直接統治を課したが、これは中国との間の緊張の高まりと無関係な動きではなかった。1830 年代に中国は、イギリスで重要性を増していた商品で、東方からの最大の輸入品でもあった茶の貿易を支配していた。中国への経済依存を不安視した会社は、この人気商品の栽培と加工の代替地域を特にインドに求めた。総督ベンティック卿は 1834 年に茶委員会を組織し、インドでの商業生産の可能性を調査した。アッサムに耕作可能な原生種の茶樹があるとわかると、併合は迅速に進んだ。現地に茶産業を確立するためアッサム会社が設立された 1839 年は、イギリスが中国に貿易戦争を仕掛けたのと同年であった。

19 世紀前半はイギリス領インドに大きな拡張が見られた時期であった。併合と連戦には相当の軍事力が必要であったため、インド軍はヨーロッパ人部隊 16 とシパーヒー部隊 170 を擁するアジア随一の規模となった。19 世紀はじめの 4 半世紀にインド陸軍は一連の植民地戦争に関わり、同地のイギリス領の大幅な拡張に貢献した。イギリスは 1801 年にカーナティックを、1843 年にシンドを、1849 年にパンジャブを、1856 年にアワドを併合した。

東インド会社はしだいに一つの政府のように動き出し、領土を次々に統合しつつ、イギリスの価値観や定義を押しつけた。1840年代の半ばから、ダルハウジー卿の指導のもとで、西洋化の触手はどんどん広げられていった。ダルハウジーは、鉄道建設や蒸気船、灌漑事業に道を開いた。また彼はインドの大学についての計画案を作成し、軍隊を改革し、1854年には郵便事業を設立した。耕作の妨げとなっていた土地保有制度も改革した。また悪評高い「失権の原理」を導入し、男子の後継者がいないインドの藩王国はイギリスが没収するという要求を突き付け、イギリスの機会を広げた。これらの多くの改革の過程で、ダルハウジーは多くの既得権益を持つ者たちを怒らせることになった。

この二重統治にたいする地元の人びとの不満は、多くのはけ口から溢れ出した。東インド会社は、新たに獲得された領土で非固定の地税制度（ライーヤトワーリー）を導入する権利を1813年に獲得していた。これらの地域の小作農は自分たちが重税を課せられたことに気づいたが、それは永久査定制によって税収が上げられない状況にあるベンガルの埋め合わせのためであった。いくつかの社会問題への介入はあったが、それでインドの不具合を見直そうとか、ましてやインドを近代化しようなどと考えてもいなかったことは確かであった。東インド会社支配にたいする地元の人びとの抵抗は珍しくはなく、イギリスは外国の価値観を現地の人びとに押しつけているという不満が広まっていた。会社軍の内部には、イギリスの無神経さにたいする鬱積した不満があった。例えば1856年の新たな軍規定では、配属場所がどこであろうと軍役には就かねばならなかったが、そのためにヒンドゥ教徒のシパーヒーの地位が危うくなる可能性があった。高カーストのヒンドゥ教徒にとって「黒い海」を渡る（国外に船で出ることを意味する）ことは、船の中で自分たち以下のカーストの人びとと食べ物や生活用品を分かち合わざるをえなくなるために、自分のカーストの喪失につながりかねなかったからである。しかし19世紀後半には、軍はそうした兵役を数多くのインド人兵士に要求することになった。1867年にエチオピアへ、1882年にエジプトへ、1885年にビルマへ、そして1890年代以降には南アフリカ（ボーア）戦争への従軍を含めたアフリカの多くの地域へといった具合に、インド人兵士は植民地の多くの激戦地に配属された。

軍はしばしば御しがたい組織であるが、インドの二重統治を終焉へと導いたのも軍の反乱であった。1857 年の大反乱の際、インド人兵士のなかで火がついた導火線は宗教的なタブーであった。シパーヒーと司令官の間にあったたくさんの相違を触発するものにすぎなかった、新式のエンフィールド銃の薬包に動物の脂が塗られているという噂で、反乱は格好の土壌を得た。広まった噂――その脂は牛と豚の両方のものなので、ヒンドゥ教徒とムスリム双方にとっての禁忌にあたるという――それ自体は彼らの不快感の根深さを示してはいたものの、たとえインド人兵士の反乱がまだ頻発していなかった時代だとしても、ずっと以前からの長い歴史を持つ感情だった。初期の反乱――1824 年にバラックプールで、1844 年に北西諸州で、そして 1849 年にパンジャブでおきたものと、わずかに挙げられるだけだが――は、広がる前に制圧された。しかし 1857 年には、イギリス人とその支配下にあるインド人臣民のあいだの緊張（それは軍隊の中にとどまるものではかった）はかなり緊迫していたし、ときに高圧的な東インド会社の統治の手法にたいする怨嗟の感情も広く共有されるようになっていた。さらに兵士たちには、ダルハウジーの軍改革によって自分たちの長年にわたる既得権益が危うくなることがいやというほどよく分かっていた。ベンガル軍内部の軍事反乱として始まったものはインド北部に集中してはいたが、農民の抵抗やそのほかの運動も取り込んで拡大していった。1857 年の大反乱は、たんなる兵士たちの抵抗という域をはるかに超えたものであった。それは多くの点でイギリス当局とその支配下にあるインド人のあいだの深まりゆく溝を表していた。この反乱は、幅広いあらゆる不満――法外な納税の要求やいたるところでの露骨な人種差別、地元の文化や宗教にたいする無神経さ、そしてやむことのない領土の拡張への不満――を凝集したものであった。

1857 年 5 月にメーラトの軍営地で始まった反乱は急速に拡大し、イギリス人の不意を突いた。蜂起が完全に鎮圧されるまでには 1 年以上もかかり、その間、数多くの人命と財産が破壊された。暴力は暴力で返された。反乱のなかでもより暴力的な事例にたいし、イギリス人は蜂起への報いとして残酷な罰を強く求めた。多くのイギリス人が命を奪われたが、インドにおいてもイギリス本国においても、もっともイギリス人を怒りに駆り立てたのは、イギリス人女性と子どもの殺害であった。反乱についての記述はしばしばこのことに焦点を絞っており、この点が強調されることでインド人は臆病者で、残忍で、騎士道から外れているとみなされた。またそのように的を絞った見方のため、イギリス側の主張のなかで反乱の他の要素は能う限りささいなものとすることができた。反乱にたいする一般市民の、また地域によっては地主層さえ加わった支援は、多くの地域においてきわめて強力なもので、ときにはイギリス以前の支配王朝、とりわけイギリスに制圧されたばかりのムガル朝と西インドのマラータの復位をはっきりと求めることもあった。反乱のこうした政治的要素は軽視され、その一方で、非武装のイギリス人市民にたいする暴力は一段と強調されたのである。

いずれにせよ、イギリスは勝利して寛大になるどころではなかった。大反乱の結果、イギリスは東インド会社の権限を取り上げ、1858年8月に議会を通過したインド法でイギリスの直接支配を押しつけた。東インド会社は解散し、競争試験によって行政官が任命される新たなインド高等文官制が設けられた。役人たちは、インド省というロンドンに新たに設立された省庁を通じ、イギリス政府に直接報告を行った。イギリスの植民地のなかでは他に例をみないが、インドはいまや自身の独立した政府部局を持つことになった。総督は君主の正式な代理人であることを示して副王とも称され、インド大臣にたいして直接報告を行うことになった。個々の三管区は維持され、その後も総督に監督された。

もちろん、東インド会社の解散によってインドのすべてがイギリスの統治下におかれたわけではなかった。亜大陸には何百もの独立領土が散在しており、1858年以降、それらの地では宗主権の原則によってイギリスとの関係が規定されていた。1858年のヴィクトリア女王の宣言は、イギリス王室にたいする忠誠の誓約と引き替えにこれらの独立国の藩王に領土を保証した。しかし、支配者がイギリス君主の敵と共謀したり、「はなはだしい失政」が認められたりした場合に、イギリスは介入する権利を保持していた。東インド会社の統治下においてそうであったように、現実にはこれらの藩王国の多くにとって独立は名ばかりであり、イギリスの利益と要求に基づいて従属させられていた。1880年代以降、インド各地でナショナリストの運動が確立するにつれ、多くの人びとがこれらの世襲的な藩王国を、イギリスが自身の政治的な目的のためにわざと延命した前時代的な遺物と見なすようになった。これらの藩王国の世襲支配の原則をやがてインドが完全に廃止するのは、1971年のことである。その時まで、この原則にたくさんの問題が付随したことは明らかであった。本章の執筆時点でもいまだ暴発寸前にある、カシミールをめぐる継続的な難局は、この政策に起源を持つ部分もある。カシミールは、1947年に新国家であるインドとパキスタンのどちらに加わることにも積極的でなかった、少数の藩王国のうちの一つだった。今日では、この両国の双方がカシミールの領有権を主張している。

実際のところ、1858年以降も大方のことは変わらなかったのである。職員たちはしばしば以前と同じ役目にあり、カニング卿も総督の地位に在職し続けていた。会社に雇用されるかわりに、職員と兵士はいまや君主の被雇用者となった。新たにできたインド参事会は、インド大臣に助言する立場として以前の東インド会社監督局に取って代わったものだが、しばらくの間少なくともその一部は会社の人間の手中にあった。彼らの経験と知識は非常に貴重であったが、その忠誠心は以前の支配の伝統に向けられることがあった。

インド人にとっての一番はっきりした違いは、イギリス人兵士の存在感が増したことであったかもしれない。軍という権力にたいするインド人兵士の不忠とも解釈される動きに揺るがされ、それでいてなお軍事的な腕力を頼みとしていた新体制は、インドのイギリス人兵士の数を倍に増やした。1857年の大反乱の後、インドに駐屯するイギリス人兵士の数は6万人を下回ることはなかったが、この数はイギリス陸軍全体のじつに3分の1以上を占めていた。彼らを収容するために宿営地の数は増え、軍のロビィ団体はかつてない巨額の予算を要求した。削減はされたもののシパーヒーの数は白人兵士の数を上回り続けたが、以前よりは明らかに増えたイギリス人兵士の存在感は、さらなる問題にたいする抑止力と見なされた。現地での徴募の方法にも変更が加えられ、絶対忠誠の誓いを受け入れやすいと見なされた読み書きができず満足な教育を受けていない者たちと、1857年に忠誠を守った者たちとして時にご都合主義的に定義された、いわゆる戦闘民族が優遇された。

直接統治が始まって最初の数年間には、新しい政策と統治を成文化し確立しようとする動きが多くみられた。1860年のインド刑法と、1861年の刑事訴訟法によって、イギリスのインド臣民を以降統治することになる法的な原則が据えられた。1861年にはインド高等裁判所法によって、高等裁判所がマドラスとカルカッタ、ボンベイに設立され、そこで民法と刑法の上訴管轄権が行使された。1871年には、イギリスはインドで10年ごとの国勢調査（センサス）を開始し、その7年後にはある調査を行っているが、これらはイギリスで実施されているものと似た、人口を統制しやすくするために計画された調査だった。

19世紀の後半に、とりわけ都市部の中流階級が政治的な発言権がないことに不満をつのらせてゆくなかで、インドではナショナリストの運動が盛り上がりをみた。インドはイギリスにとって貿易の主要な市場であり続け、20世紀前期にも主な輸出市場であった。一方で、インドは主要な港と往来する鉄道網の急速な発展に支えられた、圧倒的な農業国であり続けた。そしてまた、非常に強力な威信という要因も存在した。なぜならいまやイギリスは、世界中でヨーロッパが支配下におく領土のなかでも最大の版図を誇ることができたからである。1858年はイギリスにとって、インドの長きにわたる支配が約束された年であったのみならず、それ以前にはあり得なかったほどより広大でかつ深奥におよぶイギリス帝国の未来像の表象が約束された年でもあった。この年はインドの歴史にとっての分水嶺ではなかったかもしれないが、イギリス帝国の歴史にとっては最大の分水嶺だったのである。

注

(1) Philip Lawson, *The East India Company. A History* (London, 1993), p.144.

(2) Benjamin Disraeli, *Sybil, or: The Two Nations* (Harmondsworh, Middlesex: Penguin, 1954), p.55.

第6章

グローバルな成長

GLOBAL GROWTH

19世紀の間、イギリスは100万平方マイルと4億の人を植民地に加えた。世紀末までには、世界中に散らばった、政治的にも行政的にもめまいがするほどに変化にとんだヨーロッパ最大の帝国になるはずであった。この帝国は地理的、文化的に多様であっただけでなく、行政的にも一様ではなかった。統治や支配の継承について定まった方法はなかったため、18世紀の帝国と同じく、植民地主義の道徳基準やそれぞれの植民地の価値について延々と議論が続いていた。

もはや止める事ができないかのような帝国の拡大に、定まった、あるいは特徴的な方針がなかったからといって、イギリスの植民地主義がある意味で偶発的なものであったとか、なんら一貫性もなく、行きあたりばったりに、やむなく領土の獲得を繰り返していたことを意味するというわけでもない。イギリスが帝国主義には消極的であったという見解は、19世紀末の歴史家であるジョン・シーリーによって示されたものがもっとも有名であるが、こうした見方は、その後も歴史家の間で一定の支持を集めている。18世紀のイギリス帝国は、「心ここにあらずのうちに獲得されたものである[(1)]」というシーリーのフレーズは、イギリス帝国主義の数多くの解釈に影響を与えてきた[(2)]。こうした考え方をそれほど強く支持しない人たちも、とりわけ1850年代以降のイギリス政界のエスタブリッシュメントは、帝国主義には消極的な人びとで占められており、領土を併合したり、各地の指導者にイギリス支配を受け入れるように促したりするにあたって、積極的であったとは言いがたかったと見ている(3)。しかしながら、この世紀中、政治的にはきわめて幅広い立場をとる政権によって支配に組み入れられた領域の広大さを考えれば、帝国主義が前向きなものではなかった、あるいは、偶然によるものであったという説明はまったく説得力に欠ける。アフリカの広大な地域がイギリス領となった。イギリスがさしたる影響力をもてなかったのは、フランス領が大半を占めた北アフリカだけであった。太平洋の多くの島々は、東南アジアのマレー半島の大部分とともにイギリスによって占有されることになった。インドもイギリスの直轄領となった。ビルマの大部分からインド東部にかけてはインド統治下に組み入れられた。オーストラリアとニュージーランドは急速に発展し、イギリス領カナダでは、西部の広大な土地が領土に加えられた。香港は1842年に初めてイギリスのものとなったが、19世紀中に領域をさらに拡大していった。こうした場所の多くで、イギリスは獲得した領土を維持するために戦うことをいとわなかったが、安定した支配権の確立が見込めないと判断した地域では、イギリス勢力に有利な協定の締結を選んだ。議会は常に帝国の潜在的なコストについて懸念を表明していたとはいえ、領土の拡大が継続し、それがかくも長い期間にわたったことは、とうてい偶然では済まされない。

ロナルド・ロビンソンとジョン・ギャラハーは「自由貿易帝国主義」という、よく使われる用語を1950年代に作り出した。大きなインパクトを与えたふたりの研究は、19世紀にイギリスがどこかを公式に植民地化するのは、どうしても必要なときに限られていたという見解を示した(4)。イギリスの帝国主義は、正式な領土の併合によると同時に非公式帝国主義（例えば、中国、中東、南アフリカなど）によっても形づくられてきたとみている。この見方は、とりわけ経済の役割を他よりも重視し、イギリスの場合、公式な植民地化は最後の手段であったと考えるものである。

ロビンソンとギャラハーの考え方は、イギリス帝国が複雑な存在であり、公式の法的、政治的な境界を超えて影響力が及んでいたことをあらためて思い起こさせてくれる。それでも、イギリスは実際に植民地化することには消極的であったという捉え方は、19世紀にイギリスが獲得した領土が広大であったという現実を軽視することになる。確かにイギリス帝国は単純ではなかったし、単純に定義できるようなシロモノ（beast）でもなかった。しかしながら、その構造が複雑であったからといって、歴史における帝国の効果や影響力を矮小化すべきではない。

イギリスが管理する領土が拡大するにつれて、領土を守ったり、社会不安を抑えたりするために、遠く離れた土地での出来事であってもイギリスが予定していなかった行動に踏み切らざるをえない事態も増えた。予期せぬ問題の出来は、時としてイギリス本国の政治家、現地の植民地当局者の双方に瞬間的な判断を迫ることになった。このような臨機応変な意思決定は、事前に計画されていたものではないという意味では、偶然ということもできるだろう。その際、関連する領土や帝国全体の利益に反する結果をもたらすような方策が便宜的にとられることも珍しくなかった。イギリスは植民地に金を使いたくはなかったのだろう。それでも、ヨーロッパの帝国列強のなかにあって、イギリスがその背後にひっそりとたたずむ存在であったとは決して言えない。19 世紀を通じての植民地獲得は、偶発的になされたものでも、やむをえない消極的なものでもなく、政治や商業におけるイギリスの主導的な地位を磐石にするためにとられた、野心的な拡張主義的政策の根幹をなすものだった。帝国は金を産み出すものであり、力を実際に可視化してくれる存在であり、さらには高い道徳的規範を示すものでもあった。文明化の使命は、同時に金を産み出す使命でもあったが、ともにイギリスの歴史と伝統を構成するものとしておおいに喧伝された。

歴史家は、アフリカの植民地化をめぐる競合が熾烈になった 19 世紀最後の 15 年間をイギリスがもっとも拡張主義的であった時代とみることが多い。しかしながら、19 世紀のイギリスはずっと拡張主義的だった。1858 年のインドの直接統治への移行、1882 年のエジプト占領、1880 年代の三つのアフリカ会社への特許付与は、世紀後半を象徴するような出来事である。しかし、世紀前半にイギリス領インドはあちこちの方向へ拡大し、香港やシンガポールがイギリスの統治下に入り、東南アジアにおいてもイギリスは着実に影響力を増していった。

統治機構も大きく再編された。1768 年には議会がアメリカおよび植民地担当相を新設した。これはアメリカ独立にともなって廃止された。1801年には、陸軍および植民地担当相という類似の職が復活したが、この肩書きは、植民地の領土をイギリスの支配下に入れるにあたっての侵略的な手段をいみじくも強調することになった。これは、1854年に植民地省と陸軍省とに分離のうえ、常設の組織となった。このような組織改変からは、政府が世紀初頭ですら拡大しつつある帝国の管理に無関心であったなどとは、とうてい言えないことが分かる。というわけで、19世紀は、その時どきで異なる動機に基づいていたとはいえ、世紀を通じて帝国の拡大と増強に前向きな時代であったとみることができよう。クリストファ・ベイリの言葉を借りれば、世紀末のアフリカ分割は、19世紀の世紀末にいたるまでに行われた植民地獲得からすればつけたしのようなものにすぎないのである。[(5)] 19世紀は全般的にイギリス帝国にとって徹底した征服と領土再編、そして大幅な成長の時代であったが、これは古い帝国が勢力を減退させていったことに助けられたためでもある。

19世紀の帝国は、あちこちに散らばった色いろな領土の寄せ集めだった。商業的、あるいは戦略的に大きな価値を持つ地域もあれば、心理的な価値以上の意味がほとんど見出せないところもあった。統一的な政策がこうした地域を結びつけていたわけではなかったし、それらすべてを治めるために練り上げられた統治哲学もなかった。この多様な領土の集積を促してきた原動力もひとつだけではなかった。19世紀中にイギリスの支配下や影響下におかれることになったおそろしく多様な地域の統治方法は、各地で話されている言葉や食べられているもの、風習などと同じくらいさまざまであった。入植植民地では、19世紀半ばに自治政府への移行が着実に進められていった。軍事的に獲得された場所もあれば、地域の指導者がイギリスに支配権を譲ったところもあった。イギリスの当局者やイギリス人在住者が助言することはあったが、少なくとも表向きは地域の指導者をイギリスの思うままにすることはできなかった地域もあった。アジアには（長崎や沖縄などのような）条約港があり、そこではイギリスが経済的にも政治的にもかなり大きな影響力を誇っていた。さらに、イギリスの統治という公式なかたちはとらないながら、当時好まれた表現でいうところの「イギリスの勢力圏」に入っている地域もあった。

19世紀中にはっきりしたかたちをとるようになってきた植民地主義のもっとも重要な原則は、「責任自治政府」である。アッパー・カナダ議会は、1822年からカナダにおける統合立法府の原則を推進しており、この原則は、カナダ植民地統治にもっともふさわしい方法について書かれた1839年のダラム卿の報告でも取り上げられている。ダラム卿は、統合されたカナダが内政を取り仕切り、国家の体制や外交、貿易にかかわることについては、ロンドンの帝国議会が引き続き管理するという構想を描いていた。カナダは大西洋帝国にとって枢要な地域であり、自治政府は、とくにフランス系とイギリス系のカナダ人の間の緊張を考慮したうえで、イギリスへの忠誠の継続を確かなものにするための方策であった。10年ほどの間に、カナダだけでなく白人入植植民地のすべてにおいて、自治政府が形成されはじめた。政治的にじゅうぶん成熟しているとみなされたこのような植民地では、自身にかかわることについては、イギリス議会をモデルにした、2/3が選挙で選ばれた（1/3は任命制の）政治制度のなかで法律を制定する権利が認められた。イギリスにおかれた帝国政府は、1870年、経費削減のためにこうした植民地のすべてから駐留軍を引き揚げたが、防衛や外交政策など鍵となる分野の権限は掌握し続けた。こうした統治体制の実験は、ほとんどが1850年代に白人入植植民地で行われ（第4章参照のこと）、植民地統治に一般的に用いられていた人種による区別に基づいていた。自決権に関わるこの試みに適合するとみなされたのは、白人のヨーロッパ人入植者が新しい生活を始めるために定住した地域だけだった。非白人住民は、おしなべてそのような権限を託すにはあまりにも「遅れていて」、充分な能力をそなえていないグループとされた。現地の人びとを擁護しようとする人たちでさえ、ある人びとの権利を主張するために彼らの強みを強調しながら、他方では別の人たちの弱点をあげて集団ごとの格差を強調していた。(6)

1867年にカナダ自治領となる植民地では、最初に恩恵にあずかる地域として、1840年代から1850年代にかけて公選制の議会が設置された。カナダの州であるノヴァスコシア、プリンス・エドワードとニュー・ブランズウィックにはすべて1854年までに責任自治政府ができた。オーストラリアの植民地の多くは、最後の流刑植民地であった西オーストラリアをのぞいて、1850年代にこれに続いた。西オーストラリアだけは、1890年代まで待たねばならなかった。ニュージーランドは1856年に責任自治政府に移行した。ケープ植民地には、1872年まで「代表自治政府」という、より限られた自治権をもつ政府がおかれており、そこではイギリスが任命した総督が、他の地域に比べてはるかに強い権限を維持していた。責任自治政府、代表自治政府のいずれにおいても、総督は選出議員たちによって制定された法律に対する拒否権を持っていたが、総督の支配権は代表政府のほうがはるかに強かった。1865年に急いで議会を通過させた植民地法の妥当性に関する法律は、植民地議会が成立させた法律のうち、イギリス法と矛盾するものについては、ウェストミンスタの議会に無効にする権限を与えた。白人入植者の権利に対するこのような制限は、1931年にこの法律が廃止されるまで、常に白人入植植民地の間での議論の核心となっていた。

責任自治政府はイギリスの政治家にとって魅力的であった。統治の形態として安上がりだったからだ。行政や軍備にかかわる費用は植民地自身が負担した。オーストラリアにおける金や、南アフリカにおけるダイヤモンドの発見に続いて、それぞれの地域で責任自治政府が誕生したのは、偶然ではない。カナダにおいては、天然資源のように目に見えるものが変化をもたらしたわけではないが、残されていたイギリス領北アメリカの土地がアメリカ合衆国の手に渡ってしまう可能性というのは、政治的に屈辱的であったばかりでなく、経済的にみても痛手であった。こうした判断の中心にあったのは、経済的な理由であるが、つまりカナダとの通商関係は、植民地を維持するコストをしのぐほどに重要であったのだ。白人入植植民地は、とくに初めの頃はイギリスの市場を、またイギリスもこうした地域からの輸入品を必要としていた。責任自治政府は、イギリスにとって安価で有利な通商関係を維持することを可能にする一方で、入植地の発展途上の経済を支援することにもなっていた。

選挙に基づく新しいシステムは、最初のうちは不安定で、政権が任期途中で崩壊することもしばしばだった。それでも、こうした植民地が従属的な地位に戻ることはありえなかった。唯一の例外は、奴隷制の終焉から30年後におきた。(バルバドスをのぞく) 西インドの砂糖植民地の白人エリートは、黒人有権者が多数を占める状況を避けるために、選挙制から離脱することを決めた。植民地がどのように統治されるべきかを決めるうえで、人種関係はいつでも、どこにおいても決定的な要因であった。W・H・マーサーは、1906 年の著書の中で不遜にも「有色人種の労働の助けを借りてその地域の作物を手に入れる目的で占有している」植民地と「白色人種が入植者するための」植民地とを区別している。(7)

19 世紀の間に入植植民地が独立へと向かう一方で、他の多くの地域はイギリスが直接支配するようになっていった。香港、モーリシャス、セイシェル諸島などのように戦争によって獲得された地域もあったが、フィジーのようにその地域の首長によってイギリスに譲り渡された領土もあった。フィジー諸島は特殊であり、ここそまさにイギリスの消極的な帝国主義の具体例ということができる。域内の敵対関係に悩まされていたキリスト教徒の首長、ザコムバウは、どこかの時点で欧米列強にフィジー諸島を譲渡しようと模索していた。イギリスは 1874 年、彼の申し出を受け入れたが、これは他のヨーロッパ列強がフィジーを獲得するのを阻止するのが主たる狙いであった。アシャンティや北ボルネオなどのように、単純な併合という例もあった。シンガポールは購入され、領土に組み入れられた。こうした新しい領土は、おおかたが熱帯か亜熱帯で、植民地化以前にはヨーロッパ人はほとんど住んでいなかった。直轄植民地になるところもあったが、アフリカでは「保護領」がより一般的であった。こうした所には総督はいなかったが、かわりに最高位の植民地官僚が長官となった。このような統治形態の背後にあった考え方は、イギリス人が遅れた、あるいは野蛮であると見なしていた人びとに対する彼らの姿勢と密接に関連していた。

これらは 19 世紀における基本的な植民地統治の形態であったが、多様なかたちがなくなったわけではない。インドでは、結局のところ直轄植民地と同様の統治形態がとられたものの、インド省という、独自の行政機関がロンドンにおかれた。さらに、インド自身が多くの植民地を支配することになった。ビルマは 1824 年から、アデンは 1838 年から、ブリムは 1857 年から、ソコロは 1886 年から、そしてアンダマン諸島は、(1789 年から統治下への出入りを繰り返していたが）マレー半島と一緒に1830年からインドの統治下に入った。

本国に近いところでは、アイルランドがある。1800年の合同法により、アイルランドからウェストミンスタの議会に選出される議員の数は、以前より少なくなった（第1章参照のこと）。富めるものと貧しいもの、プロテスタントとカトリック、地主と土地を持たない農民層という、アイルランドにおける複雑な断層は、合同法によってもなんら解決されなかった。アイルランドは、19世紀中、常にイギリス本国の政権を崩壊させかねない火種であり続けた。1840年代半ばの大飢饉のために、アイルランドからは移民が大量に流出することになり、アイルランドは大きな惨禍と苦しみに襲われた。しかしながら、それよりずっと前から、アイルランドのナショナリストや、困窮した農民たちのために闘う人びとは、帝国の問題は遠く離れた場所にだけ存在するのではないことをイギリスの政治家に思い知らせる存在であった。アイルランドの活動家たちによる自治権の要求は、世紀を通じてイギリスの政治を非常に不安定なものにした。イギリスはあらゆる不穏な動きを押さえ込むために、アイルランドには常におよそ1万8000人もの軍を置いていた。

植民地の統一性の欠如は、イギリスの帝国秩序にみられる、ある興味深い特色を反映していた。あらゆる場面で、イギリスはもっとも安価な植民地化の方法を見つけることを何よりも優先した。いずれにしても、イギリスが膨張主義的な政策から脱却することはほとんどなかったのではあるが。これと関連するが、人びとを制圧するために派兵することは、費用はかかるが成功が必ずしも約束されない事業であったため、どのような支配の方法が、どのような場面にもっともふさわしいのかが常に問われた。どのようなかたちの植民地支配を行うのかを決定するに際は、こうしたことが検討された。

ロビンソンとギャラハーの議論にもあるように、公式にはイギリスが支配していないにもかかわらず、実際にはかなりの影響を及ぼしていた地域がある。これらの地域のほとんどは、いかなるかたちであれ直接支配の現実的な候補にあがることはなかったが、戦略的な、あるいは商業上の理由でイギリスの権益にとって重要であった。例えば、中央および南アメリカではイギリスの公式植民地はきわめて限定されており、イギリス領ホンジュラスとイギリス領ギニアのみであった。しかしながら、イギリスはこの地域で相当な経済的影響力を手にしようと腐心した。とくに旧スペイン領のアルゼンチンとブラジルではそれが顕著だった。南アメリカでは、19世紀末までにどこの国でもイギリスが所有する鉄道が敷かれ、イギリスの投資家は中南米一帯で銀行、保険、輸送やその他の事業に加えて硝酸生産、牧場経営、羊毛や食肉貿易などに深くかかわるようになっていった。イギリスとの貿易がこれらの国を支配するようになり、こうした国は、重い債務のためにイギリスの投資家に強く依存せざるをえなくなった。こうした状況により、イギリスは公式の植民地支配を要することなく、この地域で確かな地歩を固めることができた。公式の植民地化に消極的であった理由のひとつは、財政的なものだった。征服事業は、どうしても大きな出費をともなうことになるからだ。しかしながら、ラテンアメリカの場合は、事情はもう少し複雑であった。19世紀初頭にこの地域の国が独立して以来、イギリスは、ほぼ一貫して自由貿易協定（といっても、イギリスに有利になるものであるが）締結を目指していた。19世紀中、この地域にとってヨーロッパの中での主たる貿易相手国がイギリスである限り、この方針はうまくいっていた。イギリス人は、すでにヨーロッパ人が進出していたり、ヨーロッパ人による統治が確立したりしている地域について、植民地化を選択することは、ほぼなかった。スペインとポルトガルの植民地支配の長い歴史に加えて、アメリカ合衆国の権益がこの地域で次第に増してきていたことが、事態をより複雑にした。

1855年に締結されたシャム（現在のタイ）との通商条約は、東南アジアの王国を自由貿易へと誘うことになり、イギリスの自由貿易帝国主義のモデルとなった。この時期、湾岸諸国がイギリス帝国にとって大きな意味を持つようになったのは、（後にきわめて重要になる石油というより、むしろ）戦略的な理由からだったが、ここでも条約によって多くの小国が、実質的な衛星国としてイギリスの植民地システムのなかに組み入れられていった。首長国であるバーレーン（1861年、1892年）、クウェイト（1899年）、マスカットおよびオマーン（1891年）は、すべて19世紀中にイギリスの勢力圏に入った。

19世紀に獲得された領土のなかで政治的にもっとも複雑だったのが、北東アフリカの先端に位置し、ペルシア湾のアラブ諸国の対岸にあるエジプトである。イギリスがエジプトに介入し始めたのは、1882年の軍事占領より前であり、オスマン帝国の命運とインドへの航路とに深くかかわっていた。エジプトは、名目上オスマン帝国の一部であった。しかしながら、19世紀半ばまでには、オスマン帝国のスルタンの力は、エジプトを実質的に支配するには弱体化しすぎていた。オスマン帝国領における文化や支配の多くの面について、イギリスの大衆や政権は懸念を示していたが、そこに植民地権益を持っていたイギリス人は、19世紀の間、親オスマン的だった。オスマン帝国領は北アフリカから黒海にまで広がっており、ひとつのイスラム国家のなかに多種多様な民族がいて、文化的にも東洋と西洋の両方にまたがっていた。19世紀を通じて、オスマン帝国は一体性を維持するのに苦慮していた。帝国の強力な軍部は、欧米の同盟国が求めた変革に抵抗した。マイノリティの声が次第に大きくなっていき、1829年にはギリシアがオスマン帝国からの独立を勝ち取った。シリアもそれに続いて1831年に独立した。オスマン帝国のバルカン領内におけるオーストリアとロシアの権益が増すにつれて、帝国の体力が奪われていった。ロシアがオスマン帝国領に侵攻して勃発したクリミア戦争に、1854年、イギリスも参戦した。

19世紀のほとんどの間、イギリスはオスマン帝国を側面から支えていた。インドに向かうすべての重要なルート上で、オスマン帝国がフランスおよびロシアの権益からの決定的な障壁となると判断していたからである。シリアが分離独立をほのめかしたときに、イギリスがオスマン帝国に支援を送ったのも、さらにまた、クリミア戦争のときにそうしたのも、このためである。インドに向かう主要な陸上交易ルートのひとつがシリア砂漠を越えていくものであり、イギリスが死守したかったのは、このルートであった。しかしながら、イギリスからの支援は代償とひきかえであった。1838年、イギリスはオスマン帝国のスルタンに自由貿易協定（バルタ・リマン協定）を結ぶことを余儀なくさせた。これはイギリスには有利に働いたが、地域経済には打撃となり、この状況がスルタン領のさらなる侵食を招いた。19世紀初頭のイギリスは、オスマン帝国領を獲得することにはきわめて消極的であったが、必要性に迫られるうちにそうした姿勢は変化していった。東地中海への補給路を必要としていたイギリスは、1878年、オスマン領のキプロス島を占領して植民地とした。さらに19世紀末にイギリスがスーダンをエジプトと共同統治し始めた際には、オスマン帝国の主張は一顧だにされなかった。

この時期、この地域においてイギリスの注目を集めるようになったのがエジプトであった。ここには、すでに長きにわたって多くのヨーロッパ商人がやってきており、主要な輸出入取引を支配していた。ヨーロッパ人たちは、オスマンの法律の下で彼らに治外法権を認めた「カピチュレーション」のおかげで繁栄を享受した。とりわけ、アメリカの南北戦争中に綿花が重要な輸出品になった。これは、イギリスへの原綿供給が不安定になったためにイギリスの繊維産業の繁栄がひどく脅かされたためである。1855年に建設が始まり、1869年に開通したスエズ運河が、イギリスにとってのエジプトの重要性をさらに高めることになった。エジプトにあるこの運河は、より長距離となるインドへの陸上ルートに取って代わることになった。イギリスがエジプト危機に介入した頃、スエズ運河を通る船の大半はイギリス船であった。1875年、ベンジャミン・ディズレィリは、首相としてイギリスがスエズ運河の所有権の44%を取得できるよう、巧妙に画策した。

エジプトの経済的な混乱を前に、イギリスとフランスはエジプトの膨大な国家債務を処理するとともに、両国の投資家の経済的な利害を保護するために、エジプト財政を共同で管理することにした。彼らの介入は、1882年、この外国による干渉への敵意が嵩じたナショナリストの反乱により中断された。フランスは、エジプト危機の処理に関与することに対して次第に関心を失いつつあったため、イギリスは、1882年7月に単独でアレクサンドリアの砲撃に乗り出した。この示威行動は、不穏な空気を抑えるどころか暴動を引き起こすことになった。イギリスの力を示し、エジプト人がイギリスの非公式支配に応じるよう説得するための作戦行動は失敗し、ナショナリストが降伏を拒絶したことで、イギリスは軍事行動をとらざるをえなくなった。1882年9月までにエジプトは軍事的に占領され、イギリス帝国の一部になった。1870年代にイギリス人財政監査官としてエジプト財政を管理していたクローマー卿が、初代の総領事として1882年に着任したエジプトは、1950年代までイギリスの勢力下にとどまることになった。

エジプトの植民地化は、イギリスのアフリカにおける急速な勢力拡大の出発点となった。「アフリカ分割」といわれる1885年から世紀末までの期間は、植民地が顕著に拡大した時期であった。アフリカだけに限られた現象ではなかったものの、アフリカが中心であったことは事実である。18世紀のアフリカは植民地貿易の重要な拠点であった。西アフリカ沿岸では16世紀以来、イギリスの貿易基地がいくつか発展してきた。19世紀になると、その中から国王直轄植民地となるものが出てきた。1808年のシエラレオネ（フリータウンにあった港は、多くの国際海運・貿易ルート上の重要な真水供給地点であった）、1816年のガンビア、1821年のゴールド・コーストである。

19世紀になるまで、植民地としてのアフリカの意義は、領土の保持ではなく、重要な輸出品、つまり奴隷の供給にあった。アフリカは大西洋奴隷貿易の中心にあり、イギリスの他の多くの植民地のみならず、アメリカの奴隷州にとっても決定的な意味を持っていた。1807年にイギリスによる奴隷売買が強制的に禁止された後、1820年代になると、ガンビアはイギリスが奴隷船の活動を抑え込むために派遣した艦隊の基地となった。艦隊の活動は成果を挙げられないことも多く、困難な任務であった。奴隷貿易にかかわった多くの人びとは、イギリスの禁止命令にしたがって貿易をやめることに、いかなる合理性も見出せなかったからである。1830年代にイギリス帝国で奴隷制度が完全に廃止された際、西アフリカの奴隷貿易業者――彼らはイギリス臣民ではなかった――が損失に対する補償を受け取ることは一切なかった。金銭的な補償がなされた西インドのプランターたちとは対照的である。失われた所得はかなりの額にのぼり、そう簡単には回復できなかったはずである。奴隷制は、1861年に西アフリカ沿岸のラゴスを占領する際の大義名分にもなった。これは、貿易を開始してイギリスの力を現地の首長たちに見せつけ、継続中の奴隷狩りを根絶し、この地域へのフランス勢力の伸長を防ぐための野心的な試みであった。奴隷制が徐々に衰退していくのにつれて、この地域の貿易はパーム油へと移行していった。パーム油は、石油が大量に輸出されるようになる前は、機械の潤滑油や石鹸の主原料としてきわめて重要であった。

こうした変化のために、アフリカの中で植民地的な関心が向けられる場所が大西洋ルートから離れて別の場所に移っていった。世紀半ばには、イギリス人探検家によって数多くのアフリカ探検が行われた。デイヴィッド・リヴィングストンは1853年にアフリカ大陸を横断し、ジョン・ハニング・スピークは1857年にウガンダに到達した。一方で、アフリカ南部も世紀の初めからイギリス人の関心を引き付けていた。ケープはインドとイギリスの間を航海する船舶にとって理想的な停泊地であり、イギリスの権益のためにもこの地域を確保することが最優先事項であった。この地域の併合は、1840年代初頭に始まった。1847年、コサ人の本拠地（ホーム）としてイギリス領カフラリアが創設され、1866年にはケープ植民地に統合された。金とダイヤモンドが発見されたことにより、アフリカ南部への関心はさらに高くなった。ダイヤモンドは、1867年に初めて発見された。その数年後、トランスヴァールにおいて金が発見された。グリカランド・ウェストは1871年に併合されたが、これは、その直前にここで発見されたダイヤモンド鉱脈の所有権をイギリスが確保するためであった。アフリカ南部に対してイギリスが目を向けるようになったのは、こうした貴重な鉱物の発見が富をもたらす見込みがでてきたからである。

ここにいたっても、イギリスが植民地化に際して好んだ典型的な手法は、商業的なものであった。植民地化の時代の初期の手法に戻ったということもできる。19世紀後半の植民地化は特許会社が主導したのである。この方法はアフリカの場合に特に顕著だった。19世紀末なると、公式、あるいは準公式的な統治という形で国家が登場する場合もあったが、それは支配の最終段階において初めてみられた。1880年代末に王立ニジェール会社（1886年設立）、イギリス東アフリカ会社（1888年設立）、イギリス南アフリカ会社（1889年設立）の三つの新しい特許会社がアフリカにおける帝国拡大を先導することになったが、このやり方は、直接公式に支配するよりも政府にとってずっと安上がりであった。はるかに規模の小さいイギリス北ボルネオ会社は、これよりも少し早い1881年に設立された。

これは、ある意味で興味深いやり方であったといえる。というのは、アフリカは、主要な産品の他に、比較的希少性の高い輸出品をいくつか提供してくれる場所であったからだ。この時期、象牙は金やダイヤモンドと並んで重要であり、世界で取引される象牙の85％はアフリカから輸出されていた。

西アフリカではパーム油産業の成長も重要である。それでも、全体としてアフリカはイギリスが手に入れようとしていた他の多くの地域と比べて経済的なうまみが少なかった。南部の金やダイヤモンド鉱山を除けば、他の帝国諸地域ほどイギリスの投資を引き付けることもなく、植民地期を通じて、開発も他の地域のようには進まなかった。

これは、植民者が、自身の勢力拡大をもくろんでおり、イギリスに対してまったく敬意を払うことのない現地のアフリカ人勢力と渡り合う必要があったことも要因のひとつとなっていた。さらに、この地域におけるイスラムの拡大とも戦わなければならなかった。この現象は、ヨーロッパの植民地化に対する抵抗を生み出すことがあった。特に、スーダンとソマリランドではイスラム教徒の反乱があり、イギリスは自分たちの競合相手がヨーロッパ人だけではないことを思い知らされることになった。1880 年代のスーダンにおけるマフディーの反乱[i]では、ハルトゥームにおけるゴードン将軍の死という、イギリスの拡大にまつわる偉大な神話的物語のひとつが生まれた。エチオピア人が拡張主義的であることは、この地域のみならず広く知られていたことであるが、イギリスは、例えば東アフリカのブガンダや南アフリカのンデベレなどで彼らの抵抗にあったり、彼らと競合したりすることになった。19 世紀末から 20 世紀初頭のアフリカにおける植民地制度で、フレデリック・ルガードが強く主張した間接統治という手法が採用されたのは、こうした勢力との衝突の回避も理由のひとつであった。[(8)]現地の首長たちと順応し、慣習を維持することを心掛けるほうが反乱の恐れが少なく、保守的な傾向が強まるために、結果として現地で大規模なイギリス人の行政組織を維持する必要がなくなるという考え方である。

このようにして、19 世紀末の 15 年間、イギリスは熱に浮かされたかのようにアフリカ全域に領土を獲得した。1885 年にニジェール地域が保護領となり、翌年には特許会社の王立ニジェール会社が設立された。イギリスはアフリカのザンジバル、タンガニーカ、ニジェール地域の領有権をめぐってフ

i　1881 年、マフディー（救世主）を名乗るムハンマド・アフマドを指導者として、東スーダンに独自の国家を設立したイスラム教国が、聖戦として展開した反エジプト、反イギリス闘争。1898 年、イギリス軍に鎮圧されるまで続いた。

ランスおよびドイツと対立していたが、三者は1890年、この問題の解決に合意した。1891年という年は、植民地化という意味でも、外交面でも多くのことがおこった。イタリア、オランダ、ポルトガルとの間でアフリカおよびその周辺の領土を確定する協定が結ばれた。同年、中央アフリカ保護領が設置され、北部ザンビアがイギリス南アフリカ会社に託された。1900年までの残りの9年は、この地域において集中的にヨーロッパ勢力の拡大と外交が展開された時期であった。1890年代末までには、熱帯アフリカは、現地の人びとの主張がほとんど顧慮されることのないまま、主要なヨーロッパ列強によって分割されてしまった。

イギリスによる併合と統治に対する抵抗は、アフリカに限ったものではなかった。この時期の蜂起としては、1857年のインド大反乱がもっともよく知られている。しかしながら、植民地権力に対する不満はその瞬間にだけ見られたわけではない。その10年ほど前、セイロンでの反乱がイギリス軍によって制圧された。インド大反乱と同じ年には、サラワクで中国人の蜂起があり、それに続いて1859年にも同様の反乱があった。香港では、ヒ素をパンに入れて、現地在住の白人住民たちを中毒にしようとした中国人の計画が、重篤な被害をもたらした。1850年代、60年代、マレー半島の大部分は相次ぐ反乱のために不安定であった。1867年に海峡植民地を成立させた理由のひとつは、この地域の不穏な情勢と暴力を抑えこむためであった。イギリスの通商に対する脅威は、1874年のパンコール協定締結で、保護領となったマレー諸州がイギリスの総督代理を置くことに合意した要因のひとつであった。1875年のペラ戦争は、現地のイギリス人総督代理の暗殺が引き金になった。暗殺への対応が招いた反乱を鎮圧する過程で、イギリスがこの地域の植民地勢力としての影響力を増すことになった。総督代理制の主眼は、地域の首長たちや中国系のさまざまな民族間の支配をめぐる軋轢を緩和し、この地域の秩序を再び取り戻すことであった。他のヨーロッパの列強がこの地域を狙っているのではないかというイギリスの懸念も大きく影響していた。

植民地戦争は枚挙にいとまがなかった。1879年はイギリスにとって散々な年だった。イギリスはアフガニスタンで敗れ、イサンドルワナでもズールー人に敗北を喫した。加えて、この年にはアイルランド土地同盟の大規模な抵抗も起こった。太平洋地域では1860年代、植民地であるニュージーランド全土にマオリ戦争が広がっていった。1865年にジャマイカでおきたモラント・ベイの大反乱は、イギリスの新聞が大きく報じた。元奴隷たちがおこしたこの反乱に素早く無慈悲に対処したエア総督に対しては、批判もあったが、一方で称賛する人もいた。イギリスの新聞はこの種の蜂起をこぞって報道した。その多くは、ジャマイカ反乱のように本国で大きな注目を集めた。植民地化された人びとの反応は後ほど検証するとして（第８章参照）、ここでは、新聞が植民地の混乱を盛んに伝えようとする姿勢からは、イギリスの植民地主義に対する無関心さや、公式帝国の領域を拡大することに臆するような様子は読み取れないことをあらためて指摘しておきたい。イギリスは植民地拡大には消極的であったという見解は、19世紀の植民地主義を議論する人たちに好んでしばしば取り上げられてきた。しかし、帝国の成長のスピードとその範囲、物語の本や展覧会に垣間見える植民地征服に対する人びとの興味、あるいはイギリス帝国連盟（1894年）や帝国連合連盟（1884年）のような親帝国主義団体の結成、植民地での出来事への新聞の注目などからは、むしろイギリスという国の自己認識が、壮大な帝国を保有、支配、維持し続けることと不可分であったことがうかがわれる。もちろん帝国主義を批判する人たちはどんなときにもいたが、大衆の圧倒的多数は、イギリスが拡大し続ける帝国を保持していることを支持していたし、それこそがイギリスの繁栄の証、あるいは多くの場合、その理由と考えていた。

19世紀におけるイギリス領植民地世界の明確な成長には、多くの要因が働いていた。それが、イギリスの権益にかかわる経済的、戦略的な理由である場合もあった。技術の発展も統治の可能性を大きく変化させることがあり、これも成長要素のひとつではあった。ヨーロッパ諸国がイギリス産業の優位に追いついてきたため、（18世紀外交の主要テーマであった）他のヨーロッパ列強との熾烈な競争が再燃したことも、植民地の勢力関係にますます影響するようになっていった。さらに、島国であるイギリスは、海軍の防衛力について長い間注意を払ってきていたが、この戦略が世界の海で圧倒的な支配権を確立することにつながった。帝国の成長にともなって、既存の領土を守るために緩衝地帯を拡大させたり、長期間航行する艦船に利便性が高く安全な港を提供したりするようにもなった。インドの残りの部分へのイギリスの関与の仕方については、1858年、直轄統治とすることで固まり、これが世界中で植民地を拡大していくきっかけとなった。インド航路上には石炭を積み込むための港がおかれていたし、スエズ運河もあった。南アジアでも、現在のパキスタンにあたる地域で看取されるようになったロシアの脅威に対応して、領土が拡大していった。イギリス領インドの境界は19世紀の間に徐々に北へと移動していき、インド防衛の名のもとにアフガニスタンにも侵攻した。1815年のナポレオンの敗北以来、競合する拡張主義勢力としてのロシアの脅威は増す一方であった。すでにみたように、イギリスがオスマン帝国への支援を継続したのは、ひとつにはオスマン帝国領内のロシア権益がインド航路を脅かしかねないからであった。クリミア戦争とその20年後の露土戦争においてイギリスが果たした役割は、インドとインドへの航路を確保するのに不可欠なものと考えられていた。ロシアが1860年代から1870年代にかけて中央アジアにおける軍事的プレゼンスを高めていったために、インドへの脅威が増した。とはいえ、ロシアはアフガニスタンに対してできたほどにはインドに肉薄できなかった。

世紀末にかけて、イギリスと他のヨーロッパ列強との競合は再び激化し始めた。アフリカ大陸と太平洋において、領土を獲得するきっかけの多くは他のヨーロッパ列強の動向に対抗したり、後れを取らないようにするためであった。とりわけ、アフリカで領土の争奪戦を繰り広げていたベルギー、ドイツ、フランスは、競合相手の領土を弱体化させようとひそかに地域の不満をあおることもしばしばだった。オランダとフランスが東南アジアにかなりの権益を持っていたこと、そしてドイツの首相ビスマルクが帝国主義に傾斜していったことが、この地域をめぐるイギリスの決断に影響を及ぼしていた。ドイツは、1871年の統一の翌年から、アフリカのみならず東南アジアや太平洋でも貪欲に植民地を獲得していった。イギリスが1898年、アメリカのフィリピン領有を支持し、クイーンズランドを経て1884年にはニューギニアの大部分を併合したのは、ドイツが優位に立つことを恐れたためである。1884年から85年にかけて開催されたベルリン会議は、新しく統一されたドイツの植民地における存在感を決定づけることになった。ヨーロッパの植民地列強、アメリカおよびトルコが参加し、ヨーロッパによるアフリカの植民地分割を確定させるために開かれたこの会議は、ビスマルクが提唱し、彼のお膝元で開催された。14ヶ国が15週間にわたって協議した結果、現地の人びとの意向や必要性を考慮することなく、ヨーロッパ列強がアフリカ内陸部に自由に侵攻することを承認して終わった。領有権の主張は、会議で冷徹にも「実効支配」と呼ばれた状態によって証明されなければならなかった。会議では、現地の人びとの福祉を尊重することの一般的な必要性については合意されたが、彼らが主張した主権は無視され、もっぱらヨーロッパの保護が必要な人びととして扱われた。1890年のヘリゴランド－ザンジバル協定で、ドイツは東アフリカ沿岸の小さなスルタン王国であるウィトランドを他の土地とともにイギリスに譲り、かわりにドイツ領東アフリカを構成するヘリゴランドといくつかの土地を手に入れた。しかしながら、ウィトランドの人びとはドイツ保護領にとどまることを望んでいた。このため、彼らはこの交換に抗議したが実を結ぶことはなかった。スルタンのフモ・バカリ・イブン・アフマドは支持者とともに蜂起した際に追放され、イギリスの支配を押し付けるために、ほどなくしてインド人の警察官が配置された。

ベルリン会議は植民地化された人びとの権利を徹底的に廃除する一方で、ドイツのヨーロッパの主要な植民地列強としての要求を認めた。新しい競合相手の出現と旧来の競争の再燃は、ヨーロッパと植民地の双方における新しい経済的な局面を印象づけた。イギリスはもはや世界において支配的な経済力を誇る存在ではなく、1860年代までには、そうした圧倒的な力を再び手にするのはたやすいことではないことが明らかになっていた。しかしながら、イギリスはすでに実質的で確固とした帝国を築いており、これが19世紀後半、この国が政治的な権利を主張する根拠となっていった。

19世紀後半にイギリスに新たに併合された領土は、価値のある輸出品という形では、実際にはほとんど利益をもたらさなかった。しかしながら、イギリス帝国主義の規模や力点は、イギリスの経済的な優位を追求するものから、継続的に政治的な支配権を求める方向へと徐々に変化していた。オーストラリア、ニュージーランド、インド、南アフリカ、シンガポール、香港、フィジーやモーリシャスの砂糖植民地は莫大な富を生み出したが、後になって併合された領土がとりわけ大きな利益になるわけではなかった。熱帯植民地は、おもに三つのカテゴリーに分けられる輸出品を提供していた。まず、ゴム、パーム油、綿花などの原材料農産物、もうひとつは、ココア、コーヒー、茶、砂糖などの食品、最後に鉱物（石油、鉛、銅、ダイヤモンド、金）。しかしながら、新しい植民地での生産はたいてい時間がかかるうえに限界もあり、流通させるのも難しかっただけでなく、製品はあまり魅力的とは言えなかった。それでも、イギリスの地図上にこうした植民地が存在することで帝国の影響力がさらに増したし、イギリス帝国には当時のヨーロッパ帝国列強のなかで最大であるという栄光が加わることになった。

イギリス本国は、1870年代半ばまでには地域によるばらつきはあったにせよ、どこも経済的な不況にあえぐようになっていた。他のヨーロッパ諸国の禁止関税のために（ドイツは1879年から、フランスは1881年から、イタリアは1887年から、アメリカ合衆国は1890年以後）、自由貿易の原則がむしばまれていき、イギリスが貿易や産業でこれまでのような支配的な地位に再び返り咲くことは決してないであろうという見通しは、いっそう覆しがたいものになっていった。投資や権益はさほど規制の強くない輸出入市場となっていた植民地に移行していった。理論的には、植民地は自由貿易の環境により運営されていたが、実際には、供給者としても購入者としてもイギリスが独占的な立場にあった。カナダが19世紀末に試みたように、自由な入植植民地が他の国家と貿易協定の締結を模索し始めると、イギリス当局は警告を発した。植民地経済におけるイギリスの独占は、植民地側に恩恵をもたらすとは限らなかった。経済のシステムが、イギリスに求められる数少ない商品の生産に集中しがちであり、イギリス市場に対応して発展する傾向があったからだ。この生産品目の多様性の欠如のために、植民地の経済はどうしても市場の変化に対してぜい弱であった。このように経済的に不安定な状況は、ほとんどの植民地で工業がほとんど発達しなかったために助長され、工業製品や機械をイギリスに依存せざるをえなくなっていた。植民地の開発が政治的に重要な課題となるのはジョゼフ・チェンバレンが植民地省を率いるようになる1895年を待たなければならなかった。チェンバレンの開発計画はほとんどが実現可能性の薄いものであったとはいえ、彼の在任中はこの問題がそれまでよりも真剣に取り上げられたし、その後もそうであった。

世界の貿易においてイギリスが占める割合は低下していたが、それでもイギリスが他を圧倒的していた領域がひとつあり、それが帝国を強力に支え、イギリスの世界における権威を裏付けるものとなっていた。20 世紀が始まるまでに、ロンドンは国際商業と国際金融の中心地となっていたことから、イギリスのポンドがもっとも重要な通貨になっていた。ロンドンは投資、保険業、仲買、査定などが活発に行われる場所となっており、それが世界の経済や貿易においてイギリスが大きな影響を与えることを可能にしていた。

この時期の新しい技術が帝国に大きく貢献したのは多言を要しない。造船技術が向上するとともに、スエズ運河など従来の方法を一新するようなものが導入されたことにより、より速く簡単に世界を移動できるようになった。1860 年代の電信の出現は、それまででは考えられないほどコミュニケーションを迅速にした。鉄道が大陸の内陸を貫通したことで、商品は港に短時間で輸送されるようになったし、今や長い航海の間、冷蔵できるようにもなった。これにより、肉や乳製品がアルゼンチン、オーストラリアあるいはニュージーランドなど、文字通り地球の反対側からイギリスに届けられるようになった。ニュージーランドからイギリスへの冷凍羊肉の初出荷は 1882 年 2 月であったが、これを記念して新しく切手が発行された。輸送手段が多様化するにつれ、軍の部隊も移動が容易になり、射程距離の長い新しいライフルと機関銃が軍の威力を増すことになった。それでも、インドの国勢調査によれば工業分野で働いているのは 1931 年の時点ですら人口の 10%に満たなかった。

技術革新のおかげで、長期的にみれば物の値段は下がった。短期的には新しい技術は高くついたが、一方で、イギリスは広大な帝国をできるだけ安価に保持することを望んでいた。特許会社を復活させたり、保護領などの運営負担がより軽い新しい統治手法を採用したりしたのは、イギリスにとって帝国のコストを最小化させるための戦略であった。議会での財政をめぐる議論は、植民地に関する支出が焦点となることが年を追うごとに増えていった。これは、歴史家たちがイギリスは帝国を持つことに消極的であったと見なすもうひとつの根拠となっている。いかにさまざまな節約を試みたとしても、帝国を安上がりに維持するのはどだい無理であった。帝国には大規模な軍隊が必要であり、植民地にもイギリスにも、規模は縮小したとしてもそれなりの規模の統治機構が必要であったからだ。とはいえ、負担は植民地の側に重くのしかかった。すでにみてきたように、軍備以外は原則としてそれぞれの植民地の財政負担とすることになっていたからである。白人定住植民地以外のほとんどの植民地では、19 世紀、植民地として支配されていた間の実質的な経済的な発展は、ほとんど無かった。イギリス市場に向けた商品生産の奨励は、生産者よりもイギリスを利することが多かった。例えば、イギリスで安く製品化された綿製品がアジアやアフリカに逆に輸出されるようになり、現地の繊維産業に深刻な打撃を与えた。また、アフリカやマレー半島からは、イギリスの工業の成長に不可欠な貴重な製品が大量に輸出されたが、これらの工業をそれぞれの地域に移植しようとする試みはほとんどみられなかった。

こうした不平等の典型的な例は、インドにおける鉄道の発展の中に見ることができる。イギリスの民間投資家たちは、年利 4.5％から 5％を保証され、インドの鉄道が成長するにつれて豊かになっていったが、インドの鉄道事業で生み出された富は、ほとんどインドに残らなかった。使われる車両その他の設備すら、現地生産よりもむしろイギリスやヨーロッパから輸出されることが多かった。それでも、植民地支配がより効率的にできるようになったというだけでなく、現地の人びとにも広く使われるようになったという意味で、鉄道は大きな成功を収めたといえる。インドの人びとは、この新しい輸送手段を積極的に利用した。

反対に、白人入植植民地、特にアフリカ以外の白人入植植民地では、工業化が積極的に推進された。こうした植民地は、イギリス市場の要求を満たすことが求められており、植民地側でも地域の経済的な安定のためにそうした貿易が必要とされてはいたが、非入植型植民地の従属植民地にはまったく無縁であった工業の発展と経済成長を経験することになった。白人入植植民地ではイギリスやヨーロッパからの白人移民の流入で人口が次第に増加して、19 世紀の産業資本主義による繁栄が表向きには見られた。しかしながら、入植植民地と従属植民地を、また、入植植民地では入植者と周縁化がさらに進んだ現地の人びととを隔てる溝がこれまでになく大きく開いていった。

このように、この時期に始まった植民地政策の形が多様であったために、植民地化の影響はさまざまである。他の時代と比べて、19 世紀の植民地経験は、人種が大きな影響を及ぼすことが多かった。ニュージーランドやカナダといった場所で新しい生活を始めようとしていた白人移民は、こうした新しい土地を自分たち自身が担うという感覚を持っていたかもしれないが、現地にもともといた人びとは、植民地化によって大きな混乱を経験することになった。土地の使用、所有権、職業観、法律や慣習、言語や文化などは、植民地に白人が登場したことで一変した。これは、カナダやオーストラリアのアボリジナル、ニュージーランドのマオリや南アフリカの人びとにとってだけでなく、非入植型植民地にもとから住んでいた人びとにとってもそうであった。「野蛮」と見なされた現地の文化の改革を目指して、当時のイギリス社会を覆っていた社会改良に対する熱意が、いずれの地域にも持ち込まれた。改革派の政治家だけでなく、ロビィストの多くも服装や新生児の扱い方などの慣習だけでなく、性的な規範から宗教儀礼にまで及ぶ幅広い改革に前のめりであった。宣教師、フェミニスト、人道主義者、医師、教師その他大勢が野蛮な慣習と見なしたものをやめさせ、キリスト教や西洋風のふるまいを奨励するよう植民地政府に要求した。これが帝国主義の「文明化」モデルである。つまり、優れた植民地統治はいわゆる「遅れた」人たちを教育し、キリスト教化するのだから、彼らは恩恵を受けられるし、病気や貧困を減らすことができ（そのどちらもイギリス国内で改善されたという兆しはほとんど見られなかったにもかかわらず）、死後もふさわしい場所に導くことができるという考え方で、当時のイギリスで一般的に幅広く支持されていたものである。こうした考え方は人びとの心の中に深く根を下ろしており、多くの人は、植民地支配は「遅れた」人たちの厳しい生活を改善できる良いものであると純粋に信じていた。

要するに、19 世紀は植民地についていえば、大きな変化、拡大そして実験の時代であった。帝国の領土は飛躍的に拡大し、輸出されたり輸入されたりするモノの種類が非常に多様化し、統治の手法にも大きな広がりが見られた。イギリスの帝国権益は特定の地域に限定されるものではなかった。世紀全体が世界的な拡大の時代であり、その中でイギリス帝国は世界の政治と経済におけるイギリスの傑出した役割を保証するものであったが、それは、イギリスという島国のサイズ、消費や生産の規模のどれをとってもまったく不釣り合いなものであった。19 世紀、コストや複雑な交渉に対する懸念はさておき、イギリスの未来は帝国なしには不可能なものになっていた。

注

(1) J. R. Seeley, *The Expansion of England* (London: Macmillan, 1883), p.8.

(2) Bernard Porter, *The Lion's Share: A Short History of British Imperialism, 1850-1995* (Harlow: Longman, 1996), pp.11-12, 28-29 などを参照のこと。

(3) Peter J. Durrans, 'The House of Commons and the British Empire 1868-1880', *Canadian Journal of History* 9, no.1 (1974): pp.19-44; Ronald Hyam, *Britain's Imperial Century, 1815-1914: A Study of Empire and Expansion* (2nd edn, Basingstoke: Macmillan, 1993), p.116; Timothy Parsons, *The British Imperial Century: A World Perspective* (Lanham, MD: Rowman and Littlefield, 1999), p.15. *Colonialism and Development: Britain and its Tropical Colonies, 1850-1960* (London: Routledge, 1993) の中で、マイケル・ハヴィンデンとデイヴィッド・メレディスはそのような消極性を「消極的な局面」と表現している (p.24)。

(4) Ronald Robinson and John Gallagher, 'The Imperialism of Free Trade', *Economic History Review* 2nd series, 6, no.1 (1953), pp.1-15.

(5) Christopher Bayly, 'The British Indigenous Peoples, 1760-1860', in Martin Daunton and Rick Halpern (eds), *Empire and Others: British Encounters with Indigenous Peoples, 1660-1850* (Philadelphia, P. A: University of Pennsylvania Press, 1999), p.37.

(6) House of Commons Parliamentary Papers, 1837 (425), *Report from the Select Committee on Aborigines* (British Settlements), p.3.

(7) W. H. Mercer, *A Handbook of British Colonial Empire* (London: Warterlow and Sons Ltd, 1906), p.2. マーサーは、植民地省の官僚であった。

(8) ルガード (1858-1945) は軍人から政治家に転身した。アフリカでの長いキャリアは、ほとんどがナイジェリアとウガンダでのものである。インドは彼が生まれ、幼少期を過ごした場所でもある。1870 年代の終わりに陸軍士官として戻ってきたが、長期にわたるここでのキャリアには、明らかに間接統治の思想が反映されている。

第7章

帝国を支配すること
Ruling an empire

植民地を支配するということは、大変な責務だった。すでに見たように、イギリス帝国はあたかも偶然に獲得されたかのように見せることが支持されることもあったが、ある領土がいったんイギリスのものとなった後は、偶然や予想外の幸運といったものだけでは、この仕事をやり遂げることはできなかった。この事業の及ぶ範囲を考えてみるとよい。20世紀が始まるまでには、イギリスは47の領土を統治しており、そのなかのたった12のみが自治を行っていた。すでに述べたとおり、この広大な土地の人口はおよそ4億人にのぼっており、また、言語、宗教、文化も非常に幅広かった。これほどまでに多様な地域、そしてこれほどまでに異なる人びとが存在するなかで、秩序を維持するには、ただなんとかやり過ごす以上の何が必要であった。

おもに反乱の危機であるが、鍵となる時機(モーメント)というものがいくつかあり、そうした際にイギリスの支配者は帝国とは何でありそして何でないかを真剣に考えるべく、立ち止まり、吟味する必要に迫られた。もちろん、そうした問いにたいする答えは時がたっても同じというわけにはいかなかった。なぜなら、帝国的な支配と姿勢は、時代とともに、他の文化的、政治的な展開とともに変化したからである。1780年代のアメリカ喪失は、おもに心理的なものではあったが、帝国の未来にとって大きな転換点であり、世界の他の地域のより完全な探索へとイギリスを導くことになった。一方で、19世紀半ばには、ジャマイカとインドの蜂起がイギリスの指導者たちを別の方向に向か

図5　ヴィクトリア女王ゴールデン・ジュビリー（即位50周年）を祝う壁紙。親帝国的で愛国主義的な装飾品、陶磁器、ファッションは、19世紀後期に、とりわけジュビリー（ヴィクトリア女王治世50年や60年の祝賀）の際によく用いられた。1887年（©Victoria and Albert Museum, London）

わせ、より直接的で専制的な支配の形態をいくつかの地域に押しつけた。多くの要因――経済的、人種的、文化的、戦略的なもの――がこれらの多様な手法と反応を説明する一助となる。ここでは、これらの諸要因を、イギリス本国にいた者であれ、帝国に派遣された者であれ、植民地を統治する任にあった人びとの生活、経験、姿勢という文脈から探っていく。

多くのイギリス人が帝国の覇権は国家の運命であると確信しており、この感覚は、19世紀および20世紀の両方において、政治家の公的な発言、歴史家やジャーナリストの著作、そしてイギリス人の児童の授業内容などのあちこちに見え隠れしていた。拡張と植民地化のこうした愛国的な解釈によれば、イギリスの法と統治は人間性の最良の、もっとも高貴な表れであるとされた。イギリス人は植民者としてより寛容かつ公正であり、この見方に従えば、彼らの植民地権力は、植民地化された人びとの利益のために行使されるものとされた。イギリス人は「我慢強く、何事にも動じず、愛国的で……、秩序と正義を愛する」ため、植民者になることに「生来、とくに適している」と、とある学校の教科書は20世紀の初めごろから主張するようになった[1]。長い間インドの高等文官として経験を積んだレペル・グリフィンによれば、「近代世界における……統治の秘訣」は、「アングロ・サクソン人種にのみに備わっている」のであった[2]。

19世紀の末までには、子ども向けのものも大人向けのものも、小説にはこうした視点があふれるようになっていた。ロバート・ベイデン＝パウエルによって1908年に設立された、新しいボーイスカウト運動を後押しした力の多くは、帝国的なものに満たされたこうした愛国心に由来していた。それは、政治家にとっては、たいてい都合のよい団結への強力なかけ声であった。しかし、それはイギリスの、そしてイギリス人のあいだの、唯一の、あるいは常に支配的な姿勢であるわけではけしてなかった。イギリスの経済的、政治的な支配が、産業や帝国の新たな競争相手によって19世紀中頃に挑戦を受けるようになると、多くの人びとが帝国を恵まれない人びとへの恩恵というよりは、むしろ政治的、経済的な生き残りの手段と見なすようになった。1906年には、イギリスの主要な親帝国主義者のひとりであったミルナー子爵が、マンチェスタ保守クラブにたいし、もしイギリスが「偉大なる列強国で有り続けないならば……貧しい国になってしまうだろう」と述べた。また、イギリス（ブリテン）は単独で競争するには小さすぎるが、「より大きなブリテン（グレーター・ブリテン）ならば」、将来の繁栄が保証され「永遠に…、そのような強国であり続ける可能性がある」、とも語っている[3]。盟友であるセシル・ローズも、もし入植植民地が人口を吸収し、イギリス製品を購入すべく存在しない限り、内戦は避けられないと考えていた。

これは明らかに道徳的というよりも現実的な姿勢であり、イギリスの責務よりもその政治的、経済的成功を考慮したものだった。それでもそれは、イギリス人によって植民地化された人びとは、弱くて劣等であるという強い信

図 6　1890 年代にシエラレオネの地方弁務官だったトマス・ジョシュア・オルドリッジ。オルドリッジの権威主義と優越感は、この写真の中に鮮明にあらわれている。一緒にいる武装衛兵でさえもが従属的な者として描かれており、細部にいたるまで制服姿のオルドリッジとは対照的に、彼は少し後ろ側に裸足で立っている。1890 年頃（Thomas Joshua Alldridge（1847-1916），©Reproduced by kind permission of the Syndics of Cambridge University Library）

念を進歩の唱道者と共有していた。人道主義者たちが自分より劣った人びとに文明をもたらすことを帝国主義の義務と考えていた一方で、競合の激しい場におけるイギリスの生き残りにより関心がある人びとは、自分たちが植民地化した人びとが資源を生産的に利用できていないことを、帝国を正当化する主たる根拠としていた。両陣営の植民地主義の熱狂的な支援者たちは、当時、植民地化された人びとには知性、社会組織、そしてもちろん文明が欠落しているとみなしていた。

入植植民地とさまざまなタイプの属領とにおける統治形態の対照的な違いを明らかにするなかですでに見たように、支配する者とされる者のあいだの区別には、帝国内部で多くの異なる形があった。これらの差異は、19 世紀に帝国が拡大して非入植植民地がイギリス帝国支配の典型となるにつれていっそう顕著になった。18世紀、世界のほとんどの地域で植民者は現地の人びとと密接な関係を持ちながら生活しており、多くの場合、彼らに依存していた。インドにおいては、イギリスの商業的利益が増加しつつある場所の大半でムガル支配が優勢であり、18世紀を通してイギリス人がそこで商売をし、暮らし、建物を建てるのには許可が必要なことも多かった。18世紀のアメリカ植民地では、アメリカの先住民との関係は、後に彼らが周辺に追いやられるようになってからよりも、はるかに重要であった。初期の入植者たちは、現地人の人びとと取引したり交渉したりし、また彼らから学んでいった。そのため、現地で必要とされるものを受け入れざるをえなかった。イギリスの力と富が地球規模で次第に拡大してゆくにつれて、妥協と交渉の機会は征服や独裁的支配に比べて減っていき、他者の文化のいわゆる野蛮さおよび文明の欠如とされるものが、全般的な政策のゆっくりとした、しかしながらはっきりとした変化を正当化する主要な根拠となっていった。例えば、ラテンアメリカのようにイギリスの帝国的な影響が非公式なものにすぎなかった地域においてさえ、イギリスがあきらかに優勢であることははっきりしていた。この階層的な優位性に基づく自信は、西洋のキリスト教的世界に典型的なものであり、また、イギリスの恒常的で、たいていの場合うまく運んだ植民地拡張が明らかにそれを支えていた。イギリスの野心的な帝国事業の規模と成功を誇示するかのような図7と図8は、この自信を示す代表的な例である。20世紀初めのエドワード7世の時代に

図7「帝国に陽は決して沈まない」という絵葉書（Kenneth Robbins Collection, University of Michigan）

図 8　雑誌『パンチ』1931 年 7 月 22 日号に掲載された「陽は決して沈まない」というタバコ「Craven」の広告

つくられた図 7 は、イギリス王家、インド総督、そしてインドの藩王たちの縮図である。後者のインド人たちがひとつの枠にまとめて入れられている一方で、イギリス人には一人ひとりにそれぞれ枠があてがわれており、このことは重要性について知らず知らずのうちに序列が確立していたことを示している。それから 20 年ほど後に制作された広告である図 8 は、イギリス帝国に陽が沈むことはなく、そのグローバルな影響力はあまりに偉大である、といういかにも誇らし気で人気のあったフレーズを商業目的に利用したものである。19 世紀の終わりはもちろんのこと、20 世紀に入ってかなり経ってからも、帝国は、ここでみられるような商業広告の背景によく登場した。石鹸、チョコレート、そしてその他多くの商品広告のなかで、帝国が使われた。

ともに 1890 年代後期から 1900 年代初期にかけて南アフリカで活動したアルフレッド・ミルナーとセシル・ローズ（後者はダイヤモンドの企業であるデビアスの創設者）は、こうした一連の態度の硬化を具体的に示している。ミルナーは南アフリカの高等弁務官および初代ケープ植民地、さらにその後オレンジ・リヴァーおよびトランスヴァール植民地の総督として、そしてローズはケープ植民地の首相として、ふたりは当該地域におけるイギリスの商業利益の拡大を、現地の人びとを犠牲にするかたちで積極的に推し進めた。ローズが法律を操作して黒人アフリカ人の選挙権を制限し、欧米企業のためにアフリカ人労働力を確保すると、1904年に中国人契約労働者の南アフリカの金鉱地への移入を内務省に説得して、中国人労働者問題の到来を早めたのがミルナーだった。両者とも、この地域におけるイギリスの領土を拡大しようと積極的に動いた。北ローデシアと南ローデシア（現在のザンビアとジンバブエ）は、1902年に逝去したローズにちなんで名づけられた。フリーメイソン加入に際して1877年に書いた文章のなかで、ローズは「さらなる領土の獲得は、世界でもっともすばらしく、もっとも人間的で、もっとも名誉ある人種であるアングロ・サクソン人種がさらに増えるということを純粋に意味するのである[(4)]」と宣言している。

このイギリスの価値に対する誇りは、常に不安感と表裏一体でもあった。海外のイギリス人は「地元民化（ネイティヴ）」してしまい、イギリス支配を傷つけかねない、非イギリス的なふるまいをする誘惑にかられるのだろうか。「劣った」文化の影響がイギリスをその中心から腐敗させてしまうのだろうか。これらが、帝国支配の時代全般にわたってイギリスの支配階級を、悩ませ続けた恐怖であった。18世紀には、西インドの農園主と帰還してくる東インド会社の社員たち（いわゆる「ネイボッブ」）が、イングランド人として「ふさわしい」振る舞いからかけ離れてしまったことや、「地元民」の慣習を好んだためにしばしば不信感をもって迎えられ、活字や漫画のなかで風刺された。19世紀から20世紀にかけては、中央の帝国政府だけでなく植民地政府もまた、植民地支配者と被支配者を隔てておく取り組みの一環として、現地の女性と植民地化を行う側の男性のあいだの結婚を制限しようとした。イギリスの帝国権力の絶頂期における同化とは、かなり一方的なものであった。植民地化された側の人びとは、イギリス的な振る舞いと価値観に当然従うものとされた。逆方向の動きは、同化ではなく汚染であると見なされたのである。

しかしながら、帝国に対する不安は、感染や汚染への懸念に限られたものではなかった。他の文化のなかで生きる在外イギリス人が経験した強烈な差異と孤立の感覚は、帝国での任務について記した多くの回想録の中で言及されている。インドで職業人生を過ごしたジョン・ストレイチー卿は、1911年に植民地行政官は「奇妙で野蛮な行動、いまわしい慣習、残忍な迷信など、古くから受け継がれてきており、いつでもよみがえりかねないものに対して常に臨戦体制でいなければならない」と記している。[(5)] 支配されている人びとがもしかしたら服従を拒否するのではないか、あるいは、いつ拒否するのだろうかという漠然とした不安の底流には、こうした疎外感や理解できないことへの焦燥感があった。反乱と抵抗にたいする恐怖は幻想などではなかった暴力は帝国権力を補強したものの、両方向に作用した。すでに見てきたように、奴隷反乱、戦争、暴動、騒動は、帝国の歴史を混乱させてきた。入植植民地においてさえ、帝国主義は不安と無縁ではなかった。カナダ、南アフリカ、オーストラリアのようなフロンティア社会は、イギリスのリスペクタビリティのイメージにどうしてもなじまなかった。金の鉱床を掘りあてたり鉱山や木材伐採の現場で働こうとやってきていた男たちは、宗教的義務、結婚、そして家庭を重視する、平穏で落ちついた暮らしや人生にほとんど興味がなかったか、それを享受する機会がなかった。帝国の奥地にできた、秩序を欠いた白人コミュニティの存在は、文明化の使命としての帝国という主張を空疎なものにした。

移民はイギリス植民地主義の重要な特色であるが、19 世紀、入植者あるいは一時的な労働者として、ますます多くのイギリス人が帝国に移動するようになるにつれて、このような恐怖がいっそう煽られるようになった。18 世紀には膨大な人が奴隷として強制的に帝国内を移動させられたが、19 世紀は自由移民がその特徴である。もっとも奴隷制廃止後に帝国を縦横に移動した契約労働者の自由は限られており、なかには誘拐の被害者もいた（8 章参考）。ほとんどの自由移民は新天地へどうにか自由に移住できたが、その多くは本国での貧困に駆り立てられた結果であった。おおよそ 2300 万人もの人びとが 1815 年から 1914 年のあいだにイギリスを離れた。合衆国が最大の受け入れ先ではあったものの（62%）、1870 年ごろまではカナダの各植民地がもっとも人気のある目的地であった。帝国へと向かった人びとは、多くが人生で初めて土地を所有できる可能性に魅かれ、たいてい白人入植者向けの地に行った。20 世紀には、南部および東部アフリカ（とりわけローデシアとケニア）で大きな土地が白人移民に譲渡されるようになるにしたがい、移住の選択肢が広がった。ケニアには、南アフリカからの比較的貧しい白人と、1905 年には 3000 人強に上っていたイギリス出身の上流階級という、おもに二つの移住者の階級が存在していた。裕福でない人びとには、1人あたりおよそ1000エーカーの安価な土地が与えられた一方、裕福な人たちは、中央ケニアの高地の広大な私有地に定住したが、そこでの彼らの退廃的なライフスタイルは伝説的なものとなった。20世紀半ばまでには、アフリカおよびその他の植民地へと移動する白人移民の多くは、新たな始まりに期待する貧しく財産を持たない人びとから、熟練労働者と専門職従事者へと様変わりした。

入植地以外のところでは、植民地におけるイギリス人の人口は少なく、かなり散らばっていた。海外に配属された植民地省職員の数は6000人を大きく超えることはなかった。植民地省は主要な政府省庁のなかでもっとも職員数が少ないもののうちのひとつであった。現場の人数がこれほど希少であったにもかかわらず、とりわけロンドンの注意を引くほどでもない些細な事柄に関しては、その場の臨機応変な対応に任されるところがかなり大きかった。アフリカにおいては、帝国支配は非常に現地化された地方の行政に大きく依存しており、ほとんどのことは中央の統制からは離れたところで、自由に決定されていた。非入植植民地における二大グループは、ほぼどこでも官僚と軍隊であった。少数ながら医療従事者、教師、宣教師や実業家もいた。早い時期から、イギリス人行政官たちは、たいていの場所で、できる限り現地の人びとの知識や意思疎通、連絡の方法を自分たちに都合よく利用することをあてにしており、協力者（コラボレーター）だけでなく情報提供者（インフォーマー）のネットワークを構築していった。

植民地主義の初期において、男性たちは帝国で一緒に住むために家族を帯同することを禁じられるか、もしくは強く反対された。例えば、インドでは、18世紀のほとんどにおいて、男女比が50対1近くになることも珍しくなかった。19世紀半ばまでには方針が変化したが、それは、植民地のポストに任命された夫に妻が同伴することが以前よりも多くなったということを意味した。子どもたちは、誕生から最初の数年間は家族の家で過ごすことがしばしばであったが、費用を負担できる親は、かなり小さい頃から我が子をイギリスに送った。

子どもたちは多くの理由で本国に送り返された。イギリス式の学校教育を受けるためだったり、彼らが身につけてしまったかもしれないあらゆる現地の文化の痕跡を消し去るためだったりするだけでなく、多くの植民地の環境において、彼らがブリテン諸島では知られていなかったり、一般的ではない病気にかかりやすかったからだった。18、19 世紀、イギリス本国の都市も地方も疾病から無縁だったわけではなかったし、多くの危険な病気の流行は 20 世紀に入っても続いた。それでも、熱帯植民地は白人にとってとくに不健康な環境であり、そこでは彼らは熱病にかかったりふさぎこんだりしやすく、倦怠や病気に弱い、という根強い恐怖があった。北オーストラリアや西インド諸島のような場所では、白人には肉体労働は身体的に不可能であろうという懸念のために、最初は奴隷、そして後には契約労働者が使用されることになった。18 世紀においては、アフリカのいくつかの地域は、18 世紀にカリブに派遣された軍隊の死亡者数のように、ヨーロッパ人の死亡率があまりにも高いために「白人の墓場」として知られていた。(前のいくつかの章で示したように、) もちろん、この脆弱性は植民者に限られたものではなかった。しかしながら、現地の人びとが被った壊滅的な打撃がたいてい野蛮な土地に文明を持ち込むことにともなう、遺憾ではあるがやむをえないものだと見なされた一方で、白人の高い死亡率は備えが必要な危険とされた。ゆえに、植民地における医療の実践が、支配される側の健康上のニーズよりも支配者である白人の保護のほうにより関心が高かったのは驚くにあたらない。とはいえ、現地の人びとが西洋的な医療を求めていたと考えるのは正しくない。それどころか逆に、彼らはしばしばそれにたいして懐疑的であり、抵抗することすらあった。ただそれにしても、入植者と被支配者のあいだの医療へのアクセスの格差は常に相当大きく、それは、帝国主義の下でどちらの命が相対的に重要視されていたかを明らかに示唆するものであった。これについて唯一の例外は、海外宣教師の積極的な活動だった。医療とりわけ人里離れた田舎の共同体における医療は、自らのなすべきこととして宣教師の諸グループが行っていた活動のなかでももっとも一般的なものだった。

植民地における医療にかくも典型的にみられる不平等は、帝国という場において入植者と被支配者を隔てていた格差の一例にすぎない。遠隔地に赴任した官僚やプランテーション監督官にとっては、周囲の何マイルかの中で彼らが唯一のイギリス人かもしれなかったが、ほとんどの入植者は、自分のニーズを満たすべく、人種排他的なエリアができあがった街の中かその周辺に居住したのである。入植者と現地住民のあいだの距離は、たいてい、空間的なだけでなく社会的なものでもあった。白人たちは、人種排他的なクラブ、キリスト教の教会、そして似たようなバックグラウンドや経験を持ち、同じような振るまいをする人びとが集まっていて、その中で社会生活が完結するような一画に住んだ。そうした界隈は、現地の人びとが住むところほどは混み合っておらず、イギリスを思い出させるような建物が並んでおり、現地の気候に合うように工夫されてはいたものの、その地域にみられる通常の建築様式と明らかに違っていることも多かった。今日でも、インドの諸都市で、典型的なヴィクトリア様式の教会を訪れることができるし、また、多くの旧植民地において豪華な設備を備えたヨーロッパ式のホテルや政府の建物を訪れることもできる。

それに比べて、開拓地の白人入植者の状況はかなり辛いものであった。カナダ北西部のブリティッシュ・コロンビアでは、労働者は木材伐採と鉱山のキャンプの質素な条件の下で生活していた。ローデシアとケニアのさほど裕福ではない入植者は、現地の黒人召使いや農業労働者を雇うこともあったとはいえ、人里離れた農場で孤立した厳しい生活を送ることが多かった。イギリス本国自体でそうであったのと同じように、植民地においても階級が重要な役割を果たしており、労働者階級の入植者（一部を挙げただけでもカナダの木材伐採人、アジアの兵士や船乗り、ニュージーランドの農業労働者）は、現地の人びとからも、また植民地の裕福な白人からもしっかりと隔てられていた。中間層は本国とはズレが生じることもあり、低い階層の出身者が、植民地という空間ではイギリス本国よりも社会的に大きく上昇することも時にはありえた。しかし、植民地の白人社会は、社会的障壁の幾つかが本国イギリスで緩和され始めた後でさえ、厳格な社会的な序列によって支配されていた。商業分野で雇用され、階層の高い人たちから「行商人」と軽蔑的にあしらわれていた低い階層のインドの白人は、圧倒的多数のインド人から隔絶されていたのと同じくらい完全に、植民地世界の社会階層の上層の人たちからも排除されていた。

白人の入植者にとって、ほとんどの場所で地元民の労働力は安価で豊富であったが、植民地に特有の日常の社会的な序列が大きな経済的な負担を大幅に増加させることも多かった。植民地に行った者の多くが給料以外の私的な収入源を持っていなかったのに、植民地の報酬が潤沢なものであることは稀だった。例えば、植民地医療局の医師たちは、政府関係の任務のかたわら、患者から診察料を取る私的な診療を行う権利を渡すまいと用心深かった。その権利が危うくなった場合には、彼らは自分たちの公的な職の報酬の低さを指摘した。政府の職においては、昇進に時間がかかることがあったが、それは、死亡や退職によってポストが空くかどうかにかかっていることが多かったからである。男性は妻子を養うだけではなく、使用人たちを雇うものとされていたので、体面を保つことが家計への重い負担となっていた。また、彼らの多くが、「きちんとした」植民地生活をおくるべく努力するために借金を重ねてやりくりした。イギリスから輸入される品物はいつも植民地にやって来た人にとって憧れの的で常に需要があった。中流階級の入植者にとって、それらは高くつくが社会的には必要な出費であった。帝国の初期においては、こうしたすべてが結婚を思いとどまらせるものとして作用した。

帝国を統治したのが男たちであったのはたしかな事実である。しかし、では一体どうやって彼らはそれをなしえたのだろう。イギリス軍の大規模な部隊が置かれた植民地はほとんどなかった。なかには、ヨーロッパのライバル国に比べてイギリスの統治は暴力に頼ることが少なかったので、自らの存在にたいして現地の人びとの合意をとりつけることが容易だったと主張する人もいる。[(6)] しかしながら、こうした親切な帝国という好意的な描写は確証しづらいものである。イギリスは、必要な場合は武力に頼ることに関して何のためらいもなかった。また、帝国における暴力には驚くほどさまざまな形態があった。例えば20世紀の前半、政治的な反体制派にたいする植民地政府の重要な武器は投獄であった。インド、アフリカ、そしてその他どこにおいても、ナショナリストは監獄を出たり入ったりしていたのであり、民衆を鼓舞する反植民地主義的演説をしたり、政府にたいする不服従へと駆り立てた罪で投獄された。非白人以外の受刑者用につくられた遠隔地の囚人用の入植地は、一般の犯罪者と同じくらいの頻度で政治犯を収容した。入植者にたいする暴力で有罪となった非白人の犯罪者には厳しい罰が待ち受けていた一方で、植民地の裁判所が現地の人にたいする罪で有罪とされた白人にたいして軽い刑を言いわたすのは日常茶飯事だった。1883 年インドにおいて、イルバート法案——刑事事件においてインド人の判事にイギリス国民にたいする裁判権を認めようとした法律——が提案されると大きな論争が起こった。インド在住の白人たちの間であまりにも大きな騒ぎになったので、通過前にかなりの修正がその法に加えられた。メンバーの少なくとも半数がイギリス人かアメリカ人で構成される陪審団による裁判を要求することを白人に許可する新しい条項によって、もともとの諸規定はかなり骨抜きにされてしまった。

露骨な暴力は珍しくなかった。植民地政府は、表向き独立していて強硬な姿勢の支配者にたいし、イギリス人が重要と判断した問題に関して引き下がるよう説得するために軍を派遣するのを躊躇するようなことは、ほとんどなかった。イギリス当局は、脱植民地化の激動の時代、白人の反体制分子にたいして軍事力を行使することには消極的だったが、一方で非白人と対峙する場においては、兵力や警察を展開することに、ほとんどためらいがなかった（第 11 章で参照のこと）。端的にいえば、暴力は、必ずしも目に見えるわけではなかったが、それでも植民地を統治するにあたって中心となる特質であった。

しかし、帝国の成功の裏には武力以上のものがあったのであり、軍艦だけでは十分ではなかった。帝国の時代は収集と分類の時代でもあって、知識の領域もほとんど無限に広がっているように思われ、帝国はこれらの典型的に西洋的な見方を支えた知的な自信にとって重要な役割を果たしたのである。18、19 世紀におけるイギリスは、ヨーロッパが全般的にそうであったように、知識の交換とでも呼びうるものの熱心な唱道者であった。西洋科学のあり方の変化により、植物学、解剖学、地理学では、新たに分類と序列化が強調されるようになった。すでにみたように、18 世紀の探検にはデータと標本を収集する科学者が常に同行した。多くの入植者にとって、帝国の土地や人びとはリスト化し、分類して名前をつける対象となる標本だった。イギリスの貧しい人びとが、19 世紀前半の改革の時代にあって政府による綿密な調査の対象となったのと同じように、植民地と植民地の臣民もまた数え上げられ、描写され、分類されたのである。残虐と見なされた人びともいれば、怠惰とされた人びともいた。もちろん、すべての人びとが支配者であるイギリス人よりも劣等と見なされたのはいうまでもない。

18 世紀の終わりまでには、西洋の見解は白人の北ヨーロッパ人を理性と進歩の頂点に位置づける人種の発展的階層性を主張する疑似科学的な序列を真に受けるものになっていた。自己礼賛的でキリスト教が圧倒的な力を持っていたヴィクトリア朝のイギリスは、みずからが支配する人びとだけでなく、そこで競合するヨーロッパ人にたいしても道徳的、政治的優位にあるとゆるぎない自信を持っていた。そのようなヴィクトリア朝イギリスの環境というのは、黒人と白人の発達の差異についてのさまざまな考え方を発展させるのに格好の文化的な土壌となっていた。新たに発展しつつある人類学のような学問や生理学などの科学は、人種間の類似性よりも差異を強調した。これは、差異をみつけだすという段階から道徳的な発展度合いと人種間の差異を結びつける方向へと明らかに一歩踏み出したことを示すものであった。イギリス人の子ども向けの本においてさえ、この差異が強調されていた。ボーイスカウトで高名なロバート・ベイデン＝パウエルの妹であるアグネス・ベイデン＝パウエルは、1912 年、若い読者たちに向けて、イギリスの「壮大な帝国……領土は彼方に広がっているが、人びとは向かうのみである」と呼びかけた。(7)

西洋式の教育および西洋による支配が植民地の人びとに与える影響についての見解は、時間の経過とともに揺らぎ、また、この論争においてはさまざまな団体がまったく異なる主義主張を持っていた。北アメリカの植民者は、アメリカ先住民が白人にふれることで、彼らの良いところは取り入れずに悪習のみを覚えて堕落してしまうのではないかと危惧した。彼らは、アメリカ先住民の「高貴なる野蛮」を保全するために彼らを西洋との接触から隔離しようと動いた。第 5 章で言及したとおり、1830 年代初めにトマス・マコウレイは、適切な教育によって「優越した」イギリス人の茶色い肌をした複製を生産するために、インド人エリートのをイギリス式に教育することを情熱的に訴えた。もっとも、これにはかなりの懐疑論が出された。福音主義者はキリスト教化の文明をもたらす傾向を熱烈に信じていたが、その一方で他の人びとは帝国と改宗とによってもたらされる諸々の変化が表面的なものにすぎないと考えていた。もちろん、これらの論争は劣った社会に曝されることによって腐敗する入植者にたいする懸念の裏返しでもあった。支配されている人びとを、西洋的な規範にどの程度まで近づけることができるかを測ることが思考する際の条件のすべてであり、こうした関心から、人類学や社会学といった帝国主義の前提に強く根差した新たな社会科学が成長した。

イギリス本国においても植民地においても、帝国の道徳的価値として熱心に提示されているものと実際に実践されていることとのあいだのやっかいな落差を指摘する人びとが存在した。1836年にトマス・フォウェル・バクストンがロンドンで設立を支援した先住民保護協会は、イギリス人入植者によって先住民にもたらされる堕落を常に嘆いていた。彼らもまた植民地化された人びとを自分より弱く、劣等な者と見なしており、彼らの植民地主義への抗議も、帝国主義が弱者を保護できていないことにその理由があった。協会は「政府による温情主義的保護への彼らの要求の強さは、彼らの生来の弱さに比例する」と述べた。[(8)] 管理が必要なのは、植民地に住んでいる人びとの行動にほかならないと彼らは主張したのである。人道主義者たちが植民地化の行方を制御しようとする試みは、たいていうまくいかなかったのだが、彼らの声は帝国主義の全体像の中で間違いなく重要なものであった。

現実には、そうした懸念のすべては明らかに人種的であるのと同じくらい階級によって規定されるものでもあった。エジプト、シンガポール、インド、西インド諸島等のどこにあっても大半の民衆はとらえどころがないとされ、そのために彼らに関心が向けられることがないか、救いようがないとされるかのどちらかであった。支配者が注意を払っていたのは、もっぱら植民地社会の地元のエリートたちにたいしてであって、彼らを管理すること、また彼らに便宜をはかることに心血を注いだ。20世紀初頭のアフリカにおけるルガード卿の間接統治は、安定を維持し、植民地国家を継続させていくために各部族の長に目をつけた。イギリス領インドにおいては、東インド会社の時代から反乱にたいする防波堤として地主階級が着実に強化されていった。インドの独立国家［藩王国］の支配者たちは、イギリス人の行政官によって慎重に監視された。香港およびマレー半島の中国人商人階級は、イギリスという国家（ステイト）にたいする忠誠心を確保するために限定的ながら現地の統治への参加を許可された。彼らが言われたとおりにしているうちは、すべてはうまくいった。しかし、もし彼らが植民地支配者に歯向かえば、それまでに獲得していたわずかな特権さえ失いがちであった。

（第 6 章で議論されたように、）技術はイギリスによる帝国の運営に不可欠なもうひとつの成長分野であった。ガットリング機関銃のような新しく致死的な武器に対しては立ち向かうことが難しかったからである。しかしながら、技術は軍事的なものに限定されていたわけでもなかった。広範囲にわたる鉄道システムの発達は、兵士だけでなくモノの迅速な輸送を可能にした。また、鉄道ネットワーク建設の推進は経済的であったのと同じくらい軍事的なものであったが、乗客と貨物の運搬サーヴィスとしても、それは帝国の位相を大いに変えた。インドでは、19 世紀終わりまでには 2 万 4000 マイルほどの、そしてイギリス領東アフリカではほぼ 600 マイルの線路が引かれた。長大なカナダ太平洋横断鉄道は、1885 年に完成した。

電信の発達も植民地主義的成功のもうひとつの大きな要因だった。アフリカのアシャンティ人にたいする戦争（1873 〜 74 年）およびペラにおける戦争（1875 年）では、かなりの指示が、電信によって与えられた。1870 年代までには、電信はロンドンの植民地省およびインド省と遠く離れた総督とのあいだの標準的な通信手段になっていた。微妙な内容の事柄を伝達するために秘密のコードが開発され、また以前では不可能だった素早い決断があたり前になった。帝国全域において、西洋的な技術の適用や導入はいつも断片的なものでしかなく、寛大さが常に強調されていたにもかかわらず、植民地化の対象となった人びとよりも植民地国家の役に立つよう意図されていた。例えば、（第 3 章で見たように）18 世紀の砂糖生産が西インド諸島とイギリスのあいだでいかに厳密に分業化され、精製の大半がイギリス本国に輸送されたあとに行われていたかを思い起こしてみるとよい。この場合は重商主義的な理由によって植民地は、イギリスの同意なしに何か行うことに関して、制限が課せられていた。同じことがインドの繊維取引にもあてはまる。なぜなら、イギリスという国家（ステイト）は、植民地が脆弱ながらも重要なイギリス本国の繊維産業と激しく競合することを認めることはなかったはずだからである。支配される人びとのニーズは、そのような場合においてすべて帝国の中心にいるイギリス人のニーズを下支えするものとされた。

科学、技術、そして医療は、きまって近代化と繁栄という恩恵を植民地にもたらすものとして描かれた。それらは、中立的な理念を体現し、必ず有益な結果を生む、政治的な争いを超越したところにあるもの、とも見なされた。1924年には、ロンドン北西部の完成したばかりのウェンブリー・スタジアムにおいて、大規模なイギリス帝国博覧会が行われ、帝国の諸事業が礼賀された。博覧会の2部屋を使った「純粋科学」の展示は、西洋科学と医療がイギリスの帝国に与えた利益を誇示した。さまざまな展示品は、医学や科学の知識がいかに植民地をより健康的で生産的な環境にし、その様相を変えつつあるかを例証した。こうした技術主導の西洋的発展モデルの称揚のなかに政治的なメッセージを読み取るのは難しいことではなかった。

都市部を離れたところではその数はたいてい非常に少なかったものの、警察による治安維持は植民地支配のもうひとつのかたちを示していた。植民地における警察は、イングランド、スコットランド、ウェールズのものよりもずっと軍事的性格が強い傾向があった。植民地の警察による治安体制が、多くの場合、アイルランドにおけるナショナリズムの不穏な動きを鎮めるために組織された王立アイルランド警察隊をモデルにしていたことは重要である。本国イギリスの巡査とは違って、植民地の警察官は銃を携帯しており、軍事的な部隊として組織されていた。植民地警察は二つの種類に分けられていた。幹部として高給を得る白人グループと、彼らの指揮下におかれた「現地住民」部隊とである。白人入植型の領域の外側にある多くの植民地において、帝国の他の場所からの警官の移入が一般的に行われていた。19世紀中頃までには香港、シンガポール、ペラでは、イギリス領インド出身のシク教徒[i]が警察官として雇用されるのはよくあることになった。バルバドス人はトリニダードの警察部隊に配属された。取り締まりをする地域に対しては部外者であったため、彼らは現地人にたいしてより威圧的であり、汚職に手を染めにくいと考えられた。危機の際には、その疑似軍事的な背景もあって、植民地警察隊は正規の軍とともに防衛任務の一翼を担うことを当然のように要請さ

i　16世紀にインドで始まったシク教の信者。ターバン着用が義務である。

れた。このようなことは、インド、1950年代の「ケニア非常事態」[ii]のころ、そして1930年代の上海の条約港などでごくふつうに行われていた。1950年代、特にアフリカにおいて抵抗の可能性が高まるにつれて、警察の数は増加していた。

植民地警察隊と同じように、植民地の軍隊もまた、しばしば人種によって分断されていた。植民地における白人の軍人の過半は本国では労働者階級であったものの、軍の階級の上層は白人のために確保されていた。1870年代のイギリスの重要な軍制改革の波は、より短期間の軍務を可能にしたため、軍役がいっそう実用的で魅力的な選択肢となった。イギリスから来た労働者階級の新兵は、植民地に配属されると、自分がもはや社会的序列の底辺ではないことに驚くことになった。軍隊の規律に従ってはいたが、彼らの指揮下の現地の人びとにたいして尊大に構えることができた。新兵は、乏しい給料でも相当なことができるような場所に駐屯させられることが多かったので、かなり裕福に感じることもできた。

多くの人が兵士と水兵を、最終防衛線、そして植民地の反乱にたいする砦と見なしていた。軍事予算が議会で議論される際、高い防衛コストに抗議する人びとにたいして、毎年のように提示された理論的根拠がこれだった。1867年には、インド総司令官であるW・R・マンスフィールドが、インドにおけるイギリス人部隊を、安全保障と植民地の継続にきわめて重要な、帝国の「金塊預金」と表現した。[(9)]

植民地省の官僚とは違って兵士は少なくとも現場におり、彼らが大きな憎悪の対象となることも多かった。植民地に在住する人びとは、帝国の中央からのいかなる干渉も不当であり、間違いなく不要なものと見なした。ロンドンの役人たちは現地の状況を正しく理解できないのだから、植民地に居住して働く人びとに意志決定を委ねるべきであると入植者が主張するのはよくあることだった。入植者たちは、長年にわたって観察と交流を重ねてきた自分たちほどにイギリスにいる役人が現地の人びとを理解することはできないと主張した。植民地省は、現場の植民地官僚の働きにたいしていつも横柄で、

---

ii 「マウマウの叛乱」のこと。

儀礼的な対応に終始した。1850 年代と 70 年代の一連の改革の後、イギリスの文官職への任官は競争が激しくなっており、基本的にほぼ試験の点数によるものになっていたが、植民地の官僚採用では、いまだにほとんどが親族あるいは個人的なつながりに基づくインフォーマルな方法で選考されていた。植民地にいる人びととホワイトホール[iii]にいる人びとでは、その仕事の専門性や資格にたいする見方が明らかに大きく乖離していた。ほとんどの植民地総督および植民地大臣——植民地省のポストのなかで最高位だった——の在職期間が短かったことも、こうした相互不信をさらにあおることになった。植民地大臣が 2 年間の任期を超えて務めることは稀であり、また植民地総督も、キャリアの過程で植民地から植民地へと移動することは頻繁にあっても、どの植民地においてもひとつの場所に 6 年以上とどまることはめったになかった。ジョゼフ・チェンバレンの植民地大臣としての例外的に長い任期（1895 ～ 1903 年）のあいだ、選抜された植民地省職員は植民地およびそこにおける仕事の状況を直に学ぶために、1 年間植民地に出向させられた。植民地の役人たちも空いたポストを埋めるべくロンドンへと派遣された。この方針は、相手の仕事と責任を互いに理解して体得させるためのものだった。チェンバレンの優れた取り組みにもかかわらず、現地の経験を有する者と有しない者のあいだだけでなく、この状態が続く可能性とウェストミンスタにおいて常に変化する政治に対応する必要性のあいだの不断の緊張関係が、帝国統治を時に扱いにくく、予測不能の事柄にした。全体を抱括するような枠継（そして時には原則さえ）も存在してはいたが、帝国で起きることの大部分は現況にたいする現実的な対応だった。植民地省の西アフリカ局長だったオーガスタス・ヘミングが公務でゴールド・コーストを訪問しようと出張許可の申請をした際、「その訪問には必要性がないように思われるという理由で拒絶された」と後に彼自身が述懐している。[(10)]

帝国に居住して働く集団のなかでも数が多く、重要なのは宣教師たちであった——19 世紀終わりまでには 1 万人以上のイギリス人宣教師が全世界に散らばっていたのである。帝国においてイギリス人宣教師の活動が本格的

---

iii　Whitehall。イギリスの省庁や政府機関が集中する通り。

図 9　ヴィクトリア女王ダイヤモンド・ジュビリー（即位 60 周年記念）。統一と団結というジュビリーのテーマに沿うかたちで、相互扶助的な帝国の理想化された光景を演出するため、非常に多岐にわたるイギリスの植民地からの兵士たちが一緒に構図の中におさめられている。1897 年（Getty Image, Hulton Archive）

に広がり始めたのは 18 世紀後半のことであった。1790 年代にイギリスの主要なキリスト教宗派がそれぞれ宣教協会を設立した。しかし、宣教事業は、もともと、そしてもっぱら被支配者だけを対象としていたわけではなかった。初期の北米植民地においては、宣教師はおおかた入植してきた人びとのあいだで活動した。ジョン・ウェスレーがメソディストという、後にもっとも成功するキリスト教の宗派のひとつにつながる考えを育んだのも、1730 年代の北米のジョージア植民地における宣教活動においてであった。イギリス領カナダでは、宣教師たちが関心を寄せていたのは、たいていイギリスから移民してフロンティアコミュニティで必死に生きる飲んだくれで気ままな鉱山労働者、探鉱者、森林伐採人、猟師たちであった。現地の人びとに向き合うときには、宣教師の仕事は下層ではなく支配者層の改宗を目的として始められていた。このように、非入植植民地を重視するようになるのは宣教の歴史のなかではかなり遅く、18 世紀の終わりごろであるが、その後は宣教活動の主流になっていった。

こうした初期の時代においては、植民地官僚たちはロンドンにいる者も植民地にいる者も含めほとんどが宣教師たちにたいして懐疑的であり、宣教師が植民地で活動する権利を獲得したければ戦うしかなかった。彼らは、改宗を試みた人びとからだけでなく、植民地官僚からの疑念や敵意にも頻繁に直面した。なぜなら、宣教師は植民地主義的な政策の実践に批判的なことも多く、また植民地政府にたいして臆することなく意見を公にすることに熟達していたからである。宣教師は反奴隷制運動の最前線に立っており、現地の人びとにたいする植民地的搾取であると彼らが見なすものへの批判を躊躇することはめったになかった。19 世紀には、宣教師は植民地化された世界各地に広まり、西インド諸島および太平洋、アフリカとインド、東南アジアと中国の条約港、そして北アメリカに彼らの姿が見られるようになった。時間の経過とともに、政府と宣教師は互いに歩み寄っていったが、それでも宣教師は植民地世界でしばしばかなり複雑な役割を果たした。改宗によって西洋的価値を普及させようとしながら、帝国の政策と実践を声高に批判することも珍しくなかった。宣教師のなかでもとりわけ活発に批判を繰り返す者については、植民地諸政府は彼らの活動から派生しかねないあらゆる政治的ダメージを最小限に食い止めるために、彼らの所在、移動、行動に関する情報を共有していた。

しかし同時に、キリスト教の足場を確保することは行政官の立場からみても必要な場合が多かった。アフリカにおけるイスラム教の拡大は、イギリス人にとって歓迎すべきことではなかった。というのは、イスラム諸国家は植民地支配を敵視することが多く、ナショナリストの抵抗を引き起こしたからである。1880 年代のスーダンにおけるマフディーの反乱をイスラム再興の前兆と見なす向きもあったが、もしそうであれば、それは地域全体を通してイギリスの影響力を弱めることになると見なされた。

宣教師は、おそらく植民地支配者のどの階級よりも現地の人びとのなかで生活し、活動し、学校、病院、保護施設などをつくったが、これらはどれもイギリス領植民地の臣民にキリスト教の福音をもたらすためのものであった。

しかし、国家（ステイト）からの距離にもかかわらず、また、植民地官僚から頻繁に非難と敵意を向けられる経験をしていたにもかかわらず、宣教師はそれでも帝国的統治の一翼を担っていた。というのも彼らはたいてい、活動現場の人びとを無知と道徳的貧困からの救済が必要な子どもと見なしていたからである。このことは、宣教師が活動対象とした人びとの生活を物質的に変えることができなかったということを意味するわけではない。すでに言及したとおり、多くの場合、彼らは、僻地に西洋的な医療や教育を届ける唯一のパイプであったし、ミッション・スクールは確かに多くの場所において識字率を向上させた。しかしさまざまな面で代償も大きかった。なぜなら、完全にキリスト教の信仰を実践することは新しい生活様式を採り入れることを意味したからである。改宗者は「クリスチャン・ネーム」を与えられたが、それは非改宗者との社会的、文化的な距離を極だたせることになった。彼らはしばしば自分の家族やコミュニティと緊密なつながりを保つことが難しくなり、現地の慣習を認めない宣教師の姿勢は、彼らが生活する場において良好な婚姻関係ないしパートナー関係を結ぶにあたって障壁となることも多かった。宣教師が批判したのは哲学としての帝国主義ではなかった。彼らの批判は、彼らからすればキリスト教の地位を固め、それを非キリスト教的環境に拡大していくことに何ら寄与しない帝国政策に向けられたのである。

全体的な宣教の成功率は低調だった。平等を説くにもかかわらず、宣教師の実践することが厳格で、序列的で、不寛容だったという理由から、改宗者の多くも長期的に変化をそのままの形で維持することはなかった。平等は社会的に実践されるものというよりは、宣教師界の神学的な原則にすぎなかった。次章で見るように、改宗者のあいだには、キリスト教をさまざまな植民地の慣習や伝統に合わせようとするかなりはっきりとした潮流が存在したが、それは予期しない、そして宣教師にとっては自分たちの取り組みの好ましからざる結果であった。(8章参照のこと)

宣教師についての率直な描写はヴィクトリア時代の小説のあちこちに出てくる。シャーロット・ブロンテの『ジェイン・エア』に登場する頑固なセント・ジョン・リバースや、ディケンズが描く、海外の「未開人」向けの宗教冊子（トラクト）や聖書を収集する自らの情熱のために、汚れてお腹を空かせたわが子たちを無視する恐るべきジェリビー夫人などである。19 世紀だけでなく、それ以前の時代の文学や芸術においても、帝国的なテーマ、登場人物、背景はありふれたものだった。18 世紀の風刺漫画や 1770 年代および 80 年代の大衆コメディー演劇では、帝国によって裕福になった純情娘と、新発見の富を彼女たちから引き離そうとする道化たちがいつもからかわれていた。1800 年代末までには、19 世紀小説の写実主義のみならず、風刺も植民地ロマンスに人気の座を明け渡した。その頃までには、小説家、詩人、芸術家にとって、帝国は冒険と秘密、勇気と個人主義の場になっていった。ヘンリー・モートン・スタンレイの『最暗黒アフリカにて』は、1890 年に出版されると瞬く間にベストセラーになった。この新しいジャンルは、イギリス人全般のあいだに帝国への支持と関心を集めようとする政治的な取り組みと時を同じくして生まれたものであり、実質的には文学的あるいは視覚的な形式をとった親帝国的なプロパガンダであった。20 世紀初めにおける祝日としての「帝国記念日」(5 月 24 日) の導入、ますます華やかになっていく帝国に関する (帝国自体においてだけではなく) イギリス本国でのパレード、そして学校のカリキュラムを帝国を長らえさせるための教育にかえるためにさまざまな力を結集したことなどは、すべて 20 世紀が始まるころには生まれていた帝国の新たな中心性を象徴するものである。こうした転換は、帝国というものが場所によってそれぞれに違う意味をもち、またそれが時とともに変化する政治的な響きを持つものであって、とても単純にひとくくりになどできないことをよく知らしめるものである。そして、ちょうど植民地を統治することに関してそうであったように、イギリス帝国の支配下で生きた人びとの抵抗、反応、経験もまた、時間や場所、形式によって少しずつ違っていた。次に目を向けるのは彼らの懸念や関心である。

注

(1) J. Hight, *The English As a Colonising Nation* (Christchurch, Wellington and Dunedin: Whitcombe & Tombs, ?1902), pp.19, 20.

(2) J. H. Parry, *Trade and Dominion: The European Overseas Empires in the 18th Century*

（New York: Praeger, 1971）, p.40, quoting Lepel Griffin.

(3) Alfred Milner, *Imperial Unity: Two Speeches delivered at Manchester*（*14 December 1906*）*and Wolverhampton*（*17 December 1906*）（London: National Review Office, 1907）, p.18.

(4) John Flint, *Cecil Rhodes*（London: Hutchinson, 1976）, pp.248-9 より引用。文法的省略は原文どおり。

(5) John Strachey, *India: Its Administration and Progress*（London: Macmillan, 1903）, p.432.

(6) この分野での良い例として Niall Ferguson's *Empire: The Rise and Demise of the British World Order and the Lessons for Global Power*（New York: Basic Books, 2003）がある。邦訳、ニーアル・ファーガソン『大英帝国の歴史　上――膨張への軌跡』『大英帝国の歴史　下――絶頂から凋落へ』（中央公論新社、2018 年）。

(7) Agnes Baden-Powell, *The Handbook for Girl Guides, or How Girls Can Help Build The Empire*（London: Nelson, 1912）, p.405.

(8) *The Colonial Intelligencer; or Aborigines' Friend*, vol.II, no.XXIV, New Series, April 1850, p.408.

(9) W. R. Mansfield to John Lawrence, 21 January 1867, British Library, Oriental and India Office Collections, Mss. Eur. F.90/30, no.91.

(10) Augustus W. L. Hemming, 'The Colonial Office and the Crown Colonies', *The Empire Review* 11, no.66（July 1906）, p.504.

第8章

支配されるということ

BEING RULED

自由とは、イギリスの政治と文化のなかで常に重んじられてきた考えであり、自由をめざしてきた国としての、そしてその擁護者としてのイギリスの理想像には長い歴史がある。帝国主義時代にあって、入植したイギリス人が、自分たちは植民地の臣民に将来的な自由をもたらす準備をさせているのだと思い込んだとき、文明化の概念は自由の概念にしばしば軛(くびき)をかけた。植民地の人びとがいつの日か自由という恩恵に浴するには、入念な養育と適切な教育が必要であるとの所感は、ジャーナリストや政治家、探検家や旅行家、そして（第7章で示したように）イギリス人全体のかなりの部分をしめる人びとの決まり文句であった。1946年に創設された中央情報局は、イギリス人の生活と政治のあらゆる様相についてのフォトカードブックを出版している。1948年版の「植民地帝国――諸植民地の紹介」と題したその序文では、植民地は「イギリス帝国からの指導と援助がまだ必要なコモンウェルスのユニット[(1)]」と定義されていた。その議論の中心にあるのは、自由とは、ほんの少し先にある未来の夢であり、植民地の民族はそれを熱望し、めざして努力するであろうという考えだった。それは植民地支配だけではなく、植民地の不自由に対する手の込んだ正当化であり、植民地支配のもとで生きる人びとの暮らしのあらゆる面に及ぶ影響は甚大だった。ではイギリス帝国の一臣民として生きるということは、何を意味したのであろうか。異なった場所、そして異なった階層の人々が歩む人生や経験がまったく同じというのはまれだが、それでも帝国支配の影響は強力であり、人びとの人生や暮らし、そして人びとのつながりのあらゆる局面に影響を与えた。人が生きるところには、仕事の機会や財産の所有権、結婚の法、宗教的な慣行、教育、そして娯楽があるが、これらのすべてが、そしてさらに多くのものが、植民地主義の存在と影響力の作用を受けていたのである。

政治上の用語でいえば、植民地で支配された人びとは、植民地拡張期のイギリスにおいて出現したものとはまったく異なる政府の形態を経験した。1920年代後半までに、イギリス本国ではすべての成人が地方政治はもちろん国政についても参政権を与えられたが、直轄植民地と保護領の統治者は上から任命された。政府の要職は地元の人びとではなくイギリス人に握られ、このパターンは法廷や警察内部など他の公的領域においても繰り返された。このトップダウンの非民主的なやり方は、帝国中でおきた反植民地主義なナショナリストの運動を燃え上がらせるにあたって、大きな役割を果たした。

さきに述べたように、白人が入植した植民地においては、責任自治内閣の原則に基づいて、21歳以上でかつ財産を所有する男性入植者に立法議会にたいする選挙権が与えられた。入植者でない地元民族の住民にこれらの参政権は認められなかったが、ニュージーランドとケープは例外で、地元住民の生活は直轄植民地や保護領の帝国臣民のそれにきわめて近いものだった。ニュージーランドでは1860年代から立法議会の4議席がマオリのものとなった。ケープでは1910年の連邦法によって、財産と教育の資格審査にみあうアフリカ人とケープの有色人種男性の投票権が再確認されたが、アフリカ人はこの権利を1936年に失うことになる。1880年代半ばからの短い期間、五大湖東部に居住するカナダの先住民は選挙権を与えられていたが、この権利もまた1898年に取り上げられた。地元住民にたいするこのようなパターンではいつも、得られるものより失うものの方が大きかった。

すでにみたように、ジャマイカでは代議制や政策決定権が現地にあったのだが、これが被保護状態へと転じるという逆方向への統治が進んだ。選挙によらない政府への移行は1865年のモラント・ベイの反乱後にようやく始まったものだが、ジャマイカの政策は奴隷廃止にきわめて大きな影響を受けていた。奴隷廃止後まもない1839年という早い時期に、本国議会は5年間のジャマイカの憲法停止を検討したことがあった。その後の議論は首相であったメルバーン卿を辞任に追い込み、この案は却下された。これはジャマイカが政治的独立を失う20年以上前のことだが、議会が早い時期に変革を考えていたことは、異なった植民地の状況が政治代表をめぐる論争をどのように生み出したか、またそのような決定をもたらした植民地の要求と本国の要求がいかに程遠いものであったかをあらわしている。

一般的な植民地政策で、（第7章で示したように）イギリスは地元エリートとみなされる人びととの一定の協力関係を得ようとした。この戦略は保守的な伝統の維持に寄与し、地元エリートは制限付きの権力分担体制に自らが招じ入れられるかどうかはイギリスの至上権を受け入れることにかかっていると理解した。イギリス人と植民地の地元エリートはどちらも、自らの力を最大化するためにこのような提携を行った。インドでは、東インド会社の時代に気まぐれで甘ったれで専制的だと批判された王侯貴族たちが、直接統治下においてはイギリス領インドの権威と近しく関わる存在へと姿を変えた。イギリスとの協力が、地元の王侯貴族の権力を確かなものとしたのである。同様のことは間接統治が広がりつつあった20世紀のアフリカでもおき、地元の首長や支配者はイギリスのためにイギリスの仕事を多く為すことを期待された。その影響で、とりわけイギリスがそのような同盟に権力とともに土地と富を与えて報いるとき、地元の支配者が自身の民よりも植民地政府の要求に対してより敏感になることもあった。またイギリスは、富裕な商人にも近づいた。マレー半島では中国人商人が植民地官僚に耳ざわりのよい言葉でとりいったが、このごますりは地元民と貧しい中国人の激しい怒りを買った。シンガポールのような経済的に成功した街を労働によって築き上げたのは貧しい中国人だが、これらのご機嫌取りの中国人エリートは、貧しい同胞と自分たちを区別してもらおうと躍起になっていた。

政治についてはさておき、植民地主義の経済的な要求は、景観と土地利用、そして建物の大きな変化をもたらした。18世紀後半から19世紀前半にかけてイギリス諸島を徹底的にかつ不均衡に変貌させた都市化は、植民地においても同様の目立った結果をもたらした。人や製品、原材料が出入りする港町は、帝国にとって重要となった。イギリス本国の場合と同様に、島嶼（とうしょ）部でも海岸部でも、町は新しい仕事の機会をもたらしたし、19 世紀と 20 世紀には大規模な都市移住がよくみられ、そこでは新しい階級とコミュニティ、新しい様式の建物と、衛生と治安の問題にたいするより切迫した関心が生まれた。ジャマイカ南東海岸のキングストンは、18 世紀には豊かで喧噪に満ちた町であり、もっぱら白人のプランターと商人たち、そしてその随行者たちが住んでいた。奴隷解放以後、元奴隷たちが仕事を求めて移り住むようになると白人人口は激減し、キングストンは黒人の住むずっと貧しい町になった。南アフリカで、19 世紀にキンバリーとヨハネスブルクの町を築き上げたのは、金とダイヤモンドの豊かな鉱脈だった。これらの地域は商業的に重要であったため、貧困に蝕まれたぼろぼろの鉱山キャンプは、わずか数十年の間に主要な首都エリアへと変貌した。20 世紀後半にマオリが相当数の規模でニュージーランドの都市への移動を始めたときは、彼らがより貧しく魅力に乏しい地域へとなだれこんだため、そこが急激に危険と不潔と貧困とに結びつく場所になっていった。

植民地の都市は厳格に「先住民」と「ヨーロッパ人」の居住区を分離した。インドの都市圏は、長らく「白人」の町と「有色人」の町を分けていた。1911 年にカルカッタにかわってイギリス領インドの首都となったデリーは、都市の発展が植民地主義の広範におよぶ不平等をどれほど忠実に映し出すかを示す好例である。イギリスに支配されるよりかなり以前のオールド・デリーは、「地方」の領域にあった。建物はアジアの生活様式を反映しており、住空間は共用で、居住利用と商業利用に厳密な区分はなかった。これにたいして、20 世紀前半にイギリス人建築家エドウィン・ラッチェンスとハーバート・ベイカーによって設計されたニュー・デリーは、1 家族ごとのバンガローが柵で仕切られ、幅の広い道を通し、機能が厳密に分離されたことで、旧市街の混み合った小道とはまったく異なった雰囲気になった。植民地の役人はしだいに、地元民が住む地域を犯罪や病気、政治的反対運動のおこる場所と見なすようになった。多くの植民地では、都市部の夜間外出禁止で暗くなってからの地元民の活動が制限され、都市のヨーロッパ人居住区に姿を見せた者は誰何と監視の対象となった。例えばカナダ西部のヴィクトリアでは、1860 年代から先住民のカナダ人が夜間に町へ近づくことが禁じられた。

夜間外出禁止は、植民地駐留が影響を与えた変化が、植民地の被支配民の移動性を制限したひとつの方法にすぎなかった。カナダとオーストラリアでは特に、先住民は保護地に住むようにと、強制はされずとも奨励されるようになっていった。西オーストラリア植民地のアボリジナル保護諸法はアボリジナル保護局にたいし、アボリジナルの生活の広範な輪郭を指示する権限を与えた。南アフリカではどこでも、黒人のアフリカ人は地方当局に登録し、身分証明書を携帯するように求められた。多くの植民地のパス法は、雇用主の許可なく自分がいるべき場所を離れているのが見つかった者は起訴できることになっていた。東アフリカおよび南アフリカでは、黒人のアフリカ人の居住地とするために、農村部に保護区が設けられた。インドの軍拠点となった町（宿営地）では、インド人女性が兵士と接する仕事から締め出されたが、それは彼女らが自ら売春をもちかけ、兵士に性病を移すのではないかと懸念されたからであった。インド人女性のあいだで売春が広まっていると決めつけたこれらの規則は、女性の行動の自由とともに、彼女たちに開かれる仕事の幅をも狭めるものであった。

放浪する、あるいは遊牧をする人びとは、植民地当局の厳しい監視を受ける特別な対象となった。帝国支配の初期にあっては、移動する民族はイギリス人が不慣れな地形を把握し、制圧する助けとして、きわめて重要な役割を果たしていた。毛皮のための動物を罠にかける方法を教わるにしろ、あるいはオーストラリアの砂漠で水場を見つける方法を教わるにしろ、先住の人びとは18世紀の現地の地形にたいするかけがえのない案内人であった。しかしながら後年、保護区への孤立や刑法を通じて、移動する人びとの生活様式は銃を向けられる行為になった。1820年代以降、インドの植民地政府はしだいに移動民にたいして敵意を向けるようになった。1830年代の苛烈な「犯罪的諸族」への法の制定は、彼らを飼い慣らし、白人入植者が必要としないような土地に彼らを定住させることをしばしば目的としていた。類似した政策はマラヤやサラワクの移動民にも影響を与えた。彼らには統治や土地使用の適切な制度が欠如しているとみなされ、このことが彼らを昔から利用していた土地から排除することを正当化する、そしてそういった土地を所有する望みを彼らに一切与えないとする判断に利用された。

これらの差別的で、かつ貧困をもたらすことになる土地利用と景観の変化は、雇用機会とともに、雇用のパターンの大きな変動とも密接に結びついていた。イギリス本国ではもっぱら女性が担っていた家の中の下仕事は、支配下にある植民地では現地の男性が占有することが多かったが、これは階層的な社会構造のなかで人種とジェンダーが絡み合う方法を示唆するひとつの特徴であった。料理人、奉公人、そして掃除人（これらはいずれもイギリスでは圧倒的に女性であることが多い）は——インドやアフリカの諸植民地、海峡植民地では——ほとんどが地元民族の男性だった。家中の仕事に植民地の現地男性を使用することは支配された男たちの無力さの証左であり、これをはっきり可視化するひとつの手段だった。台所や洗濯場で奉公人として男性を使用することは、日常の生活と仕事の中でのイギリス植民地主義の力の具現化であった。これは、植民地の女性には仕事がなかったということではないし、労働機会のジェンダー化がなくなったということでもない。その逆で、性による労働の区分は、たとえそれまでとは違った形になったとしても、植民地という環境の中では決定的な要因だった。女性の性的な労働は——子育てと同様に売春もだが——奴隷制があった時期から、植民地化を成功させるには重要だった。イギリス本国の女性たちは製造業や建築業からしだいに締め出されていったが、植民地ではそのような雇用に男性と同様に女性が雇われることもあった。植民地には女性の肉体労働者がおり、その数は 19 世紀までのイギリスで受け入れられたよりもはるかに多かった。

都市化とアジアやアフリカにおける鉄道建設は、地元の男性に仕事の機会を生み出したし、それは成長する大規模農業や地下資源の開発（西アフリカのダイヤモンド、セイロンのさまざまな宝石、オーストラリアの銅や金、錫など）、そして製造業の発展の場合でも同様であった。彼らの賃金は白人労働者の賃金よりもはるかに低く、また彼らは得られる仕事の中でも、もっとも不快で危険なものをあてがわれた。港と船積みも仕事を生み出したが、これらの新しい仕事の多くは、労働者を仕事には近いが親族からは離れた男だけのバラックに住まわせることで、それまであった社会の構造をすっかり変えてしまった。国土を横断して線路を敷設する鉄道労働もまた、男たちを長期間にわたって家族から引き離した。

イギリス領の植民地、とりわけイギリス領アフリカでは、主従法が白人の雇用主と彼らの植民地の被雇用者の関係を決定づけており、それは1875年に同様の本国の法令が廃止された後も長く続いた。これらの法令は被雇用者よりも雇用主の肩を持ったが、その理由はアフリカ人は近代的な労働規律に慣れていないため、イギリス人労働者よりも強い監視を必要とするからだとされた。「法的な理由がない」離職、深酒、ぞんざいな仕事ぶりや主人への悪口は、すべて正式な起訴につながり、賃金の取り上げから投獄にいたる処罰が科せられた。ケニアでは、登録法によって仕事の放棄が正式に起訴されるようになったが、それは身分証明書を持つ成人男性は名前や指紋、人種とともに現在の職と、過去の雇用まで記すことが求められたからであった。雇用主は、労働者がどこかで職を得る前に、自分が彼に出ていくのを許してやったと警察に届け出なければならなかった。主従法の重要な原則は息をのむほどに不平等なものであり、雇用主が責を問われるのは民事訴訟であるのに、彼らに雇われる労働者は刑事訴訟を突き付けられた。労働者たちは、違反行為の報いが高くつくことになっても、そのような法令をしばしば無視したり抵抗したりした。パス（通行証。ケニアではキパンデとよばれた）と身分証明書は不法に改ざんされたし、放逐や仕事探しのために他人に貸されることもあれば、もちろんよく紛失してしまうものだった。

アフリカの植民地雇用者たちは、自分たちの働き手を規律化するために鞭打ちや殴打を一貫して用い続けた。法廷が鞭打ちを科すこともあり、この慣習は東アフリカではようやく1940年代から減り始めた。雇用主に科された鞭打ちによって深刻な傷を負うこともめずらしくはなかったが、このことで逃亡率の高さの説明は補強されるだろう。そのような暴行によって地元民の労働者が死んだときに、植民地の雇用者たちが法廷に召喚されることもあっが、彼らが有罪になることはまれだった。なぜなら判事や弁護士、陪審員たちは彼らの同朋であり、仲間とみなす人間を罰したり傷つけたりするのは気が進まなかったからである。本国の植民地省は無頓着な残忍性を伝える報告があまりに頻繁に届くことに、愉快な思いはしていなかった。1899年のビルマで、イースターの日曜日に西ケント連隊の兵士たちが現地民女性、マ・ガンに集団で性的暴行を加えたときのように、ロンドンにいる総督や官吏が介入することもあった。インド総督カーゾン卿は、植民地法廷が明らかに機能しなくなったときに介入にふみきった。彼の指令ですべての部隊は、植民地の配属先の中でもっとも不快な場所とみなされていたアデンに移された。事件は本国議会で強く非難されたが、カーゾンはこの介入のために外務省からも敵意を向けられることになった。

直接の身体的暴力だけではなく、植民地の人びとは劣悪な労働条件にも耐えていた。インドの炭田と同様に、19 世紀後半からダイヤモンドと金が採掘された南アフリカでは、地元の男性は賃金が少ないだけでなく、とてつもなく危険な仕事に割り当てられた。採掘会社の多くは事業を始めた当初は小規模で設立資金もたいしてなく、安全基準への配慮がないことで悪名高かった。事故はしょっちゅう起きて死者も出たし、鉱夫たちは数多くの呼吸性の病気やその他の病気の危険にさらされていた。これらのリスクは本国の鉱山労働者がさらされていたものと同じだったが、本国の同胞とは違って、植民地の鉱夫たちは不適切な衛生環境にある過密状態の住居に押し込められており、家族や友人と長期間引き離されるだけではなく、病気や喧嘩の危険にもさらされていた。

ドミニオン[i]においては、鉱山業はまったく異なった事業であった。男ばかりでありかつ危険な労働領域ではあったが、ニューサウスウェールズと南オーストラリアの境にあるブロークン・ヒルの銀山や南オーストラリアの銅山では、労働力は白人で、しばしば組合が作られる先駆となっており、より高い賃金とともによりよい労働条件を勝ち取っていた。定住植民地においては、白人労働者は現地の労働者と一緒に働くことをたいがい拒んだので、白人が少ない植民地に比べると地元の人びとの職業の幅が広いこともあった。ただ、彼らの状況はつねに悪く、白人人口が増加するにつれて、地元の人びとの手近にあるのは、もっともきつくて誰もやりたがらないような仕事だけになっていった。

インドでは、農村部から工場で働きに出てきた数多くの移住者たちが織物

---

i　イギリス帝国およびその後のコモンウェルス（イギリス連邦）において自治権を認められた、カナダ、オーストラリア、ニュージーランド、南アフリカ連邦、ニューファンドランド、アイルランド自由国の 6 つの自治領。

工業にひき寄せられた。工場所有者や経営者たちは、言葉と宗教の既存の区分を利用して労働力の団結を防いだが、そのために緊張はさらに高まることもあった。イギリス領インドではそれが共同体の暴力となって、堰を切ってあふれ出すこともあった。労働状況はいつも劣悪で危険にさらされ、賃金は低かった。アフリカにおける白人の主人とその奉公人にかんする主従法は、植民地の労働者たちを近代的な労働習慣と規律を備えるべく訓練するように求めていたが、インドの工場ではむしろそのようにはせず、家族の権威にたいする敬意を基盤とした伝統的なインド人関係（マ・バップ）とみられるものに合わせた。労働者たちは経営者を、その集団にとっての最善の利益を心にかけている権威ある人物として尊敬することが求められた。それは、この不平等にたいする労働者が不満をつのらせ、やめてしまおうと思えば暴力的に中断されることもあるシステムだった。

植民地における労働の経験と機会は、土地所有と土地利用のパターンの変化によっても左右されるところが大きかった。アイルランドや西インド、植民地時代の北アメリカのプランテーションは、初期の大規模な土地の再割当と配分が、即時のそして重大な影響を労働に与えた事例だった。集中的な砂糖栽培によって多くのカリブの島々の農村は18世紀のあいだに劇的に変化した。18世紀半ばのスコットランドのハイランド・クリアランス[ii]と、同じ時期におけるインドの農業課税パターンの変化は、大多数の人びとにとって悲惨な結果をもたらした。ひとりの人間（もしくは法人）が土地所有権を持つというイングランドのモデルは、ささやかな規模の耕作者たちから土地についての利権を奪い取り、権利をほとんど持たない借地人へと彼らを落ちぶれさせた。作物の出来が悪かった年や飢饉の年であっても一定水準の租税額が求められたために、イギリス領インド農村部の大部分は貯えを根こそぎ奪われることになった。人びとは仕事を求めて移住するか餓死に直面するかを余儀なくされ、実際飢饉の年には数千人が餓死した。1912年には、マラヤ方面の土地を保有する小作農が商品としてゴムを栽培することを禁止されたが、これはより大きな企業の販売価格を下げることを懸念したためであった。

ii　羊の放牧のために地主が小作人を強制的に立ち退かせた囲い込み。

ケニアでは、キクユ人が先祖代々農業を営んできた領域にまで鉄道が深く割り込んだために、彼らが土地で生計を立てる能力に影響を与えた。ウガンダ―ケニア間の鉄道路線は、東アフリカに富と効率をもたらす近代的な恩恵だとさんざん触れ込んでいたにもかかわらず、である。キクユ人は6万エーカーの肥沃な土地を白人入植者に譲って失ったが、このことは彼らを貧困状態に陥らせただけではなく、20世紀の強硬な反植民地レジスタンスに土壌を与えることにもなった。

エジプトでは、一部の農業人口が土地所有権の整理によって打撃を受け、大地主と渡り合うことができなくなった。イギリス市場向けの作物生産の強化で、多くの小規模の所有者たちが土地を手放すことを余儀なくされたが、売って利益を得た以上に、土地のコストがうなぎ上りになったことで借地料もまた手が出ないほどに高くなり、結果として多くの人びとが困窮した。19世紀後半から20世紀前半にかけて、多くの人びとが綿花畑での低賃金労働に追いやられた。綿花の大規模栽培にはつねに土地への灌水が必要であったが、そのために水が媒介する寄生虫が増加し、住血吸虫症（ビルハルジアが知られる）を引き起こした。農場で働く人びとは、経済的必要性に関連する環境変化がうみだした病気にもっとも感染しやすかった。たとえ意図的ではなかったとしても、植民地をおおいつくす灌漑計画は、宿主であるハマダラカに繁殖の場を与えることで、マラリアが容易に蔓延する環境を生み出した。

オーストラリアでもまた、植民地主義の到来によって景観は一変したが、その変化はアボリジナルにたいしてだけの圧力となり、彼らは変わりゆく奥地で生き延びるほかなかった。鋭い蹄（ひづめ）をもつ動物の大陸への導入は土壌に負のインパクトを与え、原生植物はイギリス由来の植物相にしめ出された。多くの地元の動物は定住農業に害をなすものと見なされて、ときには絶滅にいたるまで狩りつくされた。牛と羊の放牧地の造成は、土地の浸食とともに山火事と洪水という災厄をもたらした。アボリジナルは次第に捨て鉢な反応しか示さなくなり、苛酷な処罰を受けるようにもなっていった。土地をよりどころにして生きていく先住民の能力は、自ら選んだわけではない定住の始まりのなかで急速に失われていった。

インドやエジプトと同様、オーストラリアの植民地において優位になったのも、土地経営と所有権は適切にあるべしとする入植者の考えであった。おそらく 1889 年までに無主の地（第 4 章で論じた）は法律上完璧に確立されたが、アボリジナルの土地に対する権利が否定されるという結論に達したのはそれよりもはるか以前のことだった。アボリジナルの定住地と神聖な場所は、債務も補償もなしに消滅しうるものとなり、生活と文化は一撃のもとに破壊された。先住のカナダ人たちも、自分たちの伝統的な土地が配慮のかけらもないままに奪われるのを目の当たりにした。白人入植地は地元住民をどんどん辺境へと押しやった。1911 年になると、そのほんの 1 世紀前にカナダの総人口の 5 分の 1 を占めていた先住のカナダ人たちは、1% にも満たなくなった。乱獲によるバッファローの減少は食料や衣類、そして移送手段に影響を及ぼした。南ローデシアにおいては 1937 年になっても、白人が所有する土地での仕事をもたないアフリカ人は保留地への移動を求められたが、過密状態と不衛生な設備のために、そこでの生活はみすぼらしく不快で、しばしば短命をもたらすものとなっていた。入植者の農民との競合を防ぐために、特定の作物を育てることを地元の農民が禁じられた地域もあった。

入植植民地でも独立した植民地でも、もっとも上質でかつ魅力的な土地はヨーロッパ人か使うために確保されるか、あるいは植民地の求めに協力してくれるかどうかが利益と富を左右するような地元エリートの手中に集められた。このようなやり方で非常線が張られたのは、商業や農業、工業の目的に使用される土地だけではなかった。インドの市街地のヨーロッパ人地区が広い通りや大きな家屋を誇らしげに拡げだしたのとまったく同じように、新しい高地部には一連の高級リゾートが作られ、白人たちが過酷な夏の暑さから逃れられる場所になった。一方で高地にいるインド人は被雇用者であって、行楽客となることはありえなかった。これらの高地の「小イングランド」は、他の熱帯地域における類似リゾートのモデルとなった。香港島でもっとも標高が高いピークが、同植民地で一番高級な住所でもあったのは偶然ではないのである。同様に、ケニア中央の肥沃で涼しく小高い場所はホワイト・ハイランズとして知られており、排他的な白人文化圏となっているが、その名称はこの地の地理学とともに人種人口学をも反映していた。

植民地主義時代の初期における植民地人口は、植民地経済をしばしば有利に動かした。西アフリカ、ニュージーランド、そして北アメリカでも、地元民と入植者のあいだの取引は決して非ヨーロッパ人に不利益なものばかりだったわけではなく、ヨーロッパの品物は商人が予想もしないような使われ方をすることがあった。西洋人の商人が実用的だと考える商品が、地元の宗教儀式の中に織り込まれたり、ファッションによる自己主張となったりした。イギリス人の評者たちは植民地交易の会報に、未開人に安っぽいがらくたをまんまと掴ませたという事例を好んで書き送ったが、植民地の人びとが取引を自分たちの優位に転じることもあれば、そこで利益を得ることもあった。そのような機会は、資本主義下のヨーロッパの大規模経済が帝国世界を分断してゆくにつれて目に見えて減っていった。大量生産と製造業、そして世界中で適用可能とみなされた経済法則にたいする関心の高まりは、資本主義とは違う経済システムの中に生きている人びとに不利益を与えた。

こういった類の不平等によって、労働のひとつの重要な動きが植民地の中で生み出されたが、それは植民地間を横断するかたちでもおこった。植民地への流刑は囚人たちを地球を横切るかたちで強制的に移動させたし、奴隷制は膨大な数の労働者に居場所を移させた。このような労働形態が衰退すると、契約雇用が息を吹き返した。19 世紀において、プランテーションの所有者は自分たちが解放した奴隷に置き換えるべき代替労働源を、イギリス本国にではなく帝国に求めた。17 世紀と 18 世紀に年季契約を結んで移民した者は、半分もしくはそれ以上がヨーロッパ出身であったが、1830 年代以降の契約労働者は圧倒的にアジア人が多かった。1879 年から 1920 年の間に、約 6 万人の南アジア人が労働契約を結んでフィジーに渡ったが、その一方でフィジー人はやはり契約に基づいてクイーンズランドやその他の太平洋地域へと渡った。1838 年までに、モーリシャスの砂糖プランテーションでは 2 万 5 千人の南アジア人が契約下で働くようになっていた。1890 年代には 3 万人ほどのインド人労働者がケニアの鉄道を敷設したが、その工程で 3 分の 1 以上が死亡するか深刻な重傷を負った。総計すれば 100 万人以上の南アジア人がイギリス帝国の中で契約に基づいて就労していた。その数のあまりの多さに、インド政府も干渉せざるをえなくなった。1871 年に政府は、斡旋人をライセンス制にし、医学的な検査と保護制度を設けることで契約事業を規制した。

19世紀に植民地における契約労働力の大半をなしていたのはインド人だったが、中国人の大きなコミュニティもあったし、太平洋諸島人やシエラレオネ人もいた。1850年代半ばから1880年代半ばまで、約1万8千人の中国人契約労働者が、リン酸や金、銅を採掘したり、太平洋の砂糖プランテーションで働いたりしていた。南アフリカ戦争のあと、トランスヴァールではごく短い期間ながら中国人の契約労働がひろまった。彼らの存在は（第7章で述べたように）激しい物議をかもし、反奴隷活動家はこれを奴隷制の再現だと政府を非難したが、一方で植民地の白人入植者たちは、非白人移民をみなひっくるめてこの土地から追い出すことになるのではないかと懸念し、活動家たちに対抗する立場をとった。1913年に南アフリカは非白人移民に規制を設けたが、これはニュージーランドでは1899年に、オーストラリアでは1901年に、そしてカナダでは1901年にすでになされていたことだった。

契約労働者というこの新しい階級の労働条件はほとんどいつも劣悪だったが、労働の契約期間は植民地によってじつにさまざまであった。5年間の契約が標準ではあったが、1862年以前のトリニダードでの契約は3年間だったし、モーリシャスでは最初の契約書は1年間のものが発行された。たいていどこでも労働者は契約期間が満了すると再契約するか、故郷に帰るかを選ぶことができた。マラヤでは労働者たちは渡航費を返済するよう求められた。トリニダードでは金銭をちらつかせて労働者が植民地に残りたくなるようにした。イギリス領ギニアでは、労働者たちは契約してからの数年間のうちは、一定期間を勤めれば元の契約書を持ったまま雇用主を変えてもよいことになっていた。

契約の規制は概して効果がなかったが、それでも規制が存在するのには大義名分があった。1860年代に西太平洋が労働の調達場所となったとき、マレーシア人やその他の太平洋住民は、クイーンズランド北方の砂糖プランテーションで働かせるためにたびたび誘拐された。「黒ツグミ狩り」と呼ばれた慣習である。イギリス本国とクイーンズランドはそのような誘拐行為を防ぐべく立法措置を講じたが、帝国中にいた貧しさに追い詰められた労働者たちは、たとえ自ら同意して行くことにした場合でも、契約によって自分たちが直面する状況をほとんど知らなかった。

雇用主は契約を歓迎した。そうすれば安定した労働供給が保証されたし、契約期間中は賃金の支払率が固定されたからである。このことはもちろん、契約労働が一般的であったところではどこでも労働全体のコストの引き下げにつながり、また契約下に置かれた人びとと地元の住民を不和にしがちであった。現金で賃金を支払う雇用主もあれば、食料を配給する者もいた。ほとんどの雇用者は、欠勤を罰する苛酷なシステムを整備していた。植民地のなかには、労働者が1日病気をすると、雇用主に1日分の労働の借りを作ることになっているところもあった。つまり、労働者の契約期間が切れたとき、彼女あるいは彼は、病気になったり休んだりした日数の分だけ、追加の賃金なしで働かなければならなかったのである。モーリシャスをはじめとする一部の植民地では、アフリカでみられたのと同様のパス法によって、契約労働者たちは許可された領域の中に閉じ込められた。

プランテーションでの死亡率は高かった。過密と不健康な状況のためにすぐに病気は蔓延したし、暴力沙汰は日常のありふれた風景だった。1900年代の初め、トランスヴァールの中国人鉱山労働者が規則違反にたいして鉱山職員から鞭打ちを受けているというニュースは、イギリス本国における大規模な抗議運動を引き起こした。ミルナー卿が、南アフリカからイギリス本国に戻るやいなや鞭打ちを許可したと非難されたのだった。職を変えることができない労働者たちは、どこでも粗暴な監督にとって格好の餌食であり、殺人と自殺の発生率は、他のどんな労働者よりも契約労働者の方がはるかに高かった。男性と女性の数の不均衡のために、プランテーションの緊張感が和らぐこともなかった。このような状況下では性をめぐる嫉妬はたやすく激発するものだが、女性はその攻撃の対象となりやすかった。インド人の契約労働者を別にすれば、労働者の中に女性がいることはほとんどなかったし、そのインド人コミュニティにしても女性より男性の方がずっと数が多かった。インド政府が求めたライセンス付与の条件のなかには、女性の受け入れ定員があった。政府が求める男女比になっていない船は、航行の許可を与えられなかったのである。インド人が契約労働の最大の供給源でないところでは、労働力は男性が圧倒的に多かった。トランスヴァールの金床に行った中国人の契約労働者は、その5分の1が既婚と申告していたが、同行した妻はたったの5人だった。

契約期間が満了したとき、多くの労働者は故郷に帰るという道を選ばなかった。クイーンズランドは契約労働者に退去を命じたし、アフリカの一部ではインド人たちが現地に残りたいという気をおこさないように、税金と手数料を課した。それでも多くの人びとはアフリカに残り、西インドにもフィジーにも、モーリシャスにも残った。1930年のマラヤには60万人のインド人が生活していた。1960年代と1970年代に、東アフリカにおけるインド人の存在は政治的な引火点となった。アフリカ人の反植民地主義者たちは、インド人住民はイギリス帝国主義が維持してきた安価な労働のディアスポラの一端だとして憤った。とりわけケニアやウガンダでは、「アフリカニゼーション」［第11章で詳述］のプロセスが、旧植民地からの東アジア人を急き立てて一掃する動きにつながった。多くの人びとは、時がたつにつれて故郷とは思えなくなっていったインドではなく、イギリスに定住することを選んだ。インド人の契約労働の影響は、フィジーでは20世紀後半や21世紀初頭になってもまだ感じられるほどであり、フィジー人のナショナリストたちは政府の力を地元住民の手中に収めようとした。1933年にフィジー住民の指導者たちはインド人移民と離れて生活することを要請したが、このことは後々まで尾を引く人種と文化の分断を生み出すことになった。

本国政府と植民地政府のいくつかは、契約システムがどうしようもないほどに行きすぎた時には介入して規制することもあったが、植民地の規制は経済統制の場では緩いものになりがちで、法人でも個人でもプライベートな投資者にたいしては相当の自由が与えられていた。フィジーでもっとも大きな単独の雇用主は、オーストラリアの砂糖製造者CRS（1855年に設立され、今日もオーストラリア最大の砂糖会社である植民地砂糖精製会社）だった。アフリカではアフリカン・レイクスのような企業が、文字通り何百万エーカーという土地を統制していた。民間投資は植民地の特徴だったが、地元の必要性ではなく利益と株主の要求が開発を方向づけたため、必然的に経済の著しい不均衡をもたらした。輸送のような非常に重要なインフラはプライベートに統制され、私企業にとてつもない力を与えた。たいがいの植民地で、土地は利益という点からのみ認められうるものだったし、実際にもそうであった。その結果として、利益にあずからない住民にとっては影響がひどいものになることもあり、またそれは労働機会の問題だけにとどまらなかった。土地利用の変化は天候パターンの自然な変化とともに、旱魃(かんばつ)とその残忍な近親である飢饉を生じさせる方向に働いた。少なくとも 18 世紀後半以降、インドにおける飢饉と凶作は、イギリス統治下で導入された農業課税と作物栽培という形によって猖獗をきわめるものとなった。1860 年から 1861 年にかけての北インドの飢饉では、およそ 200 万人が死亡した。1870 年代にはインド全体に広がった飢饉で 600 万人以上が死亡し、1890 年代後半にもまた飢饉がおきて約 500 万人が生命を奪われた。1919 年の東アフリカでは旱魃と蝗(いなご)の襲来で作物が荒廃し、ひどい飢饉がおきた。1930 年代には、穀倉地帯として栄えたこともある南アフリカの各地で、深刻な食糧不足に対処するために食料が輸入されていた。飢饉が打撃を与えたところには、必ずといっていいほど疫病が追い打ちをかけた。1896 年と 1897 年にインド各地でおきたモンスーンの被害は深刻な飢饉をもたらしたが、1897 年に同時発生したペストによって事態はさらに悪化した。

病気が蔓延したのは、地元住民が受けられる医療手段が欠如していたためでもあった。地元の開業医たちはそれまで見たこともなかった病気に対峙してなすすべがなかったし、コレラやペスト、インフルエンザ、その他多くの死にいたりうる病気が、弱い住民の間で蔓延した。1850 年代前半の西インドで猛威をふるったコレラの大流行では、約 5 万人が死亡した。フィジーは契約労働の時代に嚢虫(のうちゅう)症や結核、インフルエンザなどの悪性の伝染病をも招き入れることになった。香港とインドでは、19 世紀後半のペストとコレラの大流行で大きな被害が出た。天然痘はオーストラリアのアボリジナルの住民をもっとも多く死にいたらしめたものだった。これらの病気は地元住民と入植住民の双方に影響を与えたが、病気の流行を調査してこれをくい止めようとする動きが始まるのは、白人の住民に影響が及んだときだった。植民地当局が病気の拡大を抑えるために動いたときも、その手段は従属する臣民にとって気乗りのしないものであることがほとんどだった。ヨーロッパ人の医者たちは、支配下にある地の人びとが自分たちに向ける疑いの目や、西洋流の処置、とりわけ入院を嫌がるのによく不平をこぼした。植民地にはしばしば病気と医者が同時に到来したことを考えると、そのような疑念は、あながち不合理ではなかった。また、実際のところ西洋医療の成果が地元での手当てより素晴らしいわけではなかったり、大差なかったりした時代にあって、ヨーロッパの医者たちが迷信深い偽医者と見なしがちだった、西洋とは違う療法の施術者たちが憤りを感じたのも、やはり不合理なことではなかった。根本的な違いは、病人を入院させ感染者を隔離するという西洋のやり方だった。19 世紀後半から 20 世紀前半においてインドとアフリカでは強制隔離戦略が増加したが、これはイギリス人の医師と地元民の患者との関係に深い楔(くさび)を入れた。医者たちは自分たちの取り組み方にたいする頑強な反感と反抗に直面したのである。植民地の医学の権威は実用本位のアプローチを採用し、とりわけ病原体が急速に拡散してしまう過密状態の環境下で感染がおこった場合には、強制隔離が緊急を要する公衆衛生問題に対する現実的な対応だと考えていた。彼らはそのような政策が家族に与える経済的、心理的効果については気づかず、思いやることもないのがつねであった。問題に取り組むにあたって彼らが家屋や家具の消毒といったの西洋式の方法をとったことは、支配下の人びとに植民地主義の恩恵を確信させるには役立たなかった。

医者たちは地元の患者たちを迷信深いだけではなく無学だとも見なしていたが、彼らは概してイギリスの子どもが受けられる教育と、地元の子どもが受けられる教育の大きな違いを理解できていなかった。植民地として支配下にある地の子どもたちが受けられた教育の大部分は宣教師によって与えられたが、彼らはまた疫病の流行期以外でも医療措置の主たる提供者であった。宣教師の学校が提供した教育はほとんどがきわめて基礎的で、制限付きの識字力と計算能力を身につけさせることがその大方を占めていた。イギリス本国では 19 世紀後半にすべての子どもたちにたいする義務教育にむけてのゆるやかな歩みが始まったが、他方植民地の中で、少なくとも初等教育の水準について同様の法ができたのは、驚くにはあたらないが白人入植地だけであった。1921 年に正式な教育を受けていたインド人はわずか 3% であり、英語教育を受けていたのは 1% にも満たなかった。実際にはイギリス領インドでは、19 世紀初めに地元住民にたいする適切な教育についての議論があった。イギリス東インド会社は長年サンスクリット語とアラビア語の教育を支援してきていたが、1830年代の改革の時代に、英語の訓練と西洋の学科を強く求める「アングリシスト」が優位に立った。都市エリートの息子たちにたいしては、政府の学校がインド官僚の仲間入りをするであろう若い男性に訓練を施した。1860年代までに、イギリス領インドとその近くのセイロンの双方で、英語学校には自身の監督組織である公的訓練局が設置された。イギリス式の教育は、息子たちにたいする英語教育の恩恵を理解している男性エリートのためだけに取り置かれた。

地元の文化と言語の維持に懸命に取り組む学校やカレッジは、たいがいどこでも富裕な顧客基盤を頼みにしていた。東南アジアとインドでは、ムスリム学校がエリート男性に植民地当局のものとは別のカリキュラムをもうひとつの選択肢として提供した。いずれにせよ時がたつにつれて、英語はただ植民地権力の言語であるだけではなく、経済的、政治的な成功の言語ともなっていった。近代カナダにおける2言語制度への転換は、イギリス領植民地にあってフランス語が多数派でない住民の少数言語であった植民地時代がもたらした直接的な結果である。現代カナダの実践は、特に公文書にかんして、フランス語を話すカナダを、英語を話すカナダと対等にすることでバランスを是正しようとするものである。

しかしながら権力の言語である英語もまた植民地から語彙を得ており、その多くは現代の話し言葉に生きている。アボリジナルの「ブーメラン」は英語の動詞に加わり、インドの「バンガロー」は、今では世界中の多くの国々でみられるひとつの特徴的な建築様式となった。太平洋の島々では、地元の人びとは入植者とコミュニケーションをとることで、地元の語彙と英語の語彙が結合した「ピジン」としても知られる言語を発展させた。このきわめて順応性の高い言語でイギリス人を導いたのは、島々に住む人びとであった。インドや西インド、オーストラリアでは、イングランドで耳にするものとはかなり異なる特徴的な英語の形が生まれた。英語は支配的ではあったが、コミュニケーションの手段としての書き言葉でも話し言葉でも、どうしたところで均一なものではなかった。

風習や慣習、そして植民地権力への信奉のなかにもみられる、この順応あるいはシンクレティズム［異なった信仰などの混合・結合］という現象は、地元の知に照らして変化したが、その使い道は言語だけにとどまらなかった。地元の住民が交易で、あるいは贈り物として入植者から受け取った品物に、意外な、あるいは予想もしない使い道をどのように見出したかについてはすでにみてきたが、宣教師たちに教えられたキリスト教の利用の仕方についても同様のことが見て取れる。旧イギリス領植民地の多くで現在もなお多様なキリスト教信仰が繁茂し続けていることからは、宣教師たちは自身の仕事の成功にある程度の満足を得ていたが、西洋のキリスト教を西洋以外の信仰システムに合わせてなじませることはよくあったのだとうかがい知れる。多くの人びとはキリスト教の伝道を精神的なインスピレーションを得る源としてではなく、訓練や教育、住宅整備そして保健といった、現実的でときに世俗的な情報の源とみなしていた。新しく得た信仰を、より親しみやすい形に作り変える者もあった。18 世紀までにジャマイカのバプテストは、宣教師が目にすれば戦慄したであろう混成宗教を作り上げていた。そのマイアリズムはキリスト教と西アフリカの信仰を混ぜ合わせており、ときにダンスの儀式を通じ、災厄を祓う手段として死者の魂と交流することもあった。

奴隷貿易の廃止以降、奴隷船から救出されて身柄を保護された人びとは、シエラレオネ植民地のフリータウンやその近辺に定住するのが通例となった。総督のチャールズ・マッカーシーは、アフリカの「文明化」に寄与するアフリカ人キリスト教徒のコミュニティを構想し、それに向けて 19 世紀前半に宣教師の活動を奨励した。これは多くの点できわめてうまくいった改宗の試行事例となり、ひとつの新しい宗教を与えるだけではなく、クリスチャンネームや西洋の衣服をはじめ、イギリス的生活というたくさんの仕掛けへの取り込みをともなっていた。ジャマイカでの事例のように、宗教的な慣行はシンクレティズムのなかでそれとわかる土着的なにおいを残したが、ミッショナリや白人入植者には気づかれないこともあった。

さらに南方では、1862 年にナタールのイギリス人主教ジョン・ウィリアム・コレンソが『ペンタチューク（モーセ五書）とヨシュア記の批判的検証』を出版した。彼はモーセ自身が著した旧約聖書のモーセ五書について広く行われている解釈にたいする自身の疑念の概要を示し、これらの聖書の最初の五

図 10　現地住民の見守る中、伝染病の犠牲者の寝具を消毒・破壊する植民地当局の役人たち。インドのプーナ。1897 年（Getty Research Institute/ Los Angels, California）

書について説くにあたって聖職者に課されていた制約に抵抗した。コレンソは信仰のうえでは異端であり、自身がともに暮らしていたズールー人に同情的だった。聖書を文言に即して読解しようとする彼の挑戦は、取るに足らぬと片付けるわけにはいかない方法で形をなしていった。それは、コレンソの語学教師であり、現地ナタールで使用するための聖書の翻訳に彼とともに取り組んでいた、ひとりのズールー人キリスト教徒ウィリアム・ギディに投げかけられた数々の問いによるものだった。出版は大騒動を巻き起こした。1 万 1 千人以上の聖職者がコレンソを告発する請願書に署名し、ケープタウン司教は彼を破門したが、1865 年にロンドンでこの措置は覆された。コレンソは彼のような立場にある人間としてはめったにないほどに率直ではあったが、彼がした事は、地元の人びとの意見と疑問が、伝道というつとめを遂行するにあたりいかに大きな影響を与えうるかということを示している。コレンソとギディの協力関係は続き、二人は数多くの学校教科書やナタールの歴史、衛生学の入門書を共同で執筆した。

植民地の人びとはシンクレティズムを自分たちに都合がいいように用いたが、植民地支配が生み出した予期せざる、しかし不可避であったひとつの順応が、20世紀前半の人類学者C・G・セリグマンが「プロの未開人」と呼んだものの出現であった。旅行者はもちろんのこと、人類学者や探検家、役人たちがみな遭遇したのは、入植者が自分たちに望むことを熟知し、植民地世界のおきまりの描写である野蛮や未開というイメージを演じて機嫌を取ろうとする植民地の人びとであった。展示会や書物では、西洋人の観察者たちに植民地社会——とりわけアフリカと太平洋——のスナップ写真が提供されたが、それは裸同然の衣服しかまとわず派手な飾りを身につけた「未開人」が、泥土でできたあばら家の前でしゃがんでいる写真で構成されていた。これらはそのような期待を前もって吹き込まれたものであり、現地の人びとは必要とみれば一芝居打ってみせることをすぐに学習した。それはときに儲けの種になったからである。

このような面はあったがそれでも植民地についての臆説は、社会構造や支配された人びとが自身について認識するアイデンティティのかたちを根底から変えうるものであった。異なった文化集団の人びとが近くに住んでいれば、植民地主義のもとでは「アフリカ人」や「アメリカ先住民」というレッテルが張られたが、それはヨーロッパ人と接触する以前には誰もあずかり知らなかった、入植者が地域と現地の人びとをどのようにみなすかを示すやり方であった。奴隷植民地では、幅広い異なった文化や社会からやってきた人びとが一緒くたに放り込まれていたが、主人たちより他の奴隷たちとの方に共通点が多いことがわかると、こういった遭遇以降に、アフリカでは誰も知らなかった「アフリカ的」文化という均質的な認識へと発展した。宣教師や（文武両方の）役人たちがとなえた、他の社会における指導力と権威のパターンについての仮説は、支配と反骨の新しい形を作り上げることに寄与した。イギリスがインドのカースト差別をことさらに強調したことは、これらの社会的区分を強化し、ときに後押しもした。イギリス人は、正式に話し合うことができる指導者をもたない社会を理解できなかった。東アフリカのキクユ人や西アフリカのイグボ人は首長を持たない社会だったが、イギリス人には、

図 11　ジョージ 5 世即位 25 周年記念祝典パレード。1936 年（© 毎日新聞社）

しかるべき義務を負わせるにあたって支配者だと判別できる人間が必要だったので、そこに存在もしていなかった首長を作り出しにかかった。そのような動きがもたらした大きな変化が、社会的・政治的安定を根底から崩壊させたこともあった。そういった戦略は、帝国支配の周辺にあった、入念に造り上げられた祭典のなかにも組み込まれており、そこでは植民地の支配者と同様に地元の人びとにも、ある一定の衣装と儀式が与えられた。ムガル宮廷から借りてきた謁見（ダーバー）は、イギリス領インドにおける君主への忠誠心のデモンストレーションとなった。ダーバーは西アフリカには植民地化以前にも存在しており、同地においてもこの慣行は植民地統治に役立つ道具となった。図11に示したような壮大な行進が続いた戴冠式と即位周年記念式は、イギリスが帝国にたいする忠誠心を誇示するショーを鼓舞しようとする機会だった。

このようにイギリス帝国は、植民地にした側の人びとと植民地にされた側の人びとの間に根深い不平等が存在する場であった。イギリス人の役に立つごく一握りの地元のエリート集団は引き立てを受けて甘い汁を与えられたが、植民地支配の影響を受けた圧倒的に大部分の人びとが、帝国支配の結果として以前より悪い暮らしをするはめになったのはほぼ間違いがない。土地はかすめ取られ、就ける仕事は限られて規制下におかれ、移動は制限され、コミュニティは再定義されて場所を移されることもあった。イギリス本国の多くの人びとは植民地主義を慈善心にみちた力であり、西洋風の生活という恩恵を世界中が謳歌できるようになる啓発的な発展の遂行だと考えていたが、その現実は制限と強制、そして抑圧の遂行だった。植民地世界のいたるところでおきた反植民地主義運動（第10章で示す）の成長は、富と権力と特権のこの不平等な分配によって、一触即発のところまで煽られたのだった。

注

(1) *Colonial Empire: Introducing the Colonies* (London: Central Office of Information, 1948).

第9章

ジェンダーとセクシュアリティ
GENDER AND SEXUALITY

帝国がその長い歴史を通じて、植民する側の男たちの関心に基づいて支配されてきたことはいまや明らかであろう。イギリスにおいて、帝国は男らしさを証明する冒険の場として表象され、そこでは白人女性や現地住民は、望ましい統治のために害はないとたいてい見なされ、よくてもせいぜい二の次であった。この概念は帝国を屈服させるのが危険でかつ困難な環境であると見なす、支配者目線の見解に基づいていた。

イギリスにおいて帝国は男性が人口上も優位にあるように思われていたが、それはしばしば女性と同様、地元住民を目に見えず数に入らないものと見なしたうえでのイメージであった。植民地社会における性比バランスに劇的な不均衡が認められたのは、もっぱら入植者人口についてのことである。植民した白人と、奴隷や契約労働者、囚人といった労働に従事する人口では、男性が女性を数のうえで大きく凌駕していた。だが恒久的な植民地とされた側の人口についていえば、ときに病気や暴力でかなりの数が失われることがあったが、ヨーロッパでみられるジェンダー比に近かった。地元の慣習、特に両性のどちらかを望まない子として遺棄する慣習などは、その比率を多少歪めたかもしれないが、男性が女性を大幅に凌ぐ人口構成は、帝国の拡張がもたらした人為的な産物だった。

多くの植民地でイギリス人女性の数は少なかったが、どこでもそうだったわけではない。独立戦争以前のイギリス領アメリカは、同じ時期にイギリスの支配下にあったインドよりも、ジェンダー比のバランスがとれていた。アメリカ入植初期のニューイングランド植民地の港町には、夫が長期間にわたって海に出ていて、女性が家長をつとめる世帯が少なからずあった。時期とともにジェンダー比に影響を与えたのは、植民の状況とそのタイプである。特に植民の初期段階において、入植地では男性の数の方がはるかに多いことがあった。1861 年のオーストラリアの白人入植者は女性 100 人に対して男性の数は 150 人であったし、ニュージーランドでは女性 100 人に対して男性は 160 人であった。アフリカの大部分とマレー群島では、1920 年代までイギリス人男性がイギリス人女性のざっと倍はいたし、インドで白人女性の数がいくらか上向き始めたのは、1858 年にイギリスに直接統治が始まって以後のことであった。

したがって帝国のごく全般的な印象が男性世界のそれであったことは驚くにあたらなかった。この認識は、植民した側とされた側の双方にとって、帝国の形と歴史に直接の影響を与えた。男性の数的な優位は帝国主義と直接的に結び付き、そのことはジェンダー化された男性領域としての帝国理念の強化に寄与した。実際、植民地の職業のなかには、男たちが独り身でいることを求められるものもあった。例えばインド森林局に雇用される男性は、試用期間を勤め上げるまで結婚してはならなかった。また特に危険と見なされた地域にはしばしば女性の立入りが禁止された——したがってそういった場所に配属された既婚男性は、妻を残してゆく決断をしなければならなかった。制約に直面したのは公務員だけではない。多くの貿易会社は社員にたいし結婚前に会社の許可を得ることを求めていたし、その職に就いて会社のために一定年数を勤め上げたものだけに結婚が許されるという部署もあった。医師たちは、女性は自然に由来する脆弱さと繊細さのために、暑いにしろ寒いにしろ植民地の過酷な気候には適していないと主張した。また人間の肉を好む野生動物や病気、あるいは非友好的な地元の人間まで、いたるところが危険だらけだという者もいた。

しかしながら数よりもはるかに大きな問題だったのは、ジェンダーである。帝国主義者たちが支持したのは、将来実現するだろう西洋式の自由のために、社会を植民地化して備えるべしとの要望であり、この考えは入植者側の勢力の社会構造の方がより優れているとの信念で補強された。植民地行政官や入植者などの帝国のイギリス人が本国を離れて植民地に向かうにあたり、イギリス式の態度や信念を一切合切置き去りにしてくることはまずなかった。あえてイギリス式の態度と慣習を排除する者もいるにはいたが、多くはイギリスの優越を確信したままであり、イギリス式の価値観を広めようと熱望した。彼らが持ち込んだもっとも強力で影響力の大きい西洋式の考えは、女性と男性は公的な世界と私的な世界という分離された世界に住んでいるというものであった。男性は公的領域に、そして女性は私的領域にもっとも適するというジェンダー化された信念が、イギリスで実際に影響力を強め始めたのは 18 世紀であったが、これとほぼ同じ時期に帝国の拡張はイギリスの政治的な最重要課題となった。「分離領域」というこの原則は常にどこでも非現実的なものでありながら、理想として、そして基本的な社会原則として強い力をもっていた。明らかにこの考えは、あるきわめて限定された——そして特権を有する——階級、すなわち女性が賃金労働に従事せずにすむという、イギリスでは大多数の人びとの手の届かないところにある贅沢をするだけの金を持つ階級の地位を反映していた。イギリスと植民地の双方において、この考えの影響は重要であった。イギリスでは既婚女性が正規の賃金を支払われる仕事を見つけるのが次第に困難になっていったが、その実態のあとを感情が追うかたちで、男たちは家にいる妻を通じて自分のマスキュリニティを定義するようになったのである。

この公私の区分は、経済の領域にまで変化をもたらした。行動、特に性にまつわるふるまいは、それぞれの異なった領域で何が相応しいかを熟慮したうえで次第に規制されるようになった。リスペクタブルな人びとはこれらの境界の求めるところとその限界を理解し、それに従って行動した。性は完全に私的な事柄であり、公的には語られるべきでなかった。その一方で商業や政治は公的な機能であり、男性の会話により相応しいものだった。子育ては家庭的な、そして女性的な活動であった。父親が勘定を払い、母親が子どもを育てて、せわしなく乱暴な公の場という空間とは対照的な落ち着いた環境を作り出す。男女両性で成り立つ家族は、分離領域というこの幻想を生み出す鍵であった。

植民者たちは、イギリスを離れたときに、社会や性についてのまったく異なった決まり事に出くわすことがあった。他の文化においては、公的世界と私的世界の間の区別すら存在していないこともよくあった。家族や女性、あるいはセクシャリティにたいする考え方が、西洋でのそれとは根底から異なっていることもあった。例えばアフリカの多くの民族では、基本的な社会集団が核家族ではなく、もっと大規模で広範な集団であったために、セクシャリティを私的なことと見なす考えはまったく意味をなさなかった。個人の責任と絆はひとりの配偶者にたいしてではなく、このより幅広い親族にたいしてのものだった。南アジアでは、結婚は概して家族のことであり、ひとりの男性とひとりの女性の個人的な結びつきを中心に据えていないのは確かだった。このような状況において、男性と女性の担う役割は、入植者たちが馴染んできたものとはまったく違っていることもあったが、入植者たちはこれらの違いをありうる別のやり方と見なすのではなく、もっぱら糾弾に回った。植民初期に支配的だった現地の人びとのセクシャリティを非難する記述は、20世紀になると、当時現地の人びとの特徴とされた「性行動過剰」という一見科学的なような説明に取って代わられた。近代心理学の主唱者として名高いジグムント・フロイトは、ヨーロッパ人の心理構造と、彼の時代には「原始的」と見なされた人びとのそれには識別できる違いが認められると主張した。1908年の論文『性格と肛門性愛』でフロイトは、アフリカ人や太平洋諸島の人びと、オーストラリアのアボリジナルには、彼がヨーロッパ人のあいだでは性的衝動を和らげるものと考えていた性的潜在期という時期が欠落しているのが特徴だと論じた。(1)

ジェンダーの関係は、地元住民の性的行動への（ときに羨望混じりの）非難とならんで植民地批判の中心に据えられた。特に、きわめて早い時期から植民地化の対象となった社会は、女性が貶められ残酷に扱われる数多の方法があることで定義づけられるとされるようになった。当のイギリスで女性が経験しているとんでもない不公正は無視して、植民地の民族に顕著であり彼らを低い地位におとしめる特徴のひとつが、この女性に対する明らかな敬意の欠如だとしたのである。残忍で野蛮な男たちが女性にもたらす災厄は、膨大なリストに連ねられた。女性の虐待は原始的な社会の証左であり、植民地権力の必要を正当化する多くの理由のひとつと見なされるようになった。入植者たちは、植民地の民族が女の子を売春や家事奉公に売りとばしたり、ためらいもなく驚くほど幼い年齢で嫁に出したりすると批判した。多くの地の「先住民」は、女児は育てるのにかかる出費に見合わないので、出生時に殺してしまうとされていた。生き長らえることを許された少女たちはしばしば隔離され、行動も教育も制限されて、分厚い緞帳と格子窓の奥に身を潜めていなければならなかった。結婚は一夫多妻のこともあったし、もし不幸にも夫に先立たれようものなら、儀式としての自殺を遂げるか、あるいは夫の死後も再婚はせず独り身のままひっそりと暮らすことが望まれるかもしれなかった。彼女たちは生殖器を切除されるのだという話もあったし、産婆が不潔で訓練を受けていないため出産は危険にさらされた。植民地の女性たちは、女の身体を商品として取引することを何とも思わない男たちの影で、哀れにかつ畜生同然に惨めに暮らしているとイギリス人は決め付けていた。

疑いなくこれらの慣習はみな、一部の地域や集団に実在したものではあった。だがそれは、当のイギリスにおいて、受けられる教育に制限があったり、親に勝手に結婚を決められたり、結婚すると財産の権利が剥奪されたり、家庭内暴力を受けたり、自分の子どものことにほとんど口出しができなかったり、離婚の権利がないに等しいものだったり、20 世紀になるまで実質的には政治的な力を一切持たなかったりといった状況を女性たちが堪え忍んでいたのと、まったく同じことであった。しかしこれらの類似点が理解されることはほとんどなく、植民地の女性たちの被る災厄は、植民地支配を火急のものとしている諸問題だとされた。糾弾されたような悪徳は女性が不幸だというだけではなく、男性の間違った行為を示すものでもあった。女性を公正に扱わなかったのは、地元の男たちのあやまちであった。なぜなら、イギリスにいる人びとの多くは、そのことがイギリスによる統治の必要性を正当化すると見なしたからである。

また、女性にたいする抑圧を強調したもののなかには選別的な報告が含まれており、地元の女性が西洋の女性よりも自由を謳歌しているような事例は無視されていた。例えば 18 世紀北米の宣教師たちは、ヒューロン族の母系慣習の不穏さに気づいていた。そこでは女児の誕生が男児の誕生よりも歓迎されていたのである。植民地時代を通じて、このような事例は瑣末なこととして扱われ、その一方で男性による女性の抑圧は、現地人社会の悪しき点として広くはびこっている、そしてその特徴を示すものだと見なされた。

19 世紀初頭から多くの地で、植民地政府は女性の福祉に害をなすとみられる慣習を抑圧し始めた。インドでは 19 世紀にサティ（寡婦殉死）と女児を対象とする嬰児殺しを禁じる法と、結婚の年齢を規制する法が制定され、20 世紀には（第 5 章参照）アフリカの一部で女性器切除の慣習に立ち向かおうとする試みがなされた。カルカッタやその他の都市部の中流階級の知識層が 19 世紀中頃にパルダ（女性を社会から隔離する風習）から離れていったように、西洋化の影響で地元の慣習に変化がおきた事例もあった。

ジレンマは――植民地政府にとってと同様、地元の改革派グループにとっても――、別の社会の価値観を押し付けたところで、大部分の人びとはそれをまず受け入れないということであった。この問題は、改革派のグループや組織にとっては、一切合切丸ごとの西洋化がはたして未来のための正しい方向性なのか否かという、より大きな問題の一部でもあった（第 10 章で詳しく扱う点である）。いっぽうで植民地政府はといえば、そのような不安は一切持ち合わせていなかった。役人たちは地元の人びとの抵抗を確信していたが、だからといって自分たちが打ち立てようとしている改革の優越性に疑問を抱くようなことはまずなかった。往々にしてそうなるように、物事がうまくいかなくなったときにその罪が問われたのは地元の抵抗であって、植民地政策ではなかった。

すでにみてきたように、植民地支配の成否は地元住民の一部との協力関係を頼みにしており、それは現地の風習や慣行についての支配者側の理解を曲げて伝えてくれる地元エリートを作り出せるかどうかにかかっていた。慣れ親しんだ行動を対象とする法の施行はいつも困難だったが、それは地元の抵抗やごまかしだけが理由ではなく、特に西洋の慣習に基づいて施行されたためにそうなったこともあった。例えば、少女たちが結婚できる（すなわち合法的に異性間の関係をもつことができる）最低年齢を定めた性的同意年齢についての法は、年齢というものは確定できるものだと決め込んでいたが、これは出生証明が当たり前である地域と時代にのみ可能だった。出生証明書の欠如は、女児を対象とする嬰児殺しに反対するキャンペーンにも影響を与えた。出生証明書が1860年代にインドでできたのはそのもっとも早い事例のひとつだが、それは女児が嬰児のうちに死ぬことに政府が関心を持った結果であった。これらの事例ではすべて、支配者は現地の男性を非難した。すなわち、男たちの変態嗜好が、年端もいかぬ少女たちを犠牲にしてあまりにも早い結婚にせきたてるのだし、嬰児殺しが起こるのを許しているのは男たちの無関心と誤った権威だというのである。現地社会のマスキュリニティにたいする批判は、言わずもがなの、そしてへつらいを含んだ比較の対象を、支配者たちの騎士道的なマスキュリニティに与えた。

植民地の観察者が戦慄した慣習の多くは、地元の人びとにも批判されていたが、植民地政府がこれらの改革者と力を合わせることはごくまれにしかなかった。イギリスの批評家たちが自国のなかに多くの改革の必要をみていたのと同様、地元の人びとも自分たち自身の問題に気づいていなかったわけではなかった。ベンガルの豊かな伝承文学のなかには、両親と引き裂かれ、その後は朝から晩まで彼女を支配するようになった姑に虐待される、孤独な子ども花嫁の物語がたくさんある。幼い年齢で家事奉公やときには性的サーヴィスに売られ、一生をそのままで終えることもある中国の「妹仔（ムイツァイ）」は、か弱く搾取される犠牲者として中国文学によく描かれている。だが、改革に熱意を傾ける入植者が、状況を改善するために地元の人びとと協力して活動することはまずなかった。

植民地にされた側にとって社会改革はまた、女性の生活を変えるためには西洋化がはたして必要なのかという問題とも結びついていた。西洋化は、支配される側の人びとの間で、いつも支持を得る選択肢だとは限らなかった。西洋の影響を歓迎する人びともいた一方で、植民地社会の人びとの多くは西洋に批判的で、自分たちがその中で生まれ育ってきた伝統の方を好んだ。西洋流のやり方に何から何まで憧れるということはありえず、むしろ西洋が与えてくれる恩恵と不利益を批判的な目で値踏みしていた。

植民地にされた側の女性たちが、異文化に存在するあらゆる間違った点の縮図として引き合いに出される典型の最たるものであったとすれば、植民地世界におけるイギリスの女性たちは、植民地主義の不寛容さと階層構造的な性格にたいする非難の大方を引き受けた人びとであろう。帝国で生活する女性の増加は、植民地の習慣や慣例を劇的に変化させ、気取った俗物根性や融通のきかない厳格さ、そして見かけだけの形式主義を持ち込んで人種間の緊張を悪化させ、さらにはその緊張を作り出しさえしたのだと論じる歴史研究者もいる。文学評論家エドワード・サイードは、イギリス領インドとそのあらゆる政治的陰謀を設定においたラドヤード・キプリングの有名な小説[i]で、この小説の題名となった主人公キムが直面した最大の障壁は、身体的な危険ではなく、「たえまなく女たちに煩わされる[(2)]」ことであったと指摘している。キムの世界のなかで、女性たちは危険に満ちた男の領域の住人ではなく、ただの厄介者であった。女たちは男たちが取り組んでいる仕事から気を逸らさせた。女たちは保護を求めた。また女たちは上品な社会と貞節を要求した。そして白人とそれ以外の間にはっきりと人種の線引きをし、植民地支配の初期にあった調和を台無しにしてしまった、というのである。

帝国の各地により多くの女性たちがやってきたのは、植民地支配におけるいくつかの特徴的な社会的変化と時期を同じくしていたが、女性人口の増加はたいていの場合、変化がすでに始まっていたからこそ起こったものであった。19 世紀におけるイギリスの植民地領域の拡張のために、植民地支配が複雑さを増してゆくのとあいまって、より多くのイギリス人の定住が必要になってきた。その分多くのイギリス人男性に家庭生活を営むことをあきらめてもらうというのは非現実的だったので、そのかわりに家族の方が帝国へと移動したのだ。帝国のイギリス人女性のほとんどは、家族の事情のために現地にいた人びとだった。すなわち彼女たちは、植民地に配属されそこで住むことになった男性の姉妹や娘、母、そして妻たちだった。独身女性もいたが数ははるかに少なく、多くは到着後すぐに結婚した。既婚女性が増加するにつれて、イギリス人男性のあいだで以前は広く行われていた地元女性の愛人や内縁の妻を囲うことは、少なくとも公的な形としては減っていった。既婚者の不倫がイギリスで珍しかったわけではないし、愛人は新しい現象でもなければ植民地だけの現象だったわけでもない。しかし、女性たちは自分自身

---

i　*Kim* (1901). 斎藤兆史訳『少年キム』ちくま文庫、2010 年。

の家族を残して、夫と一緒にいるために見知らぬ遠く離れた土地に移ってきており、結婚生活のなかでのそのような行為への寛容さはその分薄れていた。後の時代の植民地で妻と生活する既婚男性がもっと多くなったとき、このような婚外関係は、正式な結婚の代替というよりも、それと競合するものとなっていった。

帝国に女性の姿が増えるにつれ、植民地には親たちと生活する小さな子どもたちの数も増えてきた。このひとつの変化から、新しい生活の状況が生じた。イギリス人の居住するコミュニティはより完全なかたちで発達し始め、人種的な排他性は（決して新しい現象ではなかったのだが）より可視化された。多くの集団で、女性の存在は支配的な男性的環境を柔和で家庭的にする手段と見なされていた。入植者たちの事情でいえば、役人たちは、独身女性をカナダやオーストラリアの植民地に誘致すれば、これらの粗野で男性優位の開拓社会がリスペクタブルで体制に順応的になるだろうと期待した。契約労働者を運ぶ船舶に女性の割当数を設けよというインド政府の主張は、カナダの森林や平野、そしてオーストラリアの羊や牛の牧場への女性移民を奨励しようとする政策と同様のものであった。女性がもっと増えれば労働者人口の安定に役立ち、経済的な生産性も向上するだろうと役人たちは信じた。19世紀後半に南アフリカで活況を見せ始めた鉱山キャンプでは、男性労働者の傍に侍（はべ）って食べ物や性、親密な付き合いを売り物にする女性たちの存在が、実際にそうでもなければ暴発しかねない状態の活力を安定させる力として大目に見られ、ときにはひそかに奨励された。ベンガル湾沖に孤立するアンダマン諸島で刑期を務めるインド人の男性囚人に落ち着きがないことを懸念して、19世紀半ばに役人たちは犯罪者の更生のための家族移住計画を導入した。また1890年に当局は、妻自身の刑期が満了しても、流刑植民地に残って一緒にいさせてもらえるよう夫である囚人が求めることを許すという、画期的な一歩をも踏み出した。

男性世界という帝国の概念は、たとえ不確かさがつきまとうとしても、マスキュリニティたるものは常に重要だということを少なくとも入植者たちには保証した。帝国が女性にふさわしくない環境だという決まり文句は20世紀に入っても執拗に生き延び、帝国のなかで女性たちの機会を抑圧した。植民地局が1937年に（ごく少数ながら）女性を職に任じ始めたとき、同局の男性の多くは面白くない思いをした。上級職まで昇進した女性たちは、性別によって課せられる障壁があることを理解した。マージェリ・ペラムは、20世紀半ばまでに植民地政策の職務で名を上げた少数の女性たちのグループのなかで、おそらくもっとも著名な人物であろう。ペラムはアフリカについての専門知識で、政治・学問双方の世界で尊敬される名士となった。また、1961年に、英国放送協会（BBC）の名誉ある年次リースレクチャー[ii]の講演に招聘されたことでも、彼女が卓越した存在であったと分かる。だが1929年にひとりの若い女性として太平洋を渡ったとき、彼女はイギリス領サモアの知事として赴任する途上にあった同じ船の乗客が、偶然とジェンダーがもたらした幸運の恩恵を受けていることに気づいたのだった。ペラムはこう記している。「私は彼の地位を——そして性別を羨んだ[(3)]。」ペラムは決して自分が性差別のため妨害されたとは口にしなかったが、帝国というシステムが、そこを女性よりも男性が働きやすい場所にしていることは理解していた。

女性が増えた19世紀後半以降でも、帝国は男性によって支配される世界であり、このことは支配するものと支配されるものの双方にたいし重大な結果をもたらした。植民地主義には、軍事的征服や経済力、文化的優越によるものなどその支配の形態がいくつかあったが、権威と権力という点からすれば男性的であったのは想像するにたやすい。イギリスの支配下で植民地の現地男性が屈服すると、彼らを脆弱だと見なすのは容易になった。すなわち男らしい人間とは決して敗北を認めないものであるから、支配者にすれば彼らの服従は男らしさが足りないという証だったからである。しかしながら同時に、植民地の中には、称賛に値する男らしさをイギリス人がみとめた集団もあった。アフリカの民族には、ヌデベレ人のように植民地支配の侵攻にたいして果敢に戦ったものもあったし、イギリス人が「戦闘民族」と呼んだ北インド人もいた。新聞や雑誌の記事はしばしばそのような男たちをあらわす時に、ほとんど官能的といえるまでの肉体表現の語句を用いたり、身長の高さ

ii　1948年に英国放送協会が初代会長ジョン・リース（1889-1971）に敬意を表して始めたラジオ・テレビの年次講演シリーズ。

や筋肉の逞しさ、歩き方を強調したりした。一方でまた彼らは、植民地の地元男性を女々しく男らしさが不十分であるとして嘲笑した。そのような男たちの描写はもっぱら、不健康な青白さや、貧弱な骨格、いつも疲れ切っているような様子などに焦点を置きがちであった。奢侈と怠惰がもたらした植民地の女々しさが、イギリスの男たちに伝染するのではないかという恐怖は底流として常に存在していた。18世紀に本国に戻った「ネイボッブ」たちは、女性にお似合いの宝石でごてごてと飾った姿で風刺漫画によく描かれたが、それは彼らの腐敗が経済的なものであると同時に、道徳的、肉体的そして文化的な腐敗であることをも示していた。女々しさは男らしさの邪魔になる危険があっただけではなかった。ひとつの不安として大きな影を落とすのは同性愛であり、本国イギリスでは（ごくごく少数の事例を根拠として）植民地社会の多くで男と男の性的関係がありふれていると広く信じられていた。植民地省の覚書にはそのような傾向が裕福で権力を持つ植民地男性のあいだにあったことが慎重な筆致で記録されており、このことはイギリス人の目には植民地の劣等性の証拠とうつった。首都ロンドンで男性の同性愛行為が少なからず存在したことは無視して――1895年の劇作家オスカー・ワイルドの裁判でそれは可視化されたわけだが――、熱帯植民地においてこそ同性愛が蔓延しているという決めつけは、植民地の欠陥を「証明」した。確かにイギリスよりも柔軟な性規範を有していた植民地はあったが、こと同性間の関係については、イギリス人が入植した場所の多くで、イギリスのそれと一致する倫理体系が採られていた。非白人植民地をひとからげにする傾向は、イギリスの性的なリスペクタビリティの輪郭の外にある慣習には寛容であったと同時に、植民地のセクシャリティの典型と見なされた、より大雑把な括りの非難を許容した。

実際に帝国の環境が、白人男性にとってしばしばホモソーシャルなものであったのはもちろんである。とりわけ帝国拡大の早い時期には、白人男性はほとんど男ばかりの中で生活し、働き、そして交際した。植民地の女性に提供される売春や内縁関係はありふれていたが、それでもなお男たちは男ばかりの中で生活していた。女性の存在が偶発的なものにすぎない、そのような濃密な男性的環境は、眉をひそめられてたびたびもみ消されたものの、イギリス人の男たちのあいだでそう珍しいわけでもなかった同性間の関係に温床を与えていた。

あらゆる植民地環境のなかでもっとも男性的なものは軍であった。部隊の将校以下については、陸軍でも海軍でも軍人の結婚は好ましくないとされた。兵卒ではほんのごく一部しか結婚を許されなかったが、そのように定められるにいたった理由は、ひとつには結婚によって忠誠心が部隊から家族へと移るのではないかという懸念であり、もうひとつは経済的な問題であった。とりわけ同性愛にたいする防波堤として、売春は陸軍の安定に不可欠なものと見なされ、ごく早い時期から多くの地で軍相手の売春が非公式に統制されていた。インドではベンティンク卿が、性産業に携わる女性に頻繁に性器の検査をさせて各種の性感染症（STD）を強制的に治療するという計画に積極的な関心を示した。地方や部隊に財源を求めるそのような計画は、インドの各管区で少なくとも1790年代から実施されていた。これらの実験的な取り締まりは、性感染症の根源は男性ではなく女性にあると見なすものであった。19世紀半ばには、性産業を規制しようとする、より組織的な試みが帝国を縦横断して実施され、陸海軍の兵卒を性感染症から守ろうという意図から、そこには売春宿の統制システムが含められた。これらの「接触伝染病」法の数々は、植民地の陸海軍の兵卒のあいだでみられた性交渉で感染する病気の高い罹患率に、女性の性労働者に一定期間ごとの性器の検査をすることで歯止めをかけようとしたものだった。これらの法令は、多くの理由から失敗した。女性たちは規制を逃れたり抵抗したりしたし、男性は規制されていない女性のもとを訪れた。またこれらの伝染病の病理はお粗末で、できる治療はよくても不完全なものだった。さらに19世紀後半には、これらの法令は本国と植民地の双方で大規模な抵抗にさらされた。とりわけ手強かったのは、これらの法令が恭しく奉っていた、病気の感染は女のせいであって男に一切の責任はないとする二重規範に憤る女性たちの抵抗であった。19世紀の終わりまでにこれらの法令は正式に放棄され、政府による取り締りがほとんどない非公式な計画のなかに時に命脈を保った。

接触伝染病についての諸法は性感染症を減らすというゴールには到達できなかったものの、帝国におけるジェンダーの関係とセクシャリティについては雄弁に語ってくれる。売春は非文明的であるだけでなく不道徳でもあり、議会でも教会でも街路でも常に非難される行為であったにもかかわらず、ヴィクトリア時代の政治家はこれを合法化する法令をたやすく通過させることができたという、まさにこのことが重要なのである。すでにみてきたように、陸軍の兵士たちは帝国の最終的な守り手であり、もし反乱が勃発すればその際にはいつも真っ先に出動を命じられる武力だと見なされていた。彼らは帝国のマスキュリニティの顔でありかつ骨格であり、容赦のない武力で支配を最終的に強制する者たちであった。女性たち――この場合は地元の女性をさす――は、マスキュリニティの当然の求めと考えられた、なくてはならない性的なはけ口を差し出して彼らに奉仕することを期待された。とりすましたヴィクトリア時代人にとってさえ、男性が売春婦を訪うのは、他の男性と性的な関係を持つよりはましなことだった。妾や売春婦としての地元の女性たち、そして植民地で妻や恋人になったイギリス女性たちは、男と女、マスキュリニティとフェミニニティ、そしてセクシャリティの、適切なかたちと不適切なかたちのあいだに明確な区別を認めるジェンダー構造を維持するための、きわめて重要な構成要素をなしていた。

とりわけ19世紀と20世紀前半に、帝国においてセクシャリティの統制がきわめて多くみられるのはこういった理由からである。この種の法令は、男らしい、あるいは女らしい性的行動およびその境界線の双方を厳密に区別して維持するものである。もちろんイギリス人にとっては、地元の人びとは性的にふしだらで節度を保つなど考えもしないということもまた自明とされた。探検家や入植者たちが、セクシャリティがイギリスとはまったく違う見方をされている場面に出くわしたであろうことには疑問の余地はない。いうまでもなく、イギリス人の多くはより自由な性的慣習の機会を彼らに示す社会を非難しつつも、その誘いについては甘んじて享受したのである。

この矛盾した、そしてはっきりいえば偽善的な立ち位置は、イギリス人が植民地で遭遇したジェンダー構造と社会的な両面価値を示している。帝国の時代はキリスト教正統主義が盛んだった時代でもあるが、そこではセクシャリティは罪深いと同時に子孫繁栄につながるものとして、二股に分岐した解釈をされていた。キリスト教世界には、女性を危険な誘惑者と見なす長い伝統がすでにあったが、イギリスの男たちが罪とセクシャリティの間の宗教的な連関にわずらわされない女性たちに出会ったとき、この伝統はたやすく強化された。そのような環境にあって、イギリス流の女らしさの具現（仮にそれがつねに現実ではないとしても）と明らかに異なった女性たちは、必然的に魅惑的な存在となった。この両面価値には、ときに欲望と嫌悪がないまぜになっていた。すなわち現地の女性たちについての描写は、彼女らの美しさと性的な自由にむけられた熱狂と、彼女らの醜さと淫らさにたいする戦慄との間でしばしば揺れ動いたのである。

1810年の夏、ロンドンの住民は2シリング6ペンスという法外な入場料を払えば、喜望峰ケープから見世物にするために船で運ばれ、新聞各紙が「ホッテントット・ヴィーナス」と呼んだある女性を生身の姿で見ることができた。このサラ（あるいは南アフリカで知られていた名ならサーティー）・バートマンはコイサン人の女性で、船に乗って南アフリカからロンドンへと長く危険な旅をしてきた。伝えられるところでは、バートマンは巨大な尻や乳房、陰唇のために、流行の発信地ピカデリーで白人興行主によって見世物にされ、19世紀前半における豊満でエキゾチックな植民地のセクシャリティにたいするヨーロッパ人の妄想を象徴する存在になったという。ロンドンで、次いでパリで行われて大人気を博したバートマンの肉体展示は、ひとつの植民地演劇であり見世物であった。それは、ヨーロッパ人が過剰なアフリカのセクシャリティと見なしたものに魅了されたことと、この時代にあってはほぼどこであっても男性に従属していた女性が、帝国を定義する力関係においてのひとつの重要な鍵であったことに光を照射するものであった。

ときにそれが美しく官能的であったとしても、植民地女性の特徴とされた動物的で野獣じみた描写は、少なくとも16世紀における航海とヨーロッパ人の旅の黎明期にまでさかのぼる。女性たちの身体についての記述は初期の旅行記における定番の要素であり、これらの記述はみなお約束として性的特徴に焦点を当て、たいていは特に女性の乳房についての所見を述べていた。信じられていた事柄のひとつは、「文明化された」女性たちが出産時に耐える苦痛とはまったく対照的に、これら裸体の原始的な女性たちにとって分娩はたやすいというものだった。これは地理的に広大な範囲に流布した信念であった。観察者たちは、アメリカやオーストラリア、アフリカ、そして太平洋の女性たちの分娩の軽さという、この羨むべき特長を主張した。それは「原始的な」セクシャリティの証明のひとつであり、異教徒をキリスト教徒と区別するのに好都合だった。旧約聖書によれば、アダムとイヴが禁断の実を食べたのち、神の罰には「汝は苦しんで子を産むであろう[(4)]」との断言が含まれるようになったとされている。これが出産時における女性の苦痛をさすとして広く解釈されるようになり、キリスト教徒の女性は神がイヴに与えた災いを経験するが、その一方で異教徒はその災いには抵触しないままでいるのだとされたのである。

博物学者たちが人類の起源を熱心に探し始め、カール・フォン・リンネが猿と人との共通点について論じた18世紀には、獣姦というテーマが非西洋人についての記述のなかにじわじわと忍び込んでいる。エドワード・ロングは1770年代の記述でアフリカ人と猿が酷似していると述べ、「オランウーラン」が「ニグロ女性」にむける感情は「ある動物が同じ種の動物にたいして向けるような、情欲への自然な衝動[(5)]」であると示唆した。かくしてアフリカ人と猿は、ひとつの種へと省約された。このような考えの数々――ロングのおぞましい想像は格別突拍子もないものではなかったのだ――は、現実にせよ空想にせよ、性的行動が文化的、道徳的な指標となることを許し、植民地支配の正当化を下支えするようになった。

セクシャリティの統制にきわだって政治的な関心が払われたことは、そのような非難と誤解の空気の中でこそもっともよく理解される。特に19世紀後半以降、イギリス本国でもまた、これらの生活の私的領域にたいする政府の浸食が目に見えて増加していた。だが植民地においては、本国で受け入れられたよりもより幅広い法がずっと早くからあったというのは、これまでみてきたとおりである。さきに論じた接触伝染病法は、多くのイギリス領植民地で1850年代にはすでに施行されていたが、本国に導入されたのは1864年であり、しかも本国の法は植民地法ほどに包括的なものではまったくなかった。植民地において、法は金銭を介する性行為の概要を定めただけではなく、結婚や堕胎、嬰児殺し、婚外交渉、同意年齢、異人種間の性的関係などにも及んだ。常に目立っていたのは、イギリス人が適切だと見なす行為と、彼らが支配する人びとの行為の間の緊張であった。

植民地においても支配的になっていった西洋式の結婚の定義は、結婚年齢から寡婦のおかれる地位、結婚のなかでの権限から結婚の法的構成、そしてもちろんひとりの人間が何人と同時に結婚できるかということなど、幅広い慣行に及んでいたため、特に影響力が強かった。結婚をひとりの女性とひとりの男性の間の誓約とのみとらえるキリスト教の理念では、イギリス人が植民地化した地で遭遇した多くの慣習が是認できなかった。

内縁関係（愛人を囲うこと）は時とともに勧められるものでなくなっていったが、それはより多くの女性が本国から帝国に移動したからばかりではなく、そのような関係が生み出す異人種間の混血の子孫への懸念が高まったためでもあった。これらの異人種間関係による子どもたちは、たいていひどい差別を経験した。北米入植地の開拓初期において、彼らはもっぱら先住民の家族のなかで育てられた。インドではユーラジアン（欧亜混血人）の子どもたちは、混血の子どもたちを訓練し育てるために設立された施設に送られたが、彼らの一番可能性の高い未来は、インドのコミュニティからもイギリスのコミュニティからも隔離された閉鎖的なユーラジアンのコミュニティの中にあった。西インドにも同様に、黒人のコミュニティからもプランターのコミュニティからも隔絶されて生きる、かなりの数の混血人口がいた。

20世紀初頭までに植民地の役人は、地元の女性と性的関係を持つ政府関係者は昇進を期待できないだろうとの周知をはかり始めたが、それによってもたらされた結果はおそらく、このような関係の減少ではなく周縁化であったろう。女性たちは男性のパートナーと離れての生活を強いられ、それでいてなお彼らに性的なものを含めたサーヴィスの供給を期待された。収入や住まいを失うのはもちろん、すべて女性側であったろう。内縁関係の利点はいつもすべてが男性の側にあり、イギリスの側にあったのである。

しかしながら、自由身分と奴隷状態のどちらにある女性にとっても、入植者の男性との繋がりは、よしんば一時的であったにせよ、彼女たちの暮らしに経済的な向上をもたらし得たし、実際にそうなることもあった。ただこのような取り決めの安定性は、いつも危ういものだった。男たちはそういった関係を自分自身の都合で終わらせたが、それは白人女性と結婚するためのこともあれば、新しい土地に転属されるためのこともあった。我々がたいてい聞き及ぶのは、裕福なやんごとない姫君との魅惑的な関係のお話だが、植民地の内縁関係はたいてい比較的恵まれない層同士で結ばれるものだった。富裕な外国人に囲われる女性はまれであり、たいがいはささやかな金しか持たない男に奉仕し、その関係も突如終わりうるものだという自覚を常に持っていた。正式な結婚とは異なり、そこには男の側に期待される責任や義務はなかった。とはいえ実際には、自分が産ませた子どもの面倒をみたり、女性にいくらかの金を与えたりした者もいた。愛人を合法的な妻にしてやるとか、二人のあいだの子どもが相続人だと認める男は、至極あっぱれな男だった。すべての責任は、内縁関係を賃金労働の一形態としている女性の側にかぶせられた。植民地に特有のこれらの「一時的な結婚」は、ジェンダー化された労働の一類型としてもっとも理解しやすいものである。

より広い範囲での労働は、植民地のジェンダー区分の作用がしばしばイギリス本国とはまったく異なっているいまひとつの領域である。住んでいる場所がイギリス本国であろうがアフリカ大陸であろうが、香港であろうがエジプトであろうが、家を出て生計を立てなければならない貧しい女性たちは働いた。しかしながら彼女たちのした仕事は、著しく異なったものでありえた。当然のことながら、そこには現地の労働のジェンダー区分に植民地化が与えた重要な影響が見て取れる。イギリス本国においてと同様、製造業と鉱山業に関連するきつい肉体労働は、大方が男性のものであった。インドでは、本格的な工業化に先だってマニュファクチュアの伝統があったが、生計の手段を失ったのは女性だった。このことは、19世紀半ばまでにそれまで女性が優越していた労働をそっくり男性の労働者で置き換えた、イギリスの織物業の変化と奇妙に呼応している。イギリスでは、現実問題として女性が賃金を失ったために家族の収入が打撃を受けることがあっても、工場からの女性の排除は家庭を向上させる社会的かつ道徳的な改革として広く歓迎された。インドではこれとは異なり、インドの織物はイギリスの織物とは競合しないというイギリス商人の主張がインドの織物業を故意に遅滞させ、結果として伝統的な女性の仕事が大量に奪われることとなった。農業は、女性たちが自活と家族を養う道を求めるにつれて女性化していった。インドにおけるプランテーション労働は、特に茶とコーヒーの手摘み作業を中心に、次第に女性の世界と化してゆき、その一方で20世紀前半までに男性は工業関連の仕事の90%近くを占めるようになった。

けれど、植民地と本国の間を行き来していたイギリス人の観察者であれば、いかに多くの植民地の女性が本国では昔から男のものとされている仕事に就いているかということにショックを受けたに違いない。その数は時とともに減じたが、観察者は工場に、鉱山の地下に、厳しい肉体労働の建設現場に、そして本国の働く女性たちを締め出してきたその他の多くの産業に女性の姿を見出したであろう。初期のアメリカ映画興行主、トマス・アルヴァ・エディソンは、1903年にイギリス領西インドで一連の映画を撮影したが、それらには女性が激しい肉体労働に従事していることへの西洋の傍観者の驚きが記録されている。シリーズ5本の映画のうちの3本は、カリブの港に停泊中の船に石炭を補給する女性たちや、石炭の籠を頭に載せて船のボイラー室へと運ぶ女性たちの姿をとらえていた。残りの2本はもっと伝統的な場面である、子どもを風呂に入れたり洗濯をしたりする女性を描写していた。

イギリスで1840年代に女性の肉体労働を制限し始めた保護的労働立法は、19世紀末と20世紀初頭になってようやくインドにたどりついた。イギリスの場合と同様に、これらの法はもっぱら製造業と鉱山業に焦点を絞っていたが、それらは女性たちがその当時仕事を見つけることができた主要な雇用領域の周辺部にあるものだった。1911年にインドの工場で働く女性たちは夜間の作業を禁じられたが、この禁止法はイギリスでは1844年までさかのぼる。1928年にインドでは女性の鉱山業への従事が制限されたが、類似した制限立法はイギリスでは1842年に効力を発揮していた。このように、厳しい肉体労働から女性を遠ざける動きは、植民地ではイギリスよりもはるかに遅れて起こったが、それはどこでも女性の経済的自立の機会を減じることになった。

農業へと移る女性たちのはっきりした動きは、決してインドだけにとどまるものではなかった。アフリカでも鉱山業と製造業において男性の労働力が多くを占めるようになっていったが、それは家から遠いこともよくあったため、とりあえず家族を養う責任を女性に残してゆくことになった。自分たちが食べるための農作業は女性の仕事となり、一方では大規模な共同作業による換金作物栽培が次第にそのような作業に充てられる土地を蚕食し始め、農村の女性たちはさらに困窮していった。結果として女性たちは遠くの畑に仕事を求めて移動し始めたが、その数は男性よりは少なかった。彼女たちは農業プランテーションで働くか、あるいは小商いの商人や家事奉公人、性労働者として都市に移動し、しばしばこれらのスキルを組み合わせてなんとかやりくりをしていた。機会があれば、彼女らは兵舎住まいの男性に調理した食べ物を売ったり、ビールを醸造したり、性的なサーヴィスを提供したりした。これらを組み合わせることで、稼ぎをできるだけ多くしようとしたのである。

入植地であっても従属した植民地であっても、植民地にあっては白人女性もまた働いていた。白人が入植している環境では、彼女たちはイギリスでそうであったのとほぼ同じ位置を占めており、19 世紀ではおもに家事奉公につき、時代が下ると販売やサーヴィス部門に広がっていった。ここでもイギリスと同じ家庭的な空気――すなわち女性、とりわけ既婚女性は家庭にあって子どもを育てるべきだとする――が、白人女性の労働機会を制限していた。もちろん入植地にいる地元の女性たちにとって、機会はもっと少なかった。家事や性的なサーヴィスは、白人の植民地世界で彼女たちが自活するにはもっとも見込みのある手段であったが、期待できるのは白人女性よりも安い報酬がせいぜいのところであった。

白人が入植しない植民地では、白人の働く女性は数が少なくても役人には歓迎されなかった。性的な商売をしているのではないかと、いつも疑いをかけられたからである。シンガポールのような都市で酒場のウェイトレスとして働く白人女性は、仮にこれが道徳的な両義性を持つ仕事だとするとその典型であったかもしれない。彼女たちが明らかに自立していることは、帝国が男の世界だという概念を嘲笑していた。役人たちはそのような女性たちを「真っ当な」白人女性を危険にさらすものと見なし、植民地の白人女性の多くはそれに同意した。南ローデシアに住んでいる白人女性の大部分は、1915 年に立法議会に提出された、酒場やホテルでの女性の雇用の禁止を求める請願書に署名した。請願は不首尾に終わったものの、それらはこの問題と、植民地という環境における白人女性の不安定な地位をめぐる雰囲気の厳しさをあらわにした。看護師ははるかにリスペクタブルで女性的であり、19世紀末までには植民地でもかなり姿が見られるようになったが、彼女たちでさえきつく手綱を絞られて、自由時間と余暇の楽しみを注意深く監視された。

しかし機会を制限されたとはいえ白人女性がイギリス領植民地で仕事を見つける余地があったのにたいして、植民地からやってきた女性がイギリスで仕事を見つけるのははるかに困難だった。イギリスで仕事をする植民地出身の女性は、植民地帰りの家庭でもっぱら家事に従事していたが、その数は少なかったし、それ以外の仕事はほとんどないに等しかった。植民地において、女性たちは帝国統治のひとつの結果として、確かに以前よりずっと自由に移動できるようにはなったが、仕事の選択肢は男性のそれよりもはるかに制限されてとどめ置かれた。彼女たちは帝国の中で移動することもあったが、それは契約に基づいてのことか、あるいは家族に同行する場合であった。イギリスに住む植民地出身の男性は、それよりも少しはましだった。彼らの多くがそうだったように、イギリスの港に停泊する船で主として肉体労働に従事していたものたちは、ある程度の期間はイギリスに滞在できる見通しが立ちそうだった。社会的地位がさらに上になると、植民地の地元エリートがイギリスを訪れるのは珍しいことではなかったし、イギリス社会への同化に成功し、19世紀後半にロンドンの一選挙区から下院議員に選出されたダーダバイ・ナオロジ［インドの穏健派ナショナリスト］のように、長期間にわたってイギリスで生活することさえあった。

一方、裕福な白人女性は、帝国中をかなり自由に移動することができた。多くの活動的な女性たちは帝国の各地方を社会状況の調査に訪れたが、これは裕福な女性旅行家たちが一般的な旅行ルートから外れた土地を訪れて、そこでの冒険について出版するという19世紀におけるカルトのような熱狂であり、実際そのような書物の多くはよく売れた。そういった女性たちはふつう白人男性の連れを伴わなかったが、まったくの単身で旅をしていたわけではなかった。同時代におけるヨーロッパ人男性の旅行家や探検家のように、これらの女性たちはポーターや料理人、現地の知識を持つ案内人と一緒に旅をしていた。これは金に余裕のある者たちの道楽に他ならず、植民地の美術品や工芸品の膨大なコレクションを収集する者もいた。19世紀も終わりの時期に西アフリカを広範囲にわたって旅したメアリ・キングズリは、幅広い収集活動を行った。1900年に彼女が南アフリカで熱病のため死去した後、彼女の伯父である小説家チャールズ・キングズリは、かなりのものである彼女のコレクションをオクスフォードのピット・リヴァーズ・ミュージアムへと遺贈している。

だがキングズリーのような女性たちは、いつも変わり者だと見られるままだった。帝国建設に対する女性の貢献は、家庭性というレンズを通して見られることの方がはるかに多かったのだが、このことは、なぜ多くの人びとが帝国の理念と植民地女性の存在のあいだに根本的な不連続性を認め続けていたのかを説きあかす一助となるだろう。帝国の初期段階において、生活は家庭的以外の何物でもなかった。20世紀になっても、（フィクションや映画のなかで何度も繰り返し記憶された）荒涼とした僻地のフロンティアはまだ豊富に存在しており、それらは男性の領域と見なされた。イギリスにおける帝国の表象は、この次元で喧伝される傾向があった。なぜならそれはより報じるに値し、かつエキサイティングだったからである。19世紀後半の帝国に関する記述を読むと、ラクダに乗り、ジャングルを切り開き、ひどい天候のなかで常に危険と隣り合わせで過酷な労働に就くというひとつの世界が浮かび上がってくる。帝国は、まずは男たちが土地とそこに住む者たちの双方を文明化して服従させた後にのみ、女性に相応しい場所となるのだった。女性の役目はこの苦心して手に入れた前進を、将来の植民者を産んで秩序や清潔さを保ち、文明化の模範を示して維持することだった。自由党の政治家T・J・マクナマラは1905年に『コンテンポラリー・レヴュー』誌に寄せて、「帝国は、くる病病みの胸板が薄っぺらな市民では築けない」(6)と断言している。20世紀初頭における労働者階級の健康と衛生状態の悪化にたいする懸念は、イギリスにおいてと同様に、白人入植地においても女性の母としての役割への関心を大きく高めた。出生率の低下もまた、帝国の未来に警鐘を鳴らす引き金となった。しだいに政府は乳幼児の福祉や家庭生活の向上にむけた調査にとりかかるようになった。プレスはこれを進んで後押しし、女性の人生における目的は家族や帝国という、より高みにある目的のための無私の献身だという絵図を描き出した。

とりわけミッションは、キリスト教の家族モデルの推進に懸命だった。奴隷廃止を支持する福音主義はしばしば、奴隷解放によってアフリカ人は、男が世帯の家長となり女が子どもを育てるという西洋式の家族構造のなかで、より安楽に生きられるようになるだろうと強調した。ミッション・スクールでの女子教育では、裁縫や手芸のような女性化された技能にしばしば力が入れられたし、また家族を改宗させようとする宣教師たちは、その家族がもし道を踏み外せばすみやかに支援の手を引いた。宣教師たちは植民地の信徒集団と子どもにたいする統制をめぐって争うことがよくあった。なぜなら宣教師はキリスト教における教育を、恒久的な改宗を確かなものとする核心と見なしていたからであった。19世紀のオーストラリア植民地の多くでは、地方当局の意のままにアボリジナルの子どもを生まれた家族から引き離して施設に移すことが合法であったが、このことは20世紀半ばの「盗まれた世代」[iii]の時代に心痛む爪跡を残した。この時代、アボリジナルの血を引く子どもたちは、生まれた家から何百マイルも離れた地方の学校に強制的に配置された。20世紀オーストラリアにおける（そしてより小規模ながらカナダのファースト・ネイション諸民族でもみられた）このチャイルド・リムーバル[iv]は、この国家のもっとも大きなスキャンダルのひとつとなっている。1960年代後半までに、ノーザンテリトリーにいたアボリジナルの子どもの18%が、政府によって親から引き離され、保護下におかれたのだった。

帝国に女性の姿が増えてきたために、性的な危険について過度の警戒心が生み出されたこともあった。「劣った」民族は性的に放縦だという興味本位の積年の偏見は、現地の男性は白人女性にたいする性的欲求を抑えることができないのではないかという恐怖感をあおった。1857年のカンプールでのインド人シパーヒー[v]によるイギリス人の女性と子どもにたいする襲撃は、イギリスの報道ではたちまち、帝国への不忠だけではなくレイプと性的虐待の物語にもなった。このような罪の咎を受ける証拠は希薄だったが、それか

iii　20世紀初頭から後半にかけて、オーストラリア政府の子ども隔離政策によって家族と引き離されて孤児院や収容施設に送られたアボリジナルの混血児のこと。

iv　望まない生育環境にないと判断される子どもを親元から引き離して保護する対処。

v　イギリス東インド会社がインドで編成した現地人兵団のインド人傭兵。

ら半世紀以上後に第一次世界大戦でインド人兵士がイギリス人兵士とともに戦ったとき、本国で戦傷から回復したインド人兵士は、イギリス人女性を誘惑するといけないという理由で病院の敷地から出ることをほとんど許されなかった。陸軍省は、インド人の制御できない欲情に火をつけることを懸念して、イギリス人看護婦がインド人兵士に手を触れざるをえない仕事をしなくていいようにするために必死で抵抗した。

制御不能の性的欲求という誇張された幻想が高じるあまり、白人女性にたいする性的暴行を死刑犯罪とする懲罰的な法令にいきついたところもあった。そのような法の最初のものは、南ローデシアで1903年に制定され、1926年にパプア・ニューギニアにそれがそっくり移されて白人女性保護条例というあからさまな名称が与えられた。ニューギニアの方の条例は1958年まで現地で効力を持った。南ローデシアでは、白人女性がアフリカ人男性と性的関係を持つことはもとより、彼らの性的関心を惹いただけでも違法行為となったが､法廷で性的罪状に問われるのは､もっぱら黒人男性であった。今日「黒禍」として知られる恐慌状態は、19世紀末から20世紀初頭に多くの植民地でよくみられたが、これは白人男性の権力に対抗する性のかたちをとった危険への植民地の不安を反映したものであった。白人女性が有色人男性との性的な関係を自ら選択するかもしれないという考えは、どちらかといえば、有色人男性がそれを無理強いすること以上に不安を煽られる予見だった。

白人女性が、性的な罪となるこの領域に自ら道を踏み外して入るのではないかという恐怖は、植民地と本国の双方に影響を与えた。第一次世界大戦中、公文書や新聞は、インド人兵士がイギリス人女性を虜にするばかりではなく、多感なティーンエイジャーが中国人男性に性的に惹かれないかとの懸念をあらわしていた。大戦直後の1919年に多くのイギリスの都市を揺るがせた人種暴動は、白人女性が有色人男性と関係を持つことをめぐる白人男性のルサンチマン[vi]が突き動かしたという部分が、少なくとも幾分かはあった。内務省が結婚登記官にたいし、下等と見なされる人種の男性との結婚を考える女性にむけての警告文を交付したのは、これとほぼ同じ頃だった。警告文は女

vi　おもに弱者が強者に対して恨みや憎悪、嫉妬などの負の感情を抱くこと。

性たちに、一夫多妻文化の結婚になってしまうかもしれないと忠告し、のみならずそのような結婚はイギリス政府のあらゆる保護の放棄を意味すると通告していた。1899年に「野蛮な南アフリカ」という展示がロンドンのオリンピア劇場で開催されたときは、ズールー人の俳優が白人女優と同じ舞台に立つことをめぐって相当な論争がたたかわされた。アフリカ人のひとりが白人女性と婚約すると、この見世物は女性に門戸を閉ざさざるをえない状況に追い込まれた。批評家たちは、黒人男性と白人女性を一緒にしておくことそれ自体が、異人種間結婚という「害悪」を生み出すと考えていた。

植民地の地元民族がもたらすジェンダー化された危機は、たとえ植民地当局がさほど熱を入れて取り締まることはなかったとしても、入植した人びとの経験の中では重大な問題であった。女性たちをめぐる軋轢と嫉妬は、男性が女性を数でしのぐフロンティア社会におけるいわば風土病であった。このような場合において、地元の女性はレイプや誘拐、性的強要にさらされる危険がきわめて高く、入植者の男性にたいする罰則はごく軽いものだった。19世紀オーストラリアの僻地では、白人男性は出くわしたアボリジナル女性を自分のものにする権利を与えられていたが、この慣習は、アボリジナルはとかく淫乱な民族だという主張に基づいて広く正当化されていた。アボリジナルの女性が白人入植者によって意に反して捕らえられ、逃げられないように鎖で繋いでおかれるというようなことも珍しくはなかった。搾取の歳月がもたらした膨大な数の混血児たちは、20世紀半ばのオーストラリアで「白人に育てる」試みの対象となり、アボリジナルの母親から引き離されて寄宿学校に入れられ、西洋とキリスト教の価値観に基づいて育てられた。これらの混血系統の子どもたちは、白人のオーストラリア人の子どもと決して平等には扱われることはなく、少女であれば家事奉公の、少年であれば農場や大牧場の働き手としての訓練が施された。しかしこれと同時に、オーストラリア植民地の白人女性にたいする性暴力で告訴されたアボリジナルの男性が、公正な裁判を受けられる見込みは薄かった。なぜなら彼らの行動は、入植が行われない植民地と同様、支配する側の白色人種にとって危険な脅威と見なされたからであった。

性暴力やジェンダー化された暴力事例の増加が、植民地支配の後作用とし

図 12　カンプールのインド大反乱（1857 年）記念碑。インドではイギリス人の死者の記念碑がよく見られる（Getty Reserch Institute, Los Angeles, California）

ておこった事例もある。1947 年にイギリスがインドから撤退したとき（第 11 章を参照）、その結果として生じた暴力行為は、約 10 万人の女性たちが対立する宗教グループの男たちによってレイプされ、蹂躙され、誘拐されるという事態にいたった。性暴力の噂が広まったとき、多くの家庭において女性たちは誘拐される前に一族の名誉を守るための手段として殺害された。女性たちは分離独立がもたらす不安の象徴となり、植民地支配が生み出したものであって自分たち自身で作ったわけではない戦場のただ中におかれ、数多くが命を失ったのである。性的な危機にたいする白人の恐怖はその大方が現実とはかけ離れていたが、地元の女性たちにとっては性的な暴力や危険はごくありふれた経験であった。それは植民地主義の性的な抑圧と植民地主義が、現地の人びとの生活から人間性を剥奪しがちであることによるものだった。

だが、植民地での暴力がありがちなものだからといって、そのために女性たちが生み出したジェンダーの平等を推進する重要な影響が不可視化されるべきではない。植民地の女性たちは、イギリス本国のフェミニストたちが女性の権利の拡張のために戦ったのと同様の戦いにその身を置いていたのである。ニュージーランドやオーストラリアの白人入植地の女性たちは、（第 4 章で述べたように）早い時期に投票権を勝ち取った。とはいえこの選挙権の拡張で雇用の機会が広がったわけではなかったし、それ以外の大きな変化が女性たちの生活にたくさん起きたというわけでもなかった。オーストラリアでは、女性参政権（ニュージーランドでは 1893 年に、すべての旧オーストラリア植民地では 1908 年に達成された）には、体制を安定させ維持するという目的があった。女性は夫と同じ投票をするか、あるいは「自然に」保守的になるかだと広く想定されていたからである。オーストラリアにおいて女性たちが権利を獲たのが、勢いを増していた男性の労働運動の政治的影響をおさえる方法を政府が模索していた、まさにその時であったのは偶然の一致ではない。

しかしながら立法府が任命制であり選出制ではない植民地における選挙権の問題は、単に理論上のことにすぎなかった。この点が緩やかに変化してゆくとともに、女性たちは政治に参与する準備を整え、熱意を持つようになった。インド人の女性たちが自分たちの代表者を求めたのは、1920 年にインド政府法が限定的に政治システムを開放した時のことであった。これらの慎重な改革はインド人に（中央政府ではなかったが）地方政府での発言権を与え、1927 年にはインド初の選挙で選ばれた女性がマドラス立法議会に議席を得た。1935 年に、21 歳以上で財産か教育を条件として持つインド人女性は投票権を獲得したが、それはシンボリックな勝利にすぎなかった。これで選挙権を与えられたのは、インドの膨大な人口のなかのわずか 600 万人ほどだったからである。それでも女性たちは、自分たちの新しい権利を精力的に行使した。1936 年と 1937 年に行われた選挙で選ばれたインド地方議会の 1500 の議席のうち、女性は 56 議席を勝ち取った。パレスチナでは、ユダヤ人の女性たちが政治代表者の擁立のために（パレスチナの女性のためにではなかったのだが）イギリス統治時代に戦い、1920 年代半ばに権利を獲得した。女性たちはまた、特に 20 世紀になると植民地主義に反対する闘争においても活動的であった。ケニアでは、マウマウ団を支持する女性に対する留置収容所が 1954 年に開所した。いたるところで、植民地化された土地の女性たちは、植民地支配からの自由を求める戦いに加わった。パレスチナ、アフリカ、東南アジアと南アジアといった、植民地主義が現地の抵抗にあったところではどこでも、女性たちは植民地支配からの自由を獲得する闘争に参加した。（第 10 章では彼女たちの努力に立ち返りたい。）

女性たちの行動主義のこの長い歴史にもかかわらず、イギリスのフェミニストたちは植民地女性からやってきた女性たちを、力なく惨めで奴隷のように扱われており、平等をめざしたより大きな活動の中でのパートナーではなく支援が必要な状況にあるものとして描写しがちであった。西洋のフェミニストたちはよく自分自身の役割を救済者のそれとして明言するが、これは宣教師や社会改良者の目的とさしたる違いはない。19 世紀後半に、フェミニストの出版社は、高い壁の内に閉じ込められ、教育を受けさせてもらえない「虐げられた」インド人女性についてのおびただしい数の記事を出した。また 1920 年代と 1930 年代にイギリスの女性政治家たちは政府にたいし、女性器切除を慣習としている植民地や、少女が家事苦役に売られる植民地に介入するよう迫った。このような活動家が地元の女性グループと連携をとることはまれであった。むしろ彼女たちは、女性があまりに残虐な扱いを受けるために自分たちの福利のために戦うこともできないような場所に赴く開拓者と、自らを見なしていた。

植民地にされた地の女性を導きと保護を必要とするものとみる傾向はときに、フェミニズムに内在する帝国主義擁護の政略がもたらした結果でもあった。19 世紀および 20 世紀前半のフェミニストの活動家の多くは帝国主義者を非難し、その批判は大方のところ、植民地主義の原則ではなく、女性たちの運命の改善にイギリスが失敗したというところにいきついていた。反帝国主義者とされた人びとのなかにさえ、植民地の女性は自分たちのために声を上げることなどできないと考える傾向はあった。

もちろん、西洋人でない女性や植民地の女性が姉妹たる西洋の女性よりも従属的な立場におかれ抑圧されているという考えを否定する女性も常にいた。他国のジェンダー・システムは自分の母国イギリスのそれほどにはひどくないと考えた女性のひとりが、オスマン皇帝に近侍していたイギリス領事の妻で、1700年代前半に東地中海に住んでいたレイディ・メアリ・ウォートリ・モンタギューである。モンタギューは、ヨーロッパ人がみな女性の抑圧の印だと見なしていた女性のヴェールは、変装し夫に見つからないで出歩けるのだから自由な面もあると考えた。イギリスの帝国事業への支援に女性たちがたいてい熱を上げていた18世紀や19世紀にあっては、モンタギューのような女性はめったにいなかったが、20世紀になると西洋人のなかにも反帝国主義らしきものがゆるやかに増えてくる変化が見られ始めた。だが反帝国主義的な西洋の政策を支持する女性たちのなかにも、女性の経験と問題は万国共通だと考える傾向は根強かった。

西洋の規範によって定義されたマスキュリニティとフェミニニティは、帝国経営の屋台骨であった。イギリスが出くわした社会の方がジェンダーの点でいくらか公平だったと言わんとするわけではない。その逆に彼らは自分たちなりのジェンダーを形づくる自身の概念を持っていることがよくあったが、これまで見てきたように入植者たちはたいていそういった考えを非難した。ジェンダーは、男性と女性で異なって課せられる社会的役割として定義されるが、それは植民地世界を奥底まで根を下ろす無数の方法で形づくった。帝国という事業には、そこに関わる――それが選択によるものにしろ、強制されたにしろ――数多くの民族の期待と価値が内包されているが、それらはしばしばこのジェンダーという重要でかつあやうい領域において破綻を見てきた。植民地経済の要請が生み出す性比の不均衡、性別による役割と性的行動、家族の定義、男性と女性のそれぞれは何をしてもよく、また何をするべきであるのか。こういったことについての見解の異なりは、植民地ではジェンダーへの配慮が常に交渉の要点であり、また重要な問題であったことを意味している。このことはまったく副次的な問題などではなく、植民地支配を形づくりそして維持するひとつの鍵であり、核をなす組織的な原則なのである。

注

(1) Sigmund Freud, 'Character and Anal Eroticism', in J. Strachey (ed.), *The Standard Edition of the Complete Psychological Works of Sigmund Freud*, vol.9 (London: Hogarth Press, 1953), pp.169-75.（邦訳　ジークムント・フロイト、中山元訳『エロス論集』ちくま学芸文庫、1997 年所収）

(2) Edward Said, *Culture and Imperialism* (New York: Alfred Knopf, 1993), p.137.（邦訳　エドワード・W・サイード、大橋洋一訳『文化と帝国主義』1&2、みすず書房、1998 年）

(3) Margery Perham, *Pacific Prelude: A Journey to Samoa and Australasia, 1929* (London: Peter Owen, 1988), p.77.

(4) 創世紀第 3 章－12。

(5) Edward Long, *The History of Jamaica. Reflections on Its Situation, Settlements, Inhabitants, Climate, Products, Commerce, Laws and Government*, vol.2 (London, 1776; reprint edition, Montreal and Kingston: McGill-Queen's University Press, 2002), p.364.

(6) T. J. Macnamara, 'In Corpore Sano', *Contemporary Review* (February 1905), p.248, quoted in Anna Davin, 'Imperialism and Motherhood', *History Workshop Journal* 9 (1978), p.17.

第10章

イギリス帝国への抵抗

CONTESTING EMPIRE

イギリス帝国は、第一次世界大戦後、国際連盟より委任統治領を付託されたことにより、版図が最大となった。しかしながら20世紀のイギリス帝国の最大の特色は成長ではなく、収縮であったことは強調してしかるべきである（脱植民地化のプロセスにみられた特色ついては次章で述べることにする）。ここでは、脱植民地化を理解するために、その背景にあった、当初は散発的なものにすぎなかったが、それでもゆっくりと、着実に無視できない成長をとげた帝国内の反植民地主義ナショナリズム運動について検討する。

その頃までには、帝国植民地の人びとのナショナリズムは、出現以来十分に長い歴史を有していた。近世および近代の歴史家は、「国民国家」の生成は彼らが研究対象とする時期に特有のものであると主張してきた。19世紀、ヨーロッパの国境が大きく変わり、イタリアやドイツに近代国家が生まれた。第一次世界大戦により、中欧・東欧の地図は再び大きく塗り替えられた。こうした変更は、軍事的な、あるいは帝国的な行動の結果であったが、大衆の間で国民意識の確立に向けた機運が急激に高揚していたのも事実である。植民地におけるナショナリズムはヨーロッパで見られたものとは大きく異なっていたが、ここでもやはり不当な支配と正当な支配との違いが強調されていた。西欧の帝国列強がかつてないほど民主的な政治形態をとっていた時代にあって、大半の植民地の議員に現地の人がひとりもいないという状況は、当時の政治的な趨勢からますます乖離していくようだった。だからといって、イギリスの植民地で展開されたナショナリズムの形が単純に西洋からの輸入であったというわけではない。もちろん西洋が一定の影響を与えたのは事実であるが、明敏な活動家は、自分たちの国で人びとの琴線に触れるように国民意識を喚起する手法をそれぞれ編み出した。その結果、帝国各地ではさまざまなナショナリストの運動が展開された。こうした運動が連帯することになったのは、それらがイギリスの植民地支配の正当性を問う姿勢を強めていったことによるところが大きい。反植民地主義ナショナリズムは、植民地支配に対する批判と結びついたナショナリズムの特殊な形態である。これは、脱植民化への動きを後押しすることが多かったものの、それだけがこの動きを推し進めた要因というわけではなかった。イギリスの当局者が反植民地主義ナショナリズムを非常に深刻にとらえていたがゆえに、対応は激しくかつ懲罰的になりがちであった。

反植民地主義ナショナリズムの始まりがいつかを特定するのは簡単ではない。これは外部勢力に植民地化されたという経験と密接に結びついた国民意識のひとつの形であり、そうした権力に対する抗議は帝国において早くからみられるものである。それでも、こうした抗議行動が広がったのは20世紀になってからであった。急速な広がりのために、帝国の大部分が大規模な抵抗に常に見舞われることになった。イギリス人は19世紀の間、植民地における反乱を局地的で、民族的なものとして重視しなかったが、20世紀にはいるとそうした反乱のナショナリスト的な性質を否定することは難しくなった。クリストファ・ベイリは、世紀転換期の大物帝国官僚たち――インドのカーゾン、南アフリカのミルナー、エジプトのクローマーなど――が、教養のあるインテリ層による自由や政治的権利の拡大要求をやり過ごそうとしたり、抑圧したりしたことが、植民地主義に対する抵抗運動に火をつけたと指摘している[(1)]。これは、ジョン・ダーウィンが「より侵略的で明確なかたちをとった帝国支配」と的確に定義したものの一部であり、他の帝国列強との競合が激化していった20世紀初頭にイギリスの経済および外交の必要性から生まれた[(2)]。

20世紀初頭のイギリスの二つの大戦、つまり1899年から1902年にかけての南アフリカ戦争（ボーア戦争）と第一次世界大戦（1914～1918年）は、帝国的な結びつきをいくつも揺るがすことになった。イギリスが南アフリカで勝利できるかどうか、確かなことはまったくわからなかった。ボーア人に対して優位に立てるようになったのは、イギリスが容赦ない戦略をとるようになってからであった。イギリスが行った抑留所の設置や、ボーア人の農場の生産性を損なうためにとった「焦土作戦」などは、世界的にはほとんど承認を得られなかった。イギリスの戦略は国内外から激しい批判を浴びたが、ケニアやマレー半島など、イギリスが支配に抵抗する勢力と戦うことになった地域では、後に同様の政策が再びとられることになった。

南アフリカでは、戦争が始まる数年前から紛争の種が醸成されてきていた。ダイヤモンドや金による新しい富を得てこの地域のボーア人の国家が豊かになったことで、彼らは政治的にも自信を深めていた。しかしながら、トランスヴァールの大統領であったポール・クルーガーには、セシル・ローズという恐るべき敵対者がいた。ローズの拡張主義的な姿勢は、反英的なボーア人とは相容れないものであった。10年のあいだに対立は深刻さを増していき、1899年、とうとう戦争が勃発した。1902年のフェリーニヒング条約によってこの戦争は終結したが、これによって、この地域へのイギリスの支配がしだいに強まることになった。1909年の南アフリカ法[i]は、ボーア人に域内の自治権を与えることを定めていたが、三つの高等弁務官領、すなわち、バストランド（レソト）、ベチュアナランド（ボツワナ）、スワジランドの3地域——ここは独立した南アフリカがたびたび自国領であると主張した——では、イギリスによる統治が継続した。

第一次世界大戦もイギリス帝国内のさまざまな関係を不安定なものにした。戦争があれほど長く続いたことを考えると、植民地の軍隊は、イギリスにとってもはや不可欠なものになっていた。これは非常に労働集約的な戦争であり、すべての戦場で多くの兵士が必要とされていた。ドミニオンや従属植民地もイギリスを支えるために、やはり兵士や労働者を提供したが、抵抗や軋轢はつきものであった。およそ1万1000人のボーア人兵士は1914年暮れ、召集

---

i　1909年法により、南アフリカは1867年のカナダ、1900年のオーストラリアに続いて自治権を獲得。

に対して反乱を起こした。オーストラリアは二度にわたって徴兵を拒否し、志願兵のみ送り込んだ。ニュージーランド（1916 年）とカナダ（1917 年）は、徴兵に踏み切ったが、カナダのフランス語地域は 1917 年の兵役法に激しく反対した。カナダはイギリスが戦争を指揮することに批判的なドミニオンの先頭に立ち、戦時の政策決定により大きな決定権を与えるよう要求した。1917 年、入植植民地の要求を受けて、ホワイトホール（イギリス政府）の政治家にドミニオンの首脳を加えて帝国戦争会議が設立された。しかしながら、通常の戦争遂行は相変わらず完全にイギリスの主導であった。創設されたばかりで揺籃期のカナダとオーストラリアの海軍は、ほとんど協議のないままイギリス海軍の指揮下に入れられた。

ドミニオンのイギリスに対する批判には、戦争そのものに反対するものはほとんどなく、ドミニオン諸国の指導者たちも有権者の多くも戦争を支持していた。彼らの不満は、戦争を遂行するために彼らに負わされた役割や、彼らがイギリスの失策と見なしたものに対してであった。白人植民地のうち、アイルランドだけは反戦を訴える勢力が強く、徴兵率がもっとも低かった。戦闘に参加したのは成人男性のうちわずか 6%にすぎなかった。ニュージーランドの白人男性は 19%、南アフリカ、オーストラリア、カナダ（ほとんどがイギリス系カナダ人である）の場合は 13%であった。イギリスでは 1915 年 5 月に徴兵制が導入されたが、アイルランドは除外されていた。アイルランドで徴兵が開始されたのは、1918 年 4 月になってからである。

帝国戦争会議にインドが入っていたのをのぞくと、直轄植民地と保護領の意向が戦時の意思決定に反映されることはまったくなかった。インド人兵士以外の従属植民地からの植民地軍は、船荷の積み下ろしや兵站にのみかかわる労働力とされ、白人の上官に歯向かうことを恐れて彼らに武器が与えられることはなかった。彼らは、白人の兵士に比べて自由がはるかに少なかった。彼らの休暇はより制限が多く、付き添いなしに軍の基地を離れることは許されないこともしばしばであった。

インドは従属植民地の中で唯一イギリスにかなりの兵力を提供しており、フランスの西部戦線では、10 万人を優に超えていた。インド軍は帝国周辺の紛争地域に頻繁に派遣されてきたが、ヨーロッパでの戦闘に派兵されたのはこの時が初めてであった。戦争が勃発したとき、インドにはナショナリズムがすでにかなり浸透しており、活動家のなかには、インドがイギリスを支援する見返りとして、戦争後にインドの政治的なプレゼンスが高まり、自治への動きが前進することに対する期待があった。

本国に近いアイルランドでは、戦争中もナショナリストが自分たちの政治的な目標を追い続けた。1800年の合同以来初めてのアイルランド自治（ホームルール）法案が1912年に成立したが、戦争が始まったために施行は延期された。1918年の戦争終結までには、自治計画はずたずたに引き裂かれて体をなさなくなっており、アイルランドは内戦の危機にあった。軍の関心が他地域に注がれている間隙をぬって、1916年、アイルランドの共和派の少数の中核である小さなグループがダブリンに暫定政府の樹立を発表した。およそ1600人の共和国支持派がダブリンの主要な建物を占拠し、暫定政府のイギリスからの独立を宣言したが、これは後にイースター蜂起として知られることになる。イングランドから派遣された部隊が1週間以内にダブリンの統制権を奪い返したが、公共の建物にかなりの被害がでた。逮捕者は約3500名にのぼったが、およそその倍は関わっていたと推定されている。イギリス政府はアイルランドのナショナリストに対して強硬なメッセージを送ろうとした。しかしながら、イギリス政府のこの対応は、致命的な失敗に終わり、政府に敵対するアイルランドのナショナリストへの支持をかえって増やすことになった。反逆罪のかどで80名が死刑を言いわたされ、1916年5月、反乱が鎮圧された直後に15名が実際に処刑された。こうした政府の迅速かつ残酷な反応は、アイルランド人ナショナリストの感情を鎮静化させたりおびえさせるどころか、これまで反乱を支持していたわけでもないアイルランド中の多くの人びとにまで、確実にナショナリストに親近感を抱かせることになった。

反逆罪により、やはり1916年に処刑されたロジャー・ケースメントの人生は、この時代の帝国との密接な関係をよく示すものである。1864年、ダブリンに生まれたケースメントは、若い頃イギリス帝国を支えたひとりであり、イギリスの外交官としてさまざまな土地で勤務した。彼は、1900年代初頭には植民地や植民地状態にある地域の人権侵害に対抗する活動家として知られるようになっており、たとえば、コンゴやペルーのプトゥマイヨ川流域のゴム農園で働く先住民の窮状を世間に告発していた。1914年、戦争が勃発する頃にはケースメントは帝国に幻滅し、アイルランド・ナショナリズムへの傾斜を強めており、1913年にはアイルランド義勇軍の創設を手助けしていた。ドイツの捕虜となっていたアイルランド人たちの間にナショナリスト団体を立ち上げようと試みたために彼は処刑されたのだが、意図的な彼の日記の公表（これによって、彼が同性愛者であったことが明らかになった）は、かつて偉大な人道主義者として称揚された人物に対する評価を変えるきっかけとなった。1965年、彼の遺体はロンドンのペントンヴィル刑務所からアイルランドに返還され、ダブリンで国葬が営まれた。

戦争中に対立と抗議が起きた植民地はアイルランドだけではなかった。1914年と1915年に南アフリカで発生した大規模な蜂起は、ボーア戦争の原因となった対立がまったく解消されていないことをはっきりと示していた。イギリスは、インドだけではなく、エジプト、トルコ、アフガニスタン、イラクなどでも戦争終結直後から不安定な状況に直面することになった。セイロンでは1915年、仏教徒の蜂起が起きた。1919年から1924年にかけては、汎イスラム主義のヒラーファト運動が帝国主義批判を展開した。ケララ地方では1921年に農民の反乱がおき、1910年代から20年代を通じて、ソマリランドではジハードが頻発した。

ナショナリズムのかたちは、入植植民地と従属植民地ではまったく異なる。白人ドミニオンの人びとは、部分的ながらも実質的な自治を享受していたと同時に、人種的にも文化的にもイギリスと一体であるという強い意識を持っており、それが彼らのナショナリズムのあり方に大きな影響を与えていた。より抑圧的な統治が行われている植民地の独立要求に比べて、選挙を基盤とした政治制度が彼らの要求を実現しやすくしていた。白人入植植民地は、おおむね帝国からの離脱には無関心であったが、自決権原則の拡大には積極的であった。1917年、帝国戦争会議は南アフリカのヤン・スマッツの提案を決議した。これは、戦争終了後にドミニオンの政治および外交の完全な自治について話し合うための特別会議の開催を要求するものであった。イギリスは、もはや協議や交渉なしに政策を押し進めることはできなくなっていた。1919年の和平会議（この場で旧ドイツ領植民地は連合国によって分割されるこ

図 13
「帝国のように安全戦時貯蓄証書」と書かれた第一次世界大戦のポスター。第一次世界大戦期のイギリスは、植民地の相次ぐ反乱に直面していたにもかかわらず、さまざまなポスターでイギリスの財政的、政治的安定や世界的な安全保障は、イギリス帝国と密接に結びついていることを強調した。1914-18 年頃（The Bridgeman Art Library）

とになった）において、ドミニオンはイギリスとは別に独自の代表を送ることを主張し、認められた。ドミニオンは、戦後も引き続き政治的独立を主張した。帝国に通知することなく条約交渉する権利をイギリスがドミニオンに正式に認めるやいなや、1923 年、カナダはアメリカ合衆国と漁業権についての条約を締結したが、このときイギリスは完全に蚊帳の外であった。

白人が多数を占める植民地の中では、アイルランドだけが政治的に異なる路線をとることになった。戦争末期には深い対立を抱えており、自治（ホーム・ルール）の計画はもはや実現が不可能であった。いたるところでナショナリストの扇動的な運動に直面しながらも、イギリスはアイルランドを保持し続けることにこだわった。アイルランドの帝国離脱は、単にイギリスとアイルランドだけの問題ではなく、他の帝国諸国の紐帯をも揺るがすものであった。1918 年、共和派のシン・フェイン党が総選挙で 73 議席を獲得すると、すぐに独自の議会を立ち上げ、1916年にナショナリストが行ったのと同様に共和国を宣言したが、イギリスは承認を拒んだ。分離独立を支持する共和派と（アイルランドとイギリスのつながりの維持を望む）ユニオニスト両者の融和を目指す中で、1920年、アイルランド統治法は、共和派とユニオニスト、つまりカトリック地域とプロテスタント地域の境界線におおむね沿う形で、アイルランドにそれぞれのための二つの議会を創設すると定めた。プロテスタントでユニオニストが大半を占める北東部アルスタの6州は北アイルランド、より広い部分にあたる残り26州のカトリック地域は南アイルランドと改称されることになった。この計画は自治に関しては挫折した。アルスタ地方は1921年までに新しい立場を受け入れたが、南アイルランドの活動家は、イギリス政府が強硬に要求した国王に対する忠誠の誓いを拒絶したのである。内戦や深刻な対立を経て、南アイルランドには1921年に自治権が付与され、「アイルランド自由国」という新しい国名に変わった。国の分裂は、すなわち紛争をもたらすことになった。失望した共和主義者とアルスタのユニオニストの間での戦闘は、アイルランドが二つに分割された後も長い間、人びとの生活を混乱させることになった。

ドミニオン諸国はアイルランドの状況をつぶさに観察していた。ここが、帝国内において自治権を行使する主体が持つ自治権の限界という重大な問題を提起していたからだ。1914年のイギリス君主による宣戦布告は、帝国全体を代表して行われたものであった。しかし、協議の必要もその用意もなかった。戦争中、ドミニオンの指導者たちはアイルランドの対立をめぐるイギリス（ブリテン）の対応を遠慮なく批判しただけでなく、自分たちが政策決定の中でもっと重要で積極的な役割を果たせるように求めた。このような要求は戦後も続いたが、アイルランドにおける紛争は、こうした圧力を強く後押しすることになった。1931年のウェストミンスタ憲章により、近代的なコモンウェルスが創設された。ドミニオン（あるいはコモンウェルス）諸国は、正式に独立国家と認められ、選択した場合はべつにして、過去の、あるいは将来のイギリス法に拘束されないことになった。とはいえ、こうした植民地の人びとはおおむね親帝国的であり続けた。多くは、イギリスとの絆を断とうとするよりも、むしろ帝国の枠内での平等性を追求した。これは、イギリ

ADVANCED AUSTRALIA!

AUSTRALIA. "IF YOU PLEASE, MOTHER, I WANTED A LITTLE MORE FREEDOM, SO I 'VE HAD THIS LATCH-KEY MADE. YOU DON'T MIND?"
BRITANNIA. "I 'M SURE, MY DEAR, IF ANYBODY CAN BE TRUSTED WITH IT, YOU CAN."
[Clause 74. "Australasian Federation Bill," abolishes appeal to Privy Council.]

図14　雑誌『パンチ』1900年4月25日号より。「進んだオーストラリア！」
オーストラリア「お母さま、いいかしら。もうちょっとだけ自由がほしかったから、この鍵を作っちゃったの。気を悪くしないわよね？」
ブリタニア　「もちろんですよ。鍵を持ってもいいくらい信用できる子がいるとすれば、それはお前ですからね」
（「オーストラリア連邦憲法法案」の第74条では、枢密院上訴が廃止されている）

19世紀後半以降、白人入植植民地が本国からの自立傾向を強める中、帝国の一員であり続けることを望んだのがオーストラリアであった。連邦化にあたり、母（イギリスの擬人化「ブリタニア」）に、お気に入りの娘（オーストラリア）が許しを願う、自由に向けての前進のひとつがロンドンの枢密院にかわる最高裁判所の設立であった。この問題の賛否は分かれ、結局枢密院上訴権は変更しないと修正のうえ、法案は可決された。タイトルはオーストラリアの国歌「進め美しのオーストラリア」から（Punch Cartoon Library）。

ス的なアイデンティティが深く根付いていたことの表れという面もあるが、同時に、軍事、外交上の利点を念頭に置いた冷徹な判断によるものでもあった。1931年以後、ドミニオン諸国はひとつも離脱せず、完全な分離を最終的な目標に置くこともほとんどなかった。

すでにみたように、帝国の中心とドミニオンの関係の大きな変化は、イギリスの他の植民地にはほとんど波及しなかった。そうした地域では、イギリスからの完全な分離という目標がいっそう明確になった。インドは1919年の停戦協議のみならず、帝国戦争会議と内閣の双方に参加していたが、戦後の歴史は他のドミニオンとはかなり違ったものになった。ナショナリズムは、大戦のかなり前からインドの政治においてすでに大きな争点となっていた。1885年に創設されたインド国民会議派（INC、会議派としても知られている）は、ナショナリズムを推進する唯一の組織というわけではなかったが、その長い歴史や影響力の強さは、インドの反植民地主義ナショナリズムのなかで際立っている。初期は、19世紀に社会改良を目指して集う、均質な都市の中流階級の知識人層が中心であった。支持基盤は20世紀に入ると、大きく拡大したが、初めの頃に目標をさだめ、発展させたのは都市部、中でもカルカッタであった。ただし、INCが常に一枚岩であったわけでも、ナショナリズムが組織化された勢力ばかりであったわけでもない。例えば、1913年、インド人の映画製作者であるD・G・ファルケは、彼の言うところ、完全にインド人のスタッフにより制作されたインド人観客のための初めてのインド映画を発表した。彼の映画はヒンドゥ教の神話に基づいており、大きな成功をおさめたが、多くが明らかにナショナリスト的なものであった。

19世紀末から20世紀初頭にかけての戦闘的なヒンドゥ主義の復活は反植民地主義ナショナリズムのきっかけとなった。非ヨーロッパ的価値の重視や、インドにおける西洋の役割に対する声高な批判は、INCが推進するものとはまったく違う形の、非ヨーロッパ的なナショナリズムのモデルを提示した。この考え方は、ヒンドゥ教徒とイスラム教徒のとの間に緊張を生むことにもなった。ヒンドゥ教徒が主体であったINCに対抗するため、1906年にイギリスが全インド＝ムスリム連盟の設立を促した。この動きは、インドの多くの人には、より幅広い層が結束するのを防ぐために、巧妙に宗教的対立をあおるものと受け止められた。

第一次世界大戦の前にはイギリスのインド支配に対するナショナリストの抗議は広がりをみせたが、その手法は暴力的な手段にうったえるもの、平和的なものなどさまざまであった。20 世紀初頭までには自治（スワラージ）の概念がインド人活動家の間に深く根を下ろしていた。イギリス製品のボイコットが行われたが、1908 年（これは、ちょうどイギリスの戦闘的な女性参政権運動家が暴力に訴える抗議行動を開始した時期である）以後、急進的なナショナリストは爆破や暗殺に頼るようになった。1906 年、INC はインドの自治政府に正式に関与することを宣言した。こうした混乱を受けて、インド政庁は、1909 年、制限選挙というかたちで狭いながらも政治参加の道を開くことを提案した。とはいえ、この最低限の妥協も、1910 年のおわりに制定された厳しい出版検閲法のために、ほとんど骨抜きにされてしまった。このように譲歩と抑圧を並行させるイギリス当局のやり方は、その都度さらなる反植民地主義闘争を招きながらも、その後何十年にもわたって繰り返されることになった。

1914 年の戦争勃発は、植民地支配に対するいっそうの不満を引き起こした。戦争はインドの財政に深刻な影響を与えた。植民地政府の収入は、柱である地代に加えて、関税や 1886 年に導入された所得税によって増加した。インド人は、離れた場所での戦争に人と税金が使われているのを認識していた。1917 年までにナショナリズムはインドでさらに発展し、戦地の兵士たちの政治的不満を警戒した植民地当局者たちは、西部戦線で戦う兵士たちが故郷のインドに送る手紙を慎重に監視するほど神経をとがらせていた。

非暴力･不服従（サティヤグラハ）として知られる抵抗運動が勢いを増したのは 1917 年であった。サティヤグラハには、インド人の自治能力を示すことと敵に対する敬意を示すという二つの意味が込められていた。言うまでもなく、この運動の最大の指導者はモハンダス・マハトマ・ガーンディーである。彼は 1915 年、20 年にもわたる海外生活の後インドに戻った。1915 年から 1917 年にかけてガーンディーは広くインドを旅し、非暴力的抵抗運動、市民的不服従および西洋的価値の拒否を説いた。社会不安の高まりをうけてインド相のエドウィン・モンタギューは 1917 年、イギリスはインドを責任自治政府へと移行させるつもりであると表明したが、政府の動きはインド人ナショナリストを納得させられるものではなかった。INC は参戦を支持したが、これは、それに対する報償として自治が与えられるだろうと考えていたからである。彼らは、イギリスが提示したものに深く失望することになった。

1919 年は、インドの反植民地主義ナショナリズムにとってはとりわけ陰鬱な年であった。ローラット法[ii]は、通常は戦時にのみ適用される緊急手段を使用可能にしたため、平凡な市民生活の自由が大きく制限されていった。陪審なしの審理や、審理なしの抑留が合法化され、広範で深刻な抗議行動がイギリス領インド全域で起きた。20 世紀の植民地史上最悪の事件がおきたのも、こうした抗議運動のひとつにおいてであった。4 月、パンジャブ州の都市、アムリトサルで、大規模ではあるが平和的な抗議集会がジャリヤーンワーラー・バーグの袋小路になった場所で行われていた。この地方の軍事指揮官であったレジナルド・ダイヤー准将が、群衆を追い払うために、警告しないまま発砲するよう部隊に命じた。ダイヤーは 10 分間発砲を命じ、その間に混乱とパニックが大きくなっていった。380 名が死亡し、1100 名以上が負傷した。発砲が起きたのは緊張が高まっていた時期であった。アムリトサルの市街とその近郊でヨーロッパ人が多数殺害されてまもないころで、直前には白人女性宣教師が暗殺されていた。ダイヤーは、懲罰として公開の鞭打ちを命じただけではなく、女性宣教師が暴行された現場では、インド人に腹ばいで進むことを強制する「クローリング令」という悪名高い命令も出した。このように、アムリトサルのイギリス当局とインド人社会の関係は、この発砲事件が起きた当時、非常に緊迫しており、インド人の政治行動に対する嫌悪感を隠そうとしなかったパンジャブ州副知事のマイケル・オドワイヤーの評判がそれに追い打ちをかけた。

ダイヤーは表向きは厳しく避難され、辞職を余儀なくされたが、法的には何の咎めも受けず、一部では英雄扱いされたほどであった。1865 年、モラント・ベイでの反乱の収拾にあたったエア総督をめぐってイギリスの世論が二分したのを想起させるかのように（第 6 章参照）、ダイヤーもイギリスで熱

---

ii　1919 年にインド政庁が制定した法律。令状なしの逮捕や正規の裁判なしに投獄できる権限をインド総督に与えた。

狂的な支援を受けると同時に容赦ない批判にもさらされた。インドのイギリス人社会は彼を全面的に支援したし、貴族院はダイヤーに対していかなる罰を下すことも断固として拒否した。ダイヤーの帰国に際しては、3万ポンドもの資金が支援者から集められた。

イギリス政府がダイヤーの行動を実質的に処罰することができなかったことが、インドの反植民地主義ナショナリズムを一層あおることになった。文明化のための植民地化というイギリスの主張は空々しく響いた。1920年代までに大規模な非協力運動は最高潮に達したが、このころイギリスは新たなインドの統治改革案を公表した。インド統治法は両頭制（ダイアーキー）を採用しており、インド人とイギリス人の両方が長官を務めると定めていた。中央の行政参事会の7人のメンバーのうち3人はインド人とし、またインド人は地方参事会でも州政府大臣を務めることになった。この法律は、有権者の拡大も定めていたが、この変更は実際には表面的なものでしかなかったし、それはナショナリストも承知していた。地方で成立した法律は、総督が無効にすることもできた。新しいインド人の長官は、歳入や治安維持など、支配の鍵であり、論議の的となりやすいものを担当するのではなく、教育、厚生、農業などを任された。イギリス当局が急進的なナショナリズムの対極に位置する保守派と見なしていたインドの藩王は、藩王会議を通して新しいシステムの中にとりこまれていった。

不満とナショナリストの行動は一連の改革によっても沈静化せず、1920年代、30年代と拡大を続けた。ガーンディーの市民的不服従という方針にもかかわらず、都市の反乱は激しさを増した。カルカッタでは1926年だけで暴動が40回もおきた。帝国当局は軍事力を使った懲罰的な対応に傾斜していった。ガーンディーの平和主義的な姿勢にもかかわらず、暴力が広がっていった。物価の高騰や不安定な作柄といった経済的な苦境も、この時期に地方を先鋭化させた要因である。地主や財産への襲撃が頻繁におこり、工場では労働組合が強くなり、成長していった。階級間の対立や都市と農村の緊張が、植民地支配やその先行きに対する不満を広い範囲でさらに助長した。国民会議派は1929年の立法議会開会をボイコットし、1930年には新たな市民的不服従運動が始まった。

この危機から1935年のインド統治法がつくられた。この法律は、ナショナリストを懐柔し、インドの藩王国との良好な関係を維持しつつ、イギリス政界内の帝国主義支持派の支援を継続させる方策を見いだそうとするものであったが、あらゆる意味で失敗に終わった。両頭制の原則は中央政府にまで適用が拡大された一方、地方議会は完全な自治を付与されることになった。選挙権は制限されたままであり（およそ300万人にのみ付与された）、防衛と外交の権限は総督に残された。しかしながら、この法は1937年の選挙で驚くべき結果をもたらした。国民会議派が11地方のうち6地方で絶対多数を獲得し、11のうち7つの地方で政権を握ったのである。わずか2年後の戦争勃発は、この政治的実験を突然終わらせることになった。というのも、イギリスが何のことわりもなくインドに代わってインドの参戦を再び宣言したことに抗議して、国民会議派の指導者たちが辞任したためである。ドミニオンでは、指導者たち自身が自分たちのために参戦するかどうかを決定する権限を握っていた。ところが、白人定住植民地とインドへの本国の対応は対照的であった。この不平等は根深い禍根を残すことになった。1942年、大規模な「クイット・インディア」[iii]運動を呼び掛けたために国民会議派は非合法化され、指導者は投獄された。こうした対応はナショナリストの怒りをさらに煽ることになり、クイット・インディア運動はムンバイの都市部から農村部へ、さらにはイギリス領インド全域へと急速に拡大し、激しい暴動や政府や警察の建物に対する襲撃へと発展した。

クイット・インディア運動は、戦時下のイギリスがインドで直面したいくつかの危機のひとつにしか過ぎなかった。スバス・チャンドラ・ボース率いるインド軍部隊は、イギリスの植民地支配に抗議するために、日本の支援を受けてインド国民軍を結成した。1943年までに、ボースの部隊は1万1000人の兵士の他、訓練中の2万人を抱えるまでになっていた。ボースの運動は尻すぼみになってしまったものの、インド国民軍は、多くの地域でナショナリストの願望がイギリスへの忠誠をはるかに上回る状況をはっきりと示すこ

---

iii　クイット・インディア（Quit India）：インドからイギリスが立ち去るよう要求する大衆運動。1942年にガーンディーのリーダーシップにより開始された。

とになった。イギリス当局が指導者たちを軍法会議にかけようとしたことが、戦後のインドにおける抗議行動を激化させることになったのは、ダブリンにおけるイースター蜂起後の粛清が、結果的にアイルランド人の多くをナショナリストの政治姿勢への共感に導いたのと同じである。イギリス政府はナショナリストの反体制派との関係からほとんど何も学ぶことがなかったようである。帝国政府の行動には、保有する植民地のいずれかを手放そうとする意思を示すものも、帝国に対する関心の薄れを示唆するものも何ひとつなかった。反対に、ナショナリストの抗議に対するイギリス側の反応はといえば、労働党政府であれ保守党政府であれ、いまだ帝国を手放す準備はできていないことをうかがわせるものであった。なかでももっとも帝国主義的であったのはウィンストン・チャーチルであるが、彼はアイルランド自由国の設立とインドの自治領化の期待はイギリスの帝国支配を弱体化させるとの懸念を表明していた。反植民地主義ナショナリズム（とくにアイルランドとインドにおいて）は、この意味で成功であった。帝国の中心は植民地事業の本質にかかわる議論に引きずり込まれたからである。

1945年の夏までに国民会議派の指導者たちは解放されたが、そこではっきりしたのは、インドの独立はもはや不可避であるということだった。ナショナリストが世論をゆさぶるかたわらで、ヒンドゥ教徒とイスラム教徒の対立が深刻さを増していったために、迅速な権限の移譲が行われた。最終的には、（第11章で詳述するが）、イギリス領インドをインドとパキスタンとに分割し、どちらも1947年8月にイギリスのドミニオンとすることになった。激しい暴動はとどまるところを知らなかったが、新しい国家は、どちらもなんとか存続した。

ローデシアの白人小説家、ドリス・レッシングは、自伝の第2巻の中で1956年、イギリス帝国をもはや感傷的には見られなくなった瞬間について書いている。「イギリス帝国はなんて無頓着で怠惰で、またお粗末であったことか。広大な国とそこに住む何百万の人びとをなんと軽く扱ってきたことだろ。」傲慢で無慈悲な帝国を目にしたレッシングの失望は、アフリカに住む白人には珍しい感情であったが、黒人のアフリカ人たちは彼女と同じ思いであった。植民地の人びとは、自分たちの政治、経済状況と西欧との格差の広がりに嫌でも気付かされることになった。不況期にはイギリスでも雇用が悪化し、人びとが苦しい状況に陥ったが、先進国と植民地世界の差はそれでも大きかった。西インドでは第二次世界大戦中に選挙権が拡大され、新しい憲法のもとで限定的な自治が導入されていたが、自治の限界はすぐに露呈した。加えて、労働環境が労働組合の成長を促し、これがバルバドスのナショナリスト、グラントリー・アダムスのようなナショナリズムの指導者の成長を生み出す土壌を作りだした。ケニアのように豊かな白人入植者階層が優雅に暮らす地域では、先住民はこれまで以上に辺境の土地に追いやられてしまっており、このように対照的な状況が植民地支配に対する不満を増大させることになった。イギリスは1906年にケニアで適用することを決定した主従法（これにより、労働契約を守らなかったアフリカ人は厳しく罰せられた）をはじめとする法令で、入植者の利益を過度に保護しようとしたことが、憤りをさらに強めることになった。1928年、ジョモ・ケニヤッタ（彼は独立後最初の大統領になった）とハリー・トゥクは、アフリカ人の土地の権利を守るためにケニアでアフリカ人の間に組織的な政治運動を立ち上げた。戦間期のアフリカの厳しい経済情勢が、反植民地感情への足がかりとなった。職を求める何千人もの男性労働者が移動した結果、都市部の人口が増大した。初期のナショナリストたちはここから生まれたし、もっとも多くのナショナリストを生みだしたのもここであった。

イギリスの影響力や支配への大きな反発は中東全域にもみられた。ナショナリストは、オスマン帝国が戦争に敗北した末に崩壊した際、イスラム教地域が何の相談もなくヨーロッパ列強に分配されるのを強い関心を持って注視していた。イスラム教地域である中東において、ヨーロッパが植民地主義をあらたに強化したことは、植民地の人びとの声はほとんど取り上げられることがなく、ヨーロッパの植民地主義の終わりがまだ遠いことを示すものであった。自決は、現実に実践されるものというより、理論、理想でしかなかった。エジプトでは、イギリスの植民地当局がナショナリズムを容赦なく抑圧し、現地の報道機関に厳しい報道統制を敷いた。1919年に（他のイギリス帝国各地と同じく）ここでも暴動が起きたのを受けて、イギリスはナショナリストにわずかに譲歩した。チャーチルのような帝国支持の政治家の辛辣な反

図 15　爆撃後のキング・デイヴィッド・ホテル。1946 年（Getty Image, Popperfoto）

対にもかかわらず、イギリスは 1922 年にエジプトの独立を宣言したが、スエズ運河と外交は依然としてイギリスの支配下にあった。エジプトに関わる問題を実際に管理することを拒否されたナショナリストの不満をあおることは必定の状況であった。この年、イギリスとドミニオン諸国の間に亀裂が生じることになったが、これも同じような経緯からであった。トルコとの間で起こりうる戦争については、ドミニオンと何の協議もなされなかったにもかかわらず、イギリスは 1914 年から 18 年の戦争の間、ドミニオンが派兵することを見込んでいた。カナダと南アフリカによる支援の拒否は、イギリスとドミニオンの間の深い溝を象徴するものであった。結局トルコとの戦争は回避されたが、チャナク危機[iv]といわれる 1922 年の危機において、帝国内に存

iv　チャナク危機：1922 年 9 月、ダーダネルス海峡の中立地帯でイギリスとフランスの軍がトルコ軍に威嚇されたことが発端となった軍事的な緊張。ロイド・ジョージが政権を失うきっかけになった。また、カナダがイギリスに対して外交的な独立を主張する契機になった。

在するさまざまな対立の要因とその根深さが浮き彫りになった。ロシアは旧オスマン帝国領を見返りとして得るために、トルコの主張を堂々と支援したし、フランスもそれほどあからさまではなかったものの同じだった。これによって、イギリスは外交的に孤立した。

イギリスの失策がナショナリズムに火をつけたもうひとつの地域は、パレスチナであった。イギリスがここの支配権を正式に獲得したのは1920年であったが、実質的には、軍事行動によりトルコをこの地域から追い出した1917年からイギリス領となっていた。パレスチナに入植したシオニスト[v]は、1917年、いわゆる「バルフォア宣言」において、パレスチナにユダヤ人の民族郷土創設を支持すると「イギリス政府」から確約された[(4)]。しかしながら、イギリスはパレスチナの人びとに対し、彼らの土地について譲歩することはないと明言してもいた。この二つの約束は、ヨルダン川を境にこの地域をユダヤ地域とアラブ地域とに分けない限り、到底両立できないものであった。イギリスのパレスチナにおける権益は、少なくとも一部は他のヨーロッパの植民地の野心を抑制しようとの思惑から派生していた。フランスの中東における影響力は充分に確立されており、イギリスはパレスチナがスエズ運河とフランスが支配するシリアとの緩衝地域となることを期待していた。同時に、ドイツをこの地域からできるだけ遠ざけようとしていた。さらに、ヨーロッパのユダヤ人への提案は、ロシアに戦争からの撤退を、アメリカに参戦を説得する一助となり、1917年の時点ではまだまったく結末を見通せなかった、連合国軍の勝利を確たるものにするだろうとも期待していた。

シオニストの移民流入が続いた結果、アラブ人とユダヤ人の間の衝突が激しさを増した。1926年には、およそ15万人のユダヤ人入植者がパレスチナに居住するようになっていた。1936年ごろになると、ヨーロッパにおいてファシズムがさらに露骨な反ユダヤ主義を打ち出すようになったため、ユダヤ人入植者の数は40万人に膨れ上がり、この地域の人口の3分の1を占めるまでになった。1929年の暴動では200名以上の死者が出た。1930年代に

---

v　シオニスト：19世紀末、ハンガリー生まれのユダヤ人ジャーナリスト、ヘルツルによって始められた運動に共鳴して、パレスチナにユダヤ人国家の建設をめざすユダヤ民族主義者。

もユダヤ人の流入が続いたことが、イギリス軍とユダヤ人入植地に対するアラブ人たちの攻撃を招いた。イギリスはユダヤ人移民の制限を 1941 年に打ち出したが、これはこれ以上ないほどにタイミングが悪かった。というのは、ヨーロッパの一部で、ユダヤ人に対する大規模な拘禁と虐殺が進行中だったからである。アラブのパレスチナ人たちは、ユダヤ人の流入を裏切りと感じていた。ユダヤ人入植者たちは、イギリスが彼らの故国創設を引き延ばしていると考え、不満を募らせていた。

1946 年 7 月、シオニストの民兵組織イルグンが、委任統治政府の本部として使われていたイスラエルのホテルの地下に爆弾を仕掛けて 91 人が犠牲となった。この結果、容疑者とされた 800 人の運動家が拘留され、市民としての自由を制限されることになったが、これに対してイルグンはさらなる攻撃で応じた。犠牲者のほとんどはそこに暮らしていたアラブ人であったことが、この地域のアラブ人とユダヤ人の対立を激化させた。イギリスでは、反ユダヤ主義の暴動がユダヤ人人口の多い都市で発生し、大戦直後のヨーロッパにおける反ユダヤ主義の根深さが露呈した。両者ともにイギリスは約束を果たすことができそうにないと見ていた。

イラクでも 1920 年代を通してイギリスに対するアラブ人の反乱が続いた。しかし、この地域は経済的にも戦略的にも重要であったため、反植民地主義活動家に譲歩する余地はなかった。この地域に何らかの実質的な独立が実現したのは、（第 11 章で示されるように）1939 年から 1945 年にかけての戦争の後である。1932 年にイラクが独立した後でさえ、イギリスはこの地域で素早く行動を起こせるようにイラクの飛行場の使用権維持を要求し、見返りとして新しい体制がクルド人ナショナリズムを抑えこむのを支援した。パレスチナにおける 1936 年の反乱まで、イギリスはアラブ人のナショナリズムを過小評価していた。3 年にわたるこの蜂起で、アラブ人は 5000 人以上の死者を数え、イギリス軍は村を焼き払い、何千人もの容疑者を拘束した。イギリス軍は、武装したユダヤ警察の特殊部隊の援護を受けていた。

さらに南、サハラ以南のアフリカでも反植民地主義運動が育ちつつあった。1897 年に設立されたアフリカ協会は、メンバーの要件がアフリカ人の子孫であることであり、アフリカ人とアフロ・カリビアンの両方がメンバーとなっていた。1890 年、西アフリカ人の著述家、エドワード・ブライデンがアメリカ合衆国とイギリスおよび西アフリカを遊説し、アフリカ人のナショナリズムを訴えた。1925 年にアフリカ民族会議（ANC）と改称される団体は 1912 年、南アフリカ先住民民族会議として創設された。インドのナショナリズム、なかでも INC の不服従（消極的抵抗）による抵抗戦術に影響を受けていた ANC の事例は、イギリスに対する闘争のなかで、異なる地域のナショナリストたちがどのように互いに学び合っていたのかを示している。南アフリカ商工業労働者連合は 1919 年と 1920 年にストライキを組織し、成功に導いた。さらに、戦間期にはマーカス・ガーヴェイ[vi]とその支持者のようなアフリカ系アメリカ人と南アフリカのナショナリストとの連携が進んだ。

アフリカにおけるイギリス支配に対する抵抗や暴動は、20 世紀初頭に活発化した。労働条件や経済的な不平等が初期のナショナリストの感情に火をつけた。第一次世界大戦より前に、イギリス領ギニア、ナイジェリア、ケニア、ナタールや南部アフリカ各地などでも暴動が起きた。こうした抗議運動すべてが明確に反植民地主義を訴えていたわけではないが、帝国統治に対して広範にみられた不満が、ナショナリズムの成長に拍車をかけた。1905 年、ケニアのナンディの人びとが徴税と土地をめぐって起こした反乱では、イギリス軍が出動した結果、1000 名以上の死者が出た。後のナショナリストはナンディ人の指導者であったコイタレル・サモエイを東アフリカへの帝国主義的侵略に抵抗したケニア最初の自由の闘士とたたえた。こうした各地の暴動では参加者の死亡率が高かったが、それが暴動を抑止することにはならなかった。暴動は 1918 年までにケニア、北ローデシアに拡大し、続いて紅海を超えてアデンへ、1920 年代にはソマリランドにまで広がった。シエラレオネは 1919 年と 1926 年に、ナイジェリアでも 1921 年に鉄道ストライキが起きた。ローデシアの銅鉱山は 1935 年にストライキに見舞われた。1930 年代の経済不況は人びとの不満をさらに増大させることになり、1930 年代までにはアフリカの多くの政治組織が自治を主張するようになった。1934 年

vi　マーカス・ガーヴェイ（Marcus Garvey, 1887-1940）：ジャマイカ生まれの黒人ジャーナリスト。ヨーロッパの植民地主義からのアフリカの解放を訴えた。アメリカでは「黒人のアフリカへの帰還」をスローガンとするアフリカ回帰運動を主導した。

に設立されたナイジェリア青年運動は、高等教育を求めるものから自治政府を主張するものへと軸足を移していった。

ケニアやローデシアなどの植民地では、先住民が自身の貧困と白人入植者の特権的なライフスタイルのあまりに大きな違いを目の当たりにしていたため、反植民地主義感情が勢いを失うことはなかった。こうした植民地の白人すべてが裕福であったわけではない（戦間期には、多くがなんとか生活を維持しようと苦闘していた）が、そうはいっても、彼らはその土地に元からいた人びとが使っていた場所を占有して居住し、自分たちの命令に従わせるために安い賃金で黒人労働者を雇っていた。このような社会的、経済的不平等が貧困の原因となっただけでなく、元の居住地を追われた現地の人びとに社会的、経済的な不満を抱えさせることにもなり、結果的に、これがナショナリスト組織の成長を促すことになった。主として都市の運動であった反植民地主義ナショナリズムに農村部を巻き込み、大規模な運動へと発展させていく立役者となったのは、ケニアにおいては、キクユ中央協会（1940年代に危険分子であるとして禁圧された）のような、農村部の貧困層を動員していった組織であった。アフリカの場合、戦間期において主要な課題はいまだほとんど農村部にあった。

1940年代半ばまでには、アフリカのナショナリズムはイギリスの当局者が主張するような、地域を超えた広がりを持たない特殊な不満の集合とはまったく違うものになっていた。ナショナリストの指導者たちは、地域が違っていても共通の目標を持っており、1945年にイギリス北部の都市、マンチェスタで開催された第5回の汎アフリカ会議では、アフリカの植民地のために非暴力社会主義的な目標を掲げた。一連の会議のなかで、カリブ海出身者よりもアフリカ出身者の方が多くなった初めての会議となったこともあって、アフリカの独立が中心的な議題とされたのも、このときが最初であった。汎アフリカ運動はアメリカ合衆国の黒人解放運動と密接な連携を保ち、1950年代に冷戦が世界の政治を支配するようになり始めると、その社会主義への傾倒が重大な結果をもたらすことになった（第11章を参照のこと）。

1945年の会議で非暴力的な目標を掲げられていたにもかかわらず、アフリカの政治運動はしばしば暴力的な情況に陥った。ゴールド・コースト（ここは1957年、イギリス領アフリカ植民地では初めて独立を勝ち取った）の1948年の暴動では29名の犠牲者が出た。東アフリカのブガンダでは1945年と1949年に反植民地主義暴動が起きたが、1930年代同様、戦後の不況が大きな引き金であった。1950年代になるとナショナリズムの熱気はアフリカの地方へと広がりを見せ始め、厳しさを増した弾圧によってもこの成長は止めようがなかった。1960年までにはイギリス領アフリカの半数は独立し、メディアはこれを「アフリカの年」と呼んだ。

ナショナリズムがイギリスの関心を集め、そのために人員を割くことになった帝国のもうひとつの場所はマレー半島である。ここは、19世紀に非先住民の労働力を導入したために海峡中国系コミュニティが発展し、住民が長く分断されていた。1920年代にはナショナリストである国民党が、中国の皇帝一族を追い出し、ライバルである共産主義者と同様に海峡植民地の中国人の間に一定の地位を確立したが、どちらも海峡植民地の中国系コミュニティの外で影響力を持つことは、ほとんどなかった。しかしながら、この非西洋的な反植民地主義政治運動は、この地域のナショナリストの闘争を複雑なものにした。1926年（マラヤ共産党設立の4年前）にシンガポール・マレー人同盟が先住のマレー人コミュニティに組織された。戦間期には反英ストライキや蜂起がおきた。ナショナリストの活動がもっとも激しかったのは1938年以後であるが、イギリスの強い弾圧を受けた。イギリスは治安を維持するために4万人の部隊を送り込んで独立を阻止しようとしたが、これは無駄な試みであった。マレーにおける反植民地主義、ナショナリズム運動の他の地域にはみられない特徴は、人口の多くを占める中国系住民と先住のマレー系住民の間に共通の基盤がなかったことである。もちろん、このように住民を多様化させて分裂を招いたのも、さまざまな民族の違いを利用して搾取したのも帝国にとっての必要性からであった。インドでヒンドゥ教徒とムスリムのナショナリズムの分断をあおり、イギリスによる統治に対する脅威を最小限にとどめようとしたのと同様である。

ビルマでも植民地主義的な動きがこの地域に特有の反植民地主義の形が構築されるのを促すことになった。ビルマのナショナリストたちはビルマの独立後について共通の将来像を持っていなかったが、インドからの政治的な分離という希望は共有していた。第一次世界大戦の直後、限定された役割ながらインド人に従来よりも大きな統治への関与を認めるという政治的な変化から（インドを介して植民地統治が行われていた）ビルマを除外するという決定は、ビルマの反乱を招いた。イギリスは急遽1921年にビルマにも新たに両頭政治を導入することにした。しかし、ビルマのナショナリストは反植民地主義という方向性は共有していたものの、新しい制度を受けてナショナリズムがどのような形をとったのかは、インドの場合とはまったく異なっていた。1930年代の暴動では、イギリス人とともにビルマに住むインド人も攻撃されたのである。

他の多くの植民地と同様、都市と農村の活動家の目標には大きな違いがあった。これはおそらくビルマの仏教的な伝統を重視する人びとと、ビルマのナショナリズムを根底で支えていた、より西洋化され、世俗的で近代化とも親和性の強いナショナリズムを目指す人びとの間の違いであったと言えるだろう。他の植民地の場合と同様、西洋的な政治スタイルの受容を指向する人びとと、西洋的なものを拒絶する人びととの間の断絶は根深い対立要素であった。戦間期、ビルマでは地方での蜂起、学生のストライキや暴動が頻繁におきた。1935年、ビルマ統治法によりビルマをインドから分離し（1937年も同様）、自治を大幅に拡大した。他の地域と同様、防衛、外交、財政のうち政策の鍵となる部分は引き続きイギリスの管轄下にあったが、この措置は反植民地主義感情を一層強国なものにし、あおる結果を残しただけであった。1940年代のインドのナショナリストと同じく、ビルマでも反西洋的な政治的態度を示すために、日本と同盟しようとする人たちがいた。

日本との同盟は、帝国支配の副産物として不可避な反西洋的な要素だけでなく、イギリス支配に特有の外的要因を浮き彫りにした。とりわけ、二つの世界大戦は大きな影響を与えていた。エジプト、インド、アイルランドなどでもっとも顕著であった動乱の影響については、すでに見てきたとおりである。帝国全域で反植民地主義ナショナリズムを継続させたり、新たに創出したり、ときに変容させたりするうえで、第二次世界大戦も大きな影響を与えた。ある意味で、この影響は非常に単純な事実、つまり、この戦争が帝国の領土で戦われたということに起因する。さらに、東アジアと東南アジアにおけるイギリス統治の崩壊は、イギリスの潜在的な脆弱性を示すことになった。1941年から42年にかけての日本による香港、シンガポールやイギリス領太平洋地域の大部分への侵攻と占領の成功は、ビルマと太平洋での戦闘と同様に、イギリスの軍事的、政治的な弱点を露呈した。すでに存在していた植民地主義に対する反感が戦時のイギリスの失策により勢いを増したのは明らかである。アイルランドのナショナリストが1916年、イギリス軍が他の地域を占領した機会をとらえて反乱を起こしたのと同様、1940年代にも反植民地主義ナショナリストたちが反乱を誘発し、イギリスに対抗する同盟を模索した。戦争はナショナリストの要求をエスカレートさせ、イギリスの弱点と同時に背信もあぶり出した。さらに、戦争の終結も、植民地権力の不安定化を抑えることには、ほとんどならなかった。1945年以後、イギリスがアメリカの支援に依存するようになったこと、そして、世界的に資本主義と共産主義の体制間の溝が広がっていったことにより、ナショナリストの抗争も先鋭化していった。

被支配者にとって、ナショナリズムは独立や自治、植民地権力からの解放を意味したが、反植民地主義感情は帝国の中心、帝国支配の一端を担う人びとの間にも見られた。19世紀の間、貪欲で残酷なイギリス人入植者たちに対する批判は枚挙に暇がなかった。18世紀末には、エドマンド・バークが自身のキャリアを賭けて、インドの富を奪いつくすような東インド会社の統治を批判した。18世紀末に活躍した、スコットランドの有力な経済学者、アダム・スミスは、植民地は膨大な国富を流出させてしまうものと考えていた。急進的な自由党の議員であり、綿貿易商のリチャード・コブデンは、19世紀半ば、帝国の拡大は国家の負債を増加させるとして反対した。半世紀後、J・A・ホブソンは膨大な著作（『南アフリカにおける戦争』1900年、『ジンゴイズムの心理』1901年、および、もっとも有名な『帝国主義論』1902年、など）を執筆し、彼が資本主義に不可欠であると考えていた自由貿易は、帝国主義とは両立しえないことを示そうとした。帝国主義につきものの貪欲さや軍国主義は、植民地のみならずイギリスにとっても有害であると主張した。劇作家のジョージ・バーナード・ショウは、20世紀初頭に反植民地主義的な発言を繰り返した人物のひとりである。この時期、文筆家としてのレナード・ウルフもまた、帝国官僚時代のセイロンにおける直接体験に基づいて、帝国主義に反対していた。ジョージ・オーウェルも同じく植民地省官吏としてのビルマ体験から、帝国システムが経済的な破綻につながると考えていた。

西洋で帝国主義を批判した人たちのなかには、帝国主義の終焉に関与した人もいたし、帝国主義支配の改革に尽力した人びともいた。19 世紀から 20 世紀初頭にかけて、自由党は帝国に反対の立場を公式に表明していたが、政権を握った際に、こうした立場を一貫して反映していたとはとても言い難かった。自由党はアイルランドの自治（ホーム・ルール）の原則を支援したが、妥協的な政策であったため、アイルランドの共和主義者にも、ユニオニストの側にもほとんど支持を得られなかった。さらに、こうした試みは、自由党内部に大きな溝を生むことになった。アイルランドとの連合を支持していた自由党員の多くは、19 世紀末にアイルランド問題が党派政治を支配するようになると、政党への忠誠を変えた。

20 世紀になると、自由党は新しくできた労働党に勢力を奪われていった。労働党の大半も帝国主義には批判的であったが、いったん政権の座につくと、この問題について実際の対応はやはり一貫性を欠くようになった。19 世紀から 20 世紀にかけて、とくに 1945 年以後の時期（第 11 章で述べるように）、主要な政党は、レトリックの趣旨がいかなるものであれ、帝国の保持を基本としていた。他に合意できることはほとんどなく、反対政党の政策は擁護できないことももちろん珍しくなかった。とはいえ、イギリス帝国は重要であり、維持するに値するという、あまり表立って認識されることはないが政党を超えて共有されていたこの感覚は、政界において、イギリス帝国はイギリスの世界における立場を決定づける重要な要素であると考えられていたことを示している。競合する利害関係者間で引き裂かれることが往々にしてあったとはいえ、議会では党派の違いをこえて、全体として帝国を維持することの正当性を確信していた。

そうはいっても、イギリスでは帝国主義の倫理や政治を一貫して疑問視する反植民地主義組織が活動していた。戦間期には議員や活動家、宣教師の多くが帝国における残虐性に注意を喚起したが、こうした関心は急速にしぼんでいった。1950 年代には、中道左派の議員であったフェナ・ブロックウェイが「植民地の自由に向けた運動」を立ち上げた。このグループは、戦後に植民地でおきた反乱に対して保守党および労働党がとった抑圧的な姿勢に抗議し、監視活動を行った。ブロックウェイは同僚の議員、バーバラ・キャッスルとともに、1950 年代中ごろのケニアの非常事態に際してとられた残酷な手法に対して、とりわけ強い批判を繰り返した。ブロックウェイ、キャッスルとその支持者は審理なしの拘留を強く批判し、ケニアのナショナリズムを抑えこむために急場しのぎで作られた拘留キャンプのひどい状況を厳しく非難した。1950 年代半ばには、ギャスリー・マイケル・スコット師がアフリカ・ビューローを立ち上げた。これは、反植民地運動を展開するアフリカ人に助言するための組織であった。帝国主義を「資本主義の最高段階」と見なすレーニンにならって、帝国主義をマルクス主義の立場から批判する人びとは、資本主義と植民地主義は密接に関連していると主張した。冷戦期には幅広い反資本主義戦略の一部として多くの反植民地主義ナショナリストのグループがソ連によって設立され、経済的な支援を受けていた。1927 年には共産主義を国際的に広めるためのソヴィエトの組織であるコミンテルンの衛星組織として、ベルリンを拠点とする反帝国主義者同盟が設立された。ヨーロッパの共産主義政党は、植民地の学生たちのために組織を立ち上げた。

西側の多くの反帝国主義者は、ソ連が自らの帝国を追求し始めたことに幻滅した。1956 年と 1968 年、ソヴィエトの戦車がハンガリーとチェコスロバキアで反乱を鎮圧すると、ヨーロッパの共産党員の数は急減した。かたや、植民地のナショナリストにとっては、このような信念に基づいて離反するような贅沢は不可能であった。イギリスを追い出すために、1940 年代のビルマやインドで日本のファシズムに迎合しようとする人びとがいたように、冷戦期にソ連が反植民地主義ナショナリストに提供した援助は、多くの場合、ナショナリスト勢力の存続に不可欠なものであった。東欧における自身の行動とは裏腹に、ソ連はヨーロッパの植民地主義が強い地域で反植民地主義ナショナリスト運動を資金面も含めて支援し続けた。長い間マルクス主義的な政治、経済分析の主軸をなしていたのは、資本主義と帝国主義の関係に対する批判的な視座であるが、こうした地域はそのまたとない例を提供していたといえよう。

マルクス主義による植民地主義の解釈では、階級と経済に焦点が置かれていたが、他にも社会を分断する要素があった。貧富の格差、資産を持つ者と持たない者の間の格差は、植民地の人びとの間の不満を誘発するうえでたしかに決定的なものであった。だが、同じくらい重要なのが人種の違いであった。アフリカの入植植民地では、白人が最良の土地を所有していた。彼ら白人自身が、自分たちのために土地を奪われた人びとを雇い、そのまま働かせることも珍しくなかった。どの植民地においても、白人たちは、本国での社会的地位があまり高くない労働者階級出身の兵卒でさえも、現地の人びとを支配し、彼らに命令し、運動を制限し、従属を求めることができた。肌の色の違いによる、この疑いようもなく冷酷な分断は、帝国全域で見られた。驚くにあたらないが、こうした人種に基づく植民地特有の行動により、反植民地主義ナショナリズムが人種ごとに形成されることになった。ビルマにおいてみられた反インド人的なアジテーションや、マレーシアにおける反中国人暴動は、イギリスによる統治がもたらした人種による分断が、実際の反植民地ナショナリズムのあり方にどのように影響を及ぼしたのかを明確に示す例である。植民地主義によって、先住民を犠牲にして外から来た人びとが利益を得たと見なされていた地域では、住民間の摩擦が人種問題を複雑にした。第11章でみるように、脱植民地の流れができると、このような分断は、移民として入ってきた人たちにドラマティックなだけでなく暴力的な結末をもたらすことになった。彼らが新しい生活の場ですでに数世代にわたって暮らした――もしかしたらそこで生まれた――人であったとしてもである。

性的な分断は反植民地ナショナリズムの中では人種的な断層ほど性急に表面化しない場合もあったが、ナショナリストの活動が植民地の女性の役割や地位に与える影響は甚大であった。20世紀半ばにかけて抗議行動が激化していくなかで、より多くの女性たちが政治の表舞台に出ることになったが、これは植民地という状況下におけるナショナリズムの特色のひとつであった。ナショナリストの女性組織は政治参加を積極的に進めた。1925年、サロジニ・ナーイドゥがインド国民会議の総裁に女性として初めて選出された。1880年代、アンナ・パーネルの女性土地同盟は、アイルランドの政治において重要な役割を果たしていた。統一マレー国民組織には女性支部がおかれていたし、インドにおいては全インド女性会議が1920年代末より非常に人目を引く活発な活動を展開していた。こうした組織は、ナショナルな文脈全体のなかでも女性にとって緊急性の高い特定の問題に焦点を当てていた。

しかしながら、女性が自分たちの主張を表だってあきらかにしないように、あるいは、男性のナショナリストがより緊急性、重要性が高いと主張する課題を優先させるように求められることも珍しくなかった。このような主張の裏には、女性にとって大切なのは子どもを生み育てることであるから、女性は「国家の母」として、人口と文化を再生産することで人種と社会を確実に継承することに注力すべきであるという考え方があった。ナショナリストの闘争において女性たちを狭い家庭内の役割だけに閉じ込めてしまうのはよくあることで、女性たちの多くも、自身のナショナリズムへのかかわり方のひとつとしてそれを受け入れた。とはいえ、それが女性たちの独立後の地位にとって吉兆となったわけでは必ずしもない。ナショナリズムが、何よりも重要な犠牲という観念をどのように人びとから引き出そうとしたのかを考えるうえでも、ジェンダー間の隔たりが鍵であった。男性はナショナリズムの闘いに自らの命を喜んでささげることを求められ、女性たちは夫や息子を差し出さなければならなかった。そのような観点からすれば、女性の権利要求は、きわめて個人主義的かつある意味利己的なものに映ったのかもしれない。

多くの場合、反植民地主義ナショナリズムに付随する権力闘争は、公共圏における政治運動と一体であり、そこは基本的に男性が支配する場であった。女性は、植民地の多くでも、帝国の時代のイギリスにおいても、母親として子どもの世話をするなど、おもに家庭内での役割を果たすことを長らく求められていた。彼女たちの将来的な役割については、植民地から独立後の国家のあり方をめぐる、より包括的な議論の一部をなしていることもよくあった。すでにみたように、ナショナリストの運動は絶対的に反西洋主義でありながら、西洋の文化や価値観のいくつかをとりいれてもいた。何をとりいれ、何を拒絶するのかは、常に大きな関心の的であった。女性の権利よりも独立を勝ち取るための闘いの方が重要であると考えられてはいたが、女性の役割や地位は常にこの判断の鍵となる要素であった。伝統的で適切な女性たちの役割とは何かを明確にしようと考える人びともいた一方で、女性の地位を変革しようとする人もいた。いずれにせよ、ナショナリズムにとってジェンダーは中心的な関心事であった。そこでも、女性たちはジェンダーの改革よりもナショナリズムを優先することを求められたのではあるが。

反植民地主義の中で女性がどのような位置を占めるかは、帝国の政治と文化の密接な関連を如実に浮かびあがらせる。このような定義と役割をめぐる葛藤は、ナショナリストの活動の在り方にも、その後の社会にも決定的な意味を持つ。ここには、西洋的な価値観を受容するのか、あるいは否定するのかということと共通する葛藤が非常にはっきりと見られた。ここまでみてきたように、植民地の人びとを残虐であるとか、あるいは彼らは女性を尊重しないなどと表象するのが入植者の常であった。それでは、女性を解放し、彼女たちの社会的な役割を変えるというのは、ヨーロッパ的なものを受け入れるということを意味したのだろうか。インドの幼児婚をめぐる19世紀末の議論には、この問題がきわめて鮮明にあらわれている。1891年、幼い花嫁について性的同意年齢法を施行したが、これは、ヒンドゥ教徒からの激しい抗議を招くことになった。というのも、法的に夫としての地位を得ている人びとが、婚姻関係ゆえに訴追される可能性が出てきたことや、イギリスはインド人の女性に対する姿勢やセクシュアリティを誤解しているとヒンドゥ教徒たちが考えたためである。この例からも明らかなように、植民地の統治がうまくいっていない場合は、ナショナリズムの加速を助長すると同時に、イギリスが過去の事例から学べなかった他の例と同じく、ナショナリズムの目指すものがきわめて保守的になることがある。

ナショナリズムは決して単一で統一的な運動ではなかった。植民地という場では、何が、（あるいは、誰が）国民であるのかをめぐってさまざまな理念が必然的にぶつかり合った。帝国主義が何年もかけて政治や文化の境界を引き直し、ある集団を他よりも優遇するというやり方は、すでに問題となっていた事柄をさらに複雑なものにした。国民とはどのように定義されるのか、より具体的にいえば、植民地支配の後、それまで違う民族とされてきた人たちをどのように統合するのかということである。例えばインドでは、1940年代にヒンドゥとムスリムの共同体間の紛争が頻発したことが主要な要因であったとはいえ、国民の定義をめぐる見解の違いは宗教的な排他主義に矮小化できるものでもなかった。大衆文化において20世紀のインド・ナショナリズムの英雄と表象されるガーンディーは、インドでは批判する人びとも多く、彼が階級に基づく抗議を拒否したことに対してはどこででも支持されているというわけではないことに留意すべきである。1930年代にインドの下層カーストであるハリジャンを組織化したB・R・アンベードカルは、いまだに多くのナショナリストにとって課題であるカーストの問題を、ガーンディーが批判しなかったことを非難している。海峡植民のマレー系住民と中国系住民の間の人種間の緊張は、脱植民地化後の国家がどのように機能しているのかを明示している。これらは、大部分が首尾一貫しない植民地支配の結果生まれた亀裂であり、植民地支配は［現地の事情に］配慮することなく冷淡に文化、民族、宗教などの境界を踏みにじり、あいまいにした。我われが次に目を向けようとしている脱植民地化が必ずしも友好的な独立とはならなかったのだとすれば、植民地支配がそうした結果に少なからぬ影響をもたらしていたと考えるべきであろう。

注

（1）C.A. Bayly, *The Birth of the Modern World, 1780-1914*（Oxford: Blackwell, 2004）, p.233.

（2）John Darwin, *The Empire Project: The Rise and Fall of the British World-System, 1830-1970*（Cambridge: Cambridge University Press, 2009）, p.106.

（3）Doris Lessing, *Walking in the Shade, Volume Two of My Autobiography*（New York: HarperCollins, 1997）, p.209.

（4）Balfour Declaration, 1917. 宣言全文は以下を参照のこと。
http://www.fordham.edu/halsall/mod/balfour.asp

第11章

脱植民地化
DECOLONISATION

20世紀の反植民地主義ナショナリズムは、（第10章で述べたとおり）脱植民地化の時代を形作る決定的な要因となっていた。そして、第二次世界大戦後、イギリス帝国の統治をめぐる議論のほとんどは、脱植民地化についてで占められていた。ナショナリズムは、脱植民地化がなぜ、そして、いつ起きたのかを説明する主な要因であることは間違いないが、同じように事態を大きく左右した要素は他にもいくつもあった。どこがどこと同盟しているのか、貿易の中心地はどこにあるのかなどといった世界的な情勢が、イギリスがどこをどのように植民地化したのか、また、イギリスが植民地をどのように維持し、植民地との関係がどうであったかということに影響しなかったことは一度もなかった。脱植民地化のプロセスについても同じであった。植民地化と同じく脱植民地化も世界的な現象であった。18世紀はイギリスが13植民地を失ったばかりでなく、フランス領サン＝ドマングでは奴隷の反乱が起こり、ハイチの独立へとつながった。19世紀には植民地での反乱とそれに続く独立を受けて、イベリア半島の帝国、スペインとポルトガルがアメリカ大陸での支配権を喪失していった。第一次世界大戦後には旧ロシアの植民地や、崩壊しつつあったオーストリア＝ハンガリー二重帝国とオスマン帝国の衛星国が独立したため、地図が描きなおされることになった。1920年代初頭までには、アイルランドのほとんどがイギリスから独立した。パッチワークのような帝国の喪失とナショナリストの勝利は、わたしたちに、時に部分的な、また時には完全な帝国の失敗と崩壊を思い起こさせてくれる。

1945年以後の脱植民地化の時代にイギリスはほとんどの帝国を失ったが、それは三つの期間に集中している。まず1940年代末、このときは南アジアの植民地や、それに支配されていた植民地が独立国となった。1950年代末から1960年代初頭にかけては、アフリカの多くの国が独立を達成した。1960年代末から1970年代にかけて、イギリスはスエズ東部など残りの植民地から撤退したが、これは、おおむねイギリスの経済的地位が低迷した結果といってよい。

脱植民地化は、植民地を保有していた国が使う言葉である。イギリスの場合、旧植民地が独立し、自分たち自身による統治のあり方と指導者を選ぶ権利を獲得するプロセスと期間を示す言葉である。驚くことでもないが、旧植民地側ではこのプロセスに脱植民地化よりもむしろ解放という言葉が使われる。こうした言葉の選択は、ナショナリストたちの自由への強い要求を反映している。ここでは（第10章とは違い）、イギリス側、つまり植民地保有国の視点を分析の中心に据え、なぜこのような変化が急激におきたのかを考える。基本的に、旧植民地が自由をどのように獲得したのかではなく、なぜイギリスが20世紀後半、ほぼ完全に帝国植民地を手放すことになったのかを中心に議論する。

1945年より後の世界は、多くの面で、また多くの地域で、6年にわたった世界大戦より前の姿とはまったく異なっていた。戦時中に技術革新のペースがあがり、政治的な同盟のあり方も変化したことで、経済構造が急激に変化した。イギリスが政治的にも経済的にも顕著な衰えを見せたのは、ひとえに戦争のコストと苦境のためばかりというわけではなかったが、戦争はイギリスでかなり前から顕在していた傾向を容赦なく助長した。イギリスの経済と産業は20世紀に入ってからは厳しい競争にさらされてきたとはいえ、戦間期には、イギリスは広大な帝国のおかげで大国としての地位を維持できており、世界の中で大きな影響力を持っていると自負していた。1945年以後はそのようなイメージを維持するのが難しくなり、政治や経済の力の象徴はイギリスから大西洋の向こうのアメリカ合衆国にうつっていった。

アメリカが世界の指導的地位に着いたことが、1945年以後の世界のもっとも大きな変化である。イギリス国内においてアメリカ文化やアメリカ製品は 1920 年代ころから人気を博していたが、ハリウッド映画、ジャズ、アメリカ風のファッションは、戦間期のイギリスで絶大な支持を誇った。1941 年からの第二次世界大戦におけるアメリカの中心的な役割や、戦時中および戦後における経済的な強さと支配力は、その後も長期にわたって継続し、戦後の世界で圧倒的な影響を与えることになった。アメリカの資金がなければ、戦後のヨーロッパの多くの国、なかでもイギリスは、戦後しばらくの間、深刻な経済状況に苦しめられることになっていただろう。アメリカ合衆国は戦時中に大きな経済的利益を手にした一方で、イギリスは 1945 年、巨大な赤字と同時に空爆で破壊された多くの地域を再建する必要性に向き合わなければならなかった。

植民地主義に対するアメリカの姿勢はしばらく一定しなかった。アメリカは自身の植民地のほとんどを手放した。例えば、フィリピンは 1946 年に独立した。一方で、アラスカやハワイのように、州としてアメリカに編入される場合もあった。アメリカの基本的姿勢は、植民地主義を否定するものであった。1942 年に国務省が出した公式文書は植民地の独立を支援するもので、イギリスの怒りを買うことになった。しかしながら、戦後にソヴィエトが世界を舞台に潜在的な競合相手として浮上してくると、ヨーロッパの植民地主義に対するアメリカの姿勢は、冷戦への対応を基準に決まるようになった。植民地主義が共産主義への防塁となりうる場所では、アメリカは植民地の維持を歓迎した。

終戦の時点で、アメリカはその他の工業国に比べて、経済状態がかなり良かった。しかしながら、ソヴィエト連邦（USSR）の中の、新しい強力な敵と対峙することになった。自身の帝国主義的な野心にもかかわらず、ソ連は西ヨーロッパの支配下にある植民地においてナショナリズム運動を育成し、経財的にも支援していた。ソヴィエトもアメリカと同じく、帝国主義的な搾取や反植民地主義ナショナリズムについては矛盾した姿勢をとっていた。これについては、第 10 章でふれたとおりである。資本主義世界におけるナショナリズムを物心両面から支援する一方で、東ヨーロッパにおいては、当該地域の国家の主権にほとんど配慮せずに、かなり暴力的にソ連の支配地域を拡大していたのである。資本主義精神はアメリカのアイデンティティの支柱であり、成功の礎でもあったがゆえに、共産主義ロシアとその帝国主義的な性格はアメリカにとって脅威であった。いわゆる冷戦は、1990年代までの世界政治の枠組みをほぼ決めてしまうものであったが、アメリカ合衆国とソ連という二つ国の「超大国」としての地位を確実なものにする、新たな同盟関係をつくりだすことになった。イギリスの経済的な苦境脱出はアメリカの財力を頼みとする他なく、植民地の資源の搾取は、(労働力も物資も)必然的にアメリカと共同で行われることになった。一方、イギリスの植民地にとって教育や武器、独立運動への助言などをおしみなく与えてくれる後見役とうつったのはソ連であった。冷戦が帝国主義の政治や経済に深くかかわるようになるにつれて、イギリスの脱植民地化への影響も大きくなっていった。過去に地球上のかくも広大な地域を植民地化したイギリスにとって、アメリカとの協調の代償がいかに屈辱的なものであるかは、1950年代にさらに明らかになっていった。冷戦期を通じて、植民地世界は、西側とソ連が衝突する舞台であった。資本主義ブロックの勢力を弱体化させるために、ソ連は、反植民地主義が社会にもたらす不安定化作用を効果的に利用しようとした。旧植民地が自由貿易に基づく西側の資本主義世界に背を向けて共産主義に向かうのではないかという危惧は、脱植民地化のプロセスに影響を与える決定的な要因であった。

イギリスが米ソ対立にいやおうなく巻き込まれていくかたわらで、1950年代になるとヨーロッパの協調という構想が生まれてきた。ヨーロッパ共通の利害という認識は、共産主義のロシアが西側に関心を向けてくることに対する懸念に端を発している。ヨーロッパの中でナチスの侵攻が一時的に成功した地域では、外国による占領の記憶がまだ鮮明であった。西ヨーロッパを横断する同盟は、より有利な貿易協定を促すものであると同時に、加盟国を東側共産圏の玄関口にまで迫るソ連から守るためのものでもあった。イギリスも1950年代終わりまでには、この新しい同盟の中での役割を真剣に模索するようになっていた。背景には、植民地との貿易を強化することでは経済的な苦境を解決できないことが明らかになっただけでなく、植民地の不安定な状況により、統治のコストがますます増していたことがある。イギリスは、

1961年にヨーロッパ経済共同体（EEC）に加盟申請したが、これはイギリスが植民地との緊密な経済関係から離脱することを示唆するものであった。フランスは、イギリスがコモンウェルスやアメリカと密接な関係にあるため、ヨーロッパのひとつと見なすには不十分であるとして、イギリスの加盟申請を拒否した。皮肉なことに、イギリスの加盟申請は、当のコモンウェルスの指導者たちからも反対された。この彼らとイギリスのつながりの深さこそが、ド・ゴール[i]に、イギリスのヨーロッパとのかかわり方について、疑念を抱かせたものであった。イギリスが次に加盟申請した1967年にもド・ゴールは拒否した。イギリスが現在、ヨーロッパ連合とよばれるものにようやく加盟を認められたのは1973年、フランス大統領が交替してからのことであった。

ヨーロッパの中でイギリスとEECの関係だけが、20世紀後半のイギリスの脱植民地化の道筋を形成するうえで影響を与えたというわけではない。1960年、ド・ゴールが西アフリカと赤道アフリカにおけるフランス帝国領の放棄を決定したことも、イギリスがこの地域の脱植民地化を加速させる要因のひとつとして作用した。さらに、同じ年、ベルギーが突然コンゴから撤退した。これは、イギリスが懸念したとおり、あっという間に政治的な緊張を高めることになり、それがウガンダや北ローデシアなど、隣接するイギリス領植民地にも広がった。コンゴの急進派はソ連と同盟を結び、イギリスはアフリカのこの地域で、地域紛争の火種を抱えつつ潜在的な冷戦の脅威にもさらされることになった。さらに、第10章でふれたように「アフリカの年」といわれる1960年にはアフリカに16の新しい独立国が生まれ、国連に承認された、これは、当該地域に国連が共感を寄せていたことの証である。

こうした複雑な世界情勢に加えて、反植民地主義ナショナリズムが脱植民地化に向けた環境を作り出すことになった。第二次世界大戦後、植民地の不満や、自治要求は大きくなっていた。1949年に西アフリカのゴールド・コースト植民地でナショナリスト政党を設立したクワメ・エンクルマは、1954年、

i　ド・ゴール（Charles de Gaulle, 1890-1970）：フランスの軍人、政治家、第二次世界大戦中の1940年、亡命先のロンドンから自由フランス運動を指導。パリ解放後、臨時政府の首相を1944年からつとめ、1947年辞任。アルジェリア危機に際して1958年6月政権に復帰後は、第五共和制の初代大統領に就任。1969年に政界を引退した。

「世界中の植民地の人びとに向けた宣言」を発表した。彼は、帝国主義は搾取的なシステムであり、すべての人びとは自分たち自身で統治する権利を持っていると宣言した。ゴールド・コーストは1957年、アフリカにおいてイギリスからの最初の独立国、ガーナとなった。1954年のエンクルマによる植民地システムに対する挑戦的な批判は、反植民地主義ナショナリズムを結集させるうえで重要な呼びかけとなった。対象地域では、第二次世界大戦後に西洋的な民主主義の理念が、ようやく深く浸透するようになっていたからである。低開発国が困窮する一方で、欧米諸国では経済が民主化され、例えば不況にあえいでいたイギリスですら、資産や消費財にこれまでよりも手が届きやすくなっていた。生活、文化、習慣、法律などに対する政策的な発言権をさまざまな場面で否定されながらも、植民地の活動家たちは、完全な独立を求めるようになっていた。ゴールド・コーストの独立への道筋は、多くの意味で脱植民地化の複雑さを浮き彫りにしていた。植民地は第二次世界大戦前、カカオ生産によって大きく成長してゆたかになっており、植民地官僚は、1940年代末まで、穏健なアフリカ政策を是認していた。ゴールド・コーストは、イギリスで教育を受けたエンクルマの影響力が増す中で急激に急進的な方向へと向かい始めた。社会主義に大いに触発されたエンクルマの示す政策は当局者に警戒され、1950年代、彼は投獄されていた。模範的な植民地から問題児となったからといって、脱植民地化に向かう流れが止まったわけではなかった。インドの例と同様に、変化をむしろ加速することになった。しかしながら、この変化は、植民地が独立するにふさわしいのかどうかをめぐる当局の評価を反映していた。

1940年代末から1950年代にかけてのアフリカでイギリスの経済的な存在感が増していったことは、ナショナリストが簡単に火をつけることのできる怒りを着々と増大させることになった。第二次世界大戦中、アフリカは戦略的にも経済的にも重要であった。アフリカの港湾や空港はこの地域の戦争遂行に必須であったし、日本がマレーを奪取した後は、西アフリカからの錫(すず)が非常に重要になっていたので、政府は地域住民を鉱山に徴用した。イギリスはアフリカ植民地の富を本国のために利用しようとした。結果として、戦後、植民地の開発計画が積極的に実行されていくにつれて、イギリスはアフリカの都市部だけでなく、そこから遠く離れた農村部においても存在感を増していった。これまで直接的には植民地支配には無関心であるか、影響を受けることのなかったアフリカ人の多くも、こうした介入には苛立ちを隠せず、これもナショナリストの組織化を大きく前進させる要因となった。

植民地に対する経済的な介入の強化は第二次世界大戦前からみられた。戦間期に商業上の地位が低下したイギリスは、帝国の市場の魅力に関心を寄せるようになった。植民地開発のための機構がつぎつぎに作られた。1921年にできた「帝国綿花栽培協会」や1926年設立の「帝国マーケティング部」などは、しかしながら、どちらもイギリスを中心とした世界経済の体制をつくるという夢を実現させるのに必要な継続的な財政基盤を欠いていた。これは、少なすぎたし遅きに失したという例である。植民地開発法（1929年）は、年間の予算が100万ポンドにすぎず、きわめて小さな効果しか得られなかった。1940年の植民地開発福祉法と、それを受けて誕生した1948年の植民地開発協力公社は、より幅広い野心的な目的を持っていたが、プロジェクトの運営はうまくいかなかった。近代的な技術や管理の原則が地域の労働力事情にあまりそぐわなかったからである。ケニアや南ローデシアなどの植民地では、開発資金は（アフリカ人労働力を使う）白人入植者による大規模な事業が優先され、伝統的な小規模な地域の農業はあまり推奨されなかった。土壌の侵食などの問題を防ぐための農業改良によって、アフリカ人は持っている家畜を減らさざるをえなくなることも多かったが、アフリカ人側はその損失を補うことができないままであった。こうした地域経済への新たな介入は、地域住民の多くに植民地政府の意図に対する疑念を抱かせる結果となった。

イギリスは経済的な苦境は、イギリスの立場を急激に悪化させた。アメリカの資金に対する依存や共産主義への恐怖に加えて、ますます難しくなる帝国の統治にかかるコストに耐えながら、困難な経済情勢を好転させ、本国における福祉改革も継続するために、労働党政権も保守党政権も、ともに帝国に経済的な価値があるのかどうか、真剣に検討し始めた。これは新しい問題というわけでもなかった。帝国統治にかかわるコストは、帝国の時代を通じて、議会で常に問題にされてきた。実際のところ、すべての植民地が、イギリスという国家にとっても、投資対象や働く場としても利益をもたらすものであったとはいえない。1945年以後、イギリスが37億5000万ポンドの借款をアメリカから受けるにあたっては、アメリカドルに対してイギリスポンドを完全に互換可能にしておくことが条件となったことで、議論が沸騰した。戦争中、イギリスポンドでの収入は、ポンド通貨圏でのみ使用可能であった。ところが、アメリカからの借款は、世界に対して無条件に市場を開くことを意味した。イギリスは自国の状況を改善するために、植民地の人びとの経済的自由を大きく制限することで、なんとか対応した。アフリカと東南アジアは、戦前よりもはるかに過酷な搾取を受けるようになった。これらの植民地が提供させられた価値の高い物産に対する強い関心と開発は、それぞれの地域の人びとを豊かにしたはずであると考えたくもなる。しかし、イギリスによる過酷な支配は、富を公平に分配するためというよりは、反対に、イギリスポンドとイギリス自身を浮上させるためのものであった。植民地の通貨はイギリスポンドに対して固定相場を維持することや、自国通貨で得た利益をイギリスポンドと交換する形でイギリスに売り渡すこと、イギリスポンドへの交換を無制限に認めることなどを求められた。これは、植民地の側も戦時中にイギリスが直面したのと同じような政治的、経済的な損失に苦しんでいたにもかかわらず、イギリスが自身の経済的苦境からの脱出のために帝国を犠牲にしていることが明らかな施策であった。イギリスの政策により植民地で起きたインフレーションは、反植民地主義的抵抗が拡大するのを助長した。

このような経済政策が効果を発揮することはなく、イギリスの決定は、優先順位の高い国内の問題解決のために、帝国を利用しようとしていることをあらゆる面で示す結果となった。アメリカから要求されていたドルとイギリスポンドの互換性維持が難しいことが明らかになると、1949年、労働党政府はコモンウェルス諸国への相談なくイギリスポンドの切り下げを決めた。帝国全体に影響を及ぼす政策決定の際に再び無視されたドミニオンにとっては、冷や水を浴びせられたようなものだった。

イギリスに対する植民地の憤りは、戦争中ばかりではなく、それ以前からのイギリスの姿勢によって増幅されていった。例えば、オーストラリアは、太平洋における日本軍の侵攻をめぐり、裏切られたとの思いを強くしていた。オーストラリアの人びとは、ヨーロッパ戦線を重視し、オーストラリアへの攻撃に対して無防備なまま放置し続けるイギリスを非難した。第一次世界大戦後にカナダが隣国アメリカと経済協力を模索していた折もそうであったが、1951年にオーストラリアとアメリカが太平洋における敵対行為から相互を守るために締結した協定から、イギリスはあからさまに外された。インド人兵士は、第一次世界大戦時と同様、同盟国とともに戦い、戦争で重要な役割を果たした。彼らの多くは、その努力がインドの独立に何らかの貢献をするものと期待していた。イギリスが戦時中に協力を得る見返りに植民地とかわした約束を履行できなかったことに対しては、第10章でみたように、植民地の活動家の多くが怒りをつのらせることになった。マルタとセイロンは戦時中に自治を約束されたが、セイロンが1948年に独立を勝ち得たのに対し、マルタは1947年に国内の自治権を得ただけであった。イギリス情報省帝国情報局のJ・D・クリーヴァンが指摘したように、マルタは要するに、「地中海の枢要な戦略地点」であった。[(1)] イギリスの権益が地域のそれよりも優先されたのである。マルタは1959年にイギリスとの間で経済問題をめぐる協定が妥結しなかったために、再びイギリスが直接支配することになり、完全な独立を果たしたのは1964年であった。

脱植民地化の前夜、植民地主義はこれまでにないほど緊張をはらんでいた。第10章で詳述したように、1930年代はもちろん、戦時中も帝国の多くの地域で頻繁に不安定な事態が起きていた。パレスチナ委任統治領は、外交的に見て明らかな危険地域であったが、旧イラク委任統治領における反イギリス軍事蜂起によってさらに不安定さが増した。アフリカ中でイギリスの支配に対する労働者の抗議が続き、キプロスでは1939年に暴動が起きた。インドでは続発する抗議行動にあわてた当局が国民会議派の主要メンバーを逮捕した。このような、大衆の反感を煽るような措置は、インドにおける支配者と被支配者の間にそれまでからあった緊張をさらに深刻なものにした。東南アジアでは、戦時中に日本がイギリス植民地を占領したこととあいまって、1940年代になると、植民地世界が多方面から危機的な状況にさらされていることは、イギリス議会にいながらにしても明らかになっていた。

1945年の連合国側の勝利も植民地の状況を変えることはなかった。1947年のインド分割と翌年のイスラエル国家樹立の宣言は、軽率で思慮を欠いた意思決定と場当たり的な妥協の産物であった。一番早い脱植民地化の際に残された問題をめぐっては、こんにちの世界における対立の中でももっとも打開策を見いだすのが難しい状態が続いている。パキスタンとインドはカシミールの領有をめぐって争い続けているし、パレスチナとイスラエルにおいては、宗派間抗争により、毎日のように犠牲者が出ている。

イギリスが状況によりやむをえない選択を迫られたのは、なにも脱植民地化の最初期の事例に限らない。他の多くの場合でもそうであったことは明らかである。経済的なコスト、政治的混乱、世界的な外交戦略などのすべてが脱植民地化のスピードや進展の度合いに影響を与えたが、脱植民地化の時期を通じて、労働党政権、保守党政権のどちらも、イギリスが個別の事例だけでなく全体的なプロセスについても決定権を握っているかのようにきこえる言い回しに相変わらずしがみついていた。これは、もはや政治的なポーズでしかなかったが、イギリス帝国主義とその瓦解の双方に顕著な要素をあらわにした。イギリスは、それぞれの植民地が独立するにふさわしいかどうかを判断する最良の判定者であると常に主張していた。こうした態度は、19世紀の帝国を正当化した「文明化の使命」という考え方のもとで増長してきた。このような姿勢は、第一次世界大戦後、新しい国際連盟がドイツの植民地や旧オスマン帝国の属領を分割するのにあたって、「信託統治」という考え方に固執したことと、それほど変わってはいない。「委任統治領」全体の中での序列が、戦後のそれぞれの地域における植民地主義の構造を決定づけたが、それによれば、アフリカはオスマントルコの属領であったシリア、レバノン、イラクやパレスチナと比べて独立の準備が整っていないと考えられていた。中東の委任統治領は独立準備が先行しているAクラスの委任統合領とされ、ドイツ領東アフリカはBクラス、ドイツ領南西アフリカおよび太平洋諸島領はCクラスの委任統治領、つまり人道的に統治されているものの、独立の具体的な時期については示されない領土と分類された。ある人びとを他より「進んでいる」と見なしていたのは、もちろんイギリスだけではない。現実はたいていもっと複雑であったにもかかわらず、イギリスの論法によれば、脱植民地化の時期を決められるのはイギリスだけであるかのようだった。図16の脱植民地化の時代の終わりごろの王室の西インド訪問の写真に示さ

図 16　西インドへのエリザベス二世の訪問。1966 年（TopFoto）

れているように、満足している帝国臣民という神話はそのころまで残っていた。

実際のところ、イギリスは勇ましい行動をとろうとしたものの、脱植民地化の時代は屈辱的な敗北の連続であった。インド独立の日程が 10 ヶ月ほども早まったのは有名である。これは、激化するヒンドゥ教徒とムスリムの対立が軍にまで飛び火することをイギリスが恐れたためである。1946 年のインドでは、農村や都市部での暴力的な抵抗の他に、警察のストライキや海軍の反乱が起きた。マウントバッテン卿[ii]は、1948 年 6 月に設定されたインド独立までの道程を見届けるために、1947 年 3 月にインドに到着した。状況が緊迫していたため、結局、彼が 1947 年 8 月に任務を引き継いでからわずか

ii　マウントバッテン卿（Mountbatten, Louis, 1st Earl Mountbatten of Burma, 1990-1979）：イギリスの軍人。ヴィクトリア女王の曽孫。第二次世界大戦中の 1941 年、東南アジア地域連合軍（SEAC）の総司令官としてビルマ戦線などを式。1947 年、インド総督として赴任後、6 月のマウントバッテン裁定によりインド・パキスタンの分離独立の道をつけた。

5ヶ月で権限が移譲された。1946年においてもまだ、分割の方針はイギリスによって却下されていたにもかかわらず、翌年の独立に際しては、パキスタンが独立国家として存在すべきであるとの主張が現実のものとなっていた。

4年後の1951年、イギリスが所有していたイランのアバダンにある石油精製所が国有化された。イランはイギリスが統治する地域の中で最大の石油埋蔵国であったが、国連もアメリカも、イギリスが精油所を取り戻すために軍事進攻することを認めなかった。しかしそれから2年後、イギリスとアメリカは、この地域におけるソ連の影響力増大を懸念してイランの政権を倒すために共に軍事介入した。もっとも、この行動において主導権を発揮したのは超大国アメリカの方であり、イギリスでなかったのは明らかであった。また、この侵攻の大きな理由はイギリスの石油権益というよりは、冷戦であった。イギリスが1956年にエジプトへの侵攻を決断した背景には、1950年代初頭のイランでの屈辱が影響しているとの指摘があるのは事実である。しかし、こうした情勢判断が実際にどの程度影響したのかについては、記録からは判然としないながら、疑いようがないのは、イギリスがフランスとともに1956年にエジプトで失策をおかしたことである。

スエズ危機[iii]をきっかけに脱植民地化が加速し、これが1年後の1957年のガーナの独立獲得で始まる新しい局面への突破口となったとされることが多い。1956年のエジプトでの姿は、イギリスの弱さと世界における影響力の低下をまざまざと見せつけたものの、この失敗がその後に続いた事態を招いたわけではない。スエズ論争が起きた頃には、ガーナのみならずナイジェリアの独立計画まですでに進みつつあった。この件は、イギリスの多くの人びとに立ち止まって考える時間を与えることになった。とはいえ、スエズが脱植民地化の広がりに決定的な役割を果たしたわけではなかった。この事件が帝国のあり方に与えた本質的な意味とは、イギリスはもはや主要な政治勢力とはいえないことを非常にはっきりと示したことである。そしてまた、広大な帝国を保持していることが、イギリスが世界において中心的な役割を果た

iii　スエズ危機：1956年、エジプト大統領ナセルによるスエズ運河の固有化宣言を機にイギリスがフランス、イスラエルと共同でスエズ運河地域に派兵したが、アメリカをはじめとする国際社会の理解を得られず、間もなく停戦に合意し、撤退した。

しているとの主張を裏打ちするものであったために、この地位の低下はイギリスおよび植民地の姿勢に影響を与えることになった。

スエズでの出来事は、脱植民地化の時代に特有の、錯綜した関係を示す好例である。1956年の侵攻につながる一連の事件の発端となったのは、イギリス＝エジプト条約をエジプトが1951年に破棄したことであった。1936年の条約は、イギリス軍のエジプトからの撤退をイギリスが保障するにあたって、スエズ運河地域を除外していた。しかし、1939年に戦争が勃発したため、イギリスはこの撤退そのものを延期した。戦後もエジプトからの撤退に向けた努力はまったく行われなかったため、1952年、ガマル・アベル・ナセルはクーデタを起こして、イギリスに協調的すぎると地域内でみなされていた国王のファルークを追放した。スエズ運河地域からのイギリス軍撤退に対する圧力は、ナセル政権の初期に強まり、イギリス軍の最後の部隊は1956年6月にここを離れた。イギリス＝エジプト条約で保障されてから20年後、段階的な撤退の結果イギリスはこの地域における足場を失ったが、その穴をどうにか埋めようとしていた。西側は石油資源が豊富なこの地域がソ連の影響下にはいるのをなんとしても避けたかったからである。イギリスは当初、中東においてエジプトにかわるもっとも緊密な同盟相手として、1932年に先行して独立したイラクを想定していた。しかしながら、イギリスがイラク、トルコと締結した1955年のバグダッド条約にヨルダンを加盟させようとしたところ、ヨルダンの首都でナセルが反英抗議活動を組織しはじめたうえに、自身の勢力を誇示するために、依然としてイギリスの海運にとってきわめて重要なルートであったスエズ運河を国有化した。アメリカはナセルの行動には不快感を示したものの、この地域で軍事力を行使することには消極的であった。アメリカが拒否したことを受けて、イギリスは秘密裏にフランスおよびイスラエルと交渉し、あとから振り返ってみれば、まったく笑止千万としか言いようのない計画を考えだした。

イスラエルはまさにエジプトを攻撃しようとしており、英仏は、ナセルが拒否することを見越しながら停戦のための最後通告をだした。これは、英仏がエジプトを攻撃するのに必要な「口実」を与えるものであった。これが、1956年10月29日から31日までにまさしく起きていたことである。英仏による攻撃に対してすぐさま強硬な批判が沸き起こった。アメリカと国連、コモンウェルスはどこもこの行動を公然と非難し、ソ連やアラブ諸国も同様であった。11 月 7 日までにイギリス軍は国際的な強い圧力を受けて撤退することになった。この事件で明らかになったのは、イギリス経済がアメリカの恩恵に浴する度合いがいかに大きいかということであった。スエズ危機をきっかけにイギリスの通貨市場ではポンド売りが加速し、イギリスポンドが急落した。イギリスが無条件でのエジプトからの撤退を受け入れたことで、アメリカと国際通貨基金は、ようやくイギリスのポンド危機に対する救援に同意した。イギリスがスエズから何か学んだことがあるとすれば、脱植民地化が必然であるということよりも、新しい勢力の構図が意味することとは、帝国の意義や影響力の急激な変化、つまり、そのいかんともしがたい弱体化ということであった。スエズ危機は脱植民地化の呼び水でもなければ、それを加速したわけでもない。そのかわり、これは、帝国がもはやイギリスの政治的な力の源ではないという事実をはっきりと示すことになった。

イギリスは、もうひとつの大きな事件でも急激な影響力の低下をまざまざと見せつけられることになった。1965 年、南ローデシアで黒人の支配に反発した白人が、イアン・スミスに率いられて帝国からの独立を宣言（「一方的独立宣伝（UDI）」）したことである。イギリスはこれに抗議し、経済制裁を行ったが、人種隔離政策（アパルトヘイト）をとる南アフリカは隣国が白人至上主義者の政権であることを歓迎し、経済制裁を無視して南ローデシアへの物資の供給を保障した。もちろん、帝国は二つの面から打撃を受けた。植民地が帝国主義を拒否して一方的に独立を宣言したことだけでなく、そのもっとも親密な同盟国の南アフリカが、旧イギリス植民地であったからだ。新しくコモンウェルスに加盟した国が、黒人に基本的人権の多くや参政権を認めない南アフリカの人種主義的な統治システムに反対したことを受けて、南アフリカは 1961 年にコモンウェルスから離脱した。イギリスと白人入植植民地であるオーストラリアおよびニュージーランドは、南アフリカの政権がアパルトヘイト政策をとるにもかかわらず、コモンウェルスにとどまることを歓迎していた。しかし、旧植民地からの批判を受けて、南アフリカ自身が加盟申請を取り下げたのである。

南ローデシアは1923年、南アフリカ連邦に合流するのではなく、自治植民地となること選択しており、その後も頑として、その主張を撤回しなかった。この姿勢は、経済的にも政治的にもイギリスの弱体化を示すものであり、イギリスは当惑を隠せなかった。植民地総督は、給与も電話での連絡手段も断たれながら、いかにもイギリス人らしく、一切感情を表に出さずに、まるでまったく何事もないかのように、ゲストをもてなし続けていた。しかしながら、独立を決意したローデシアは、彼の地位の正当性を認めようとしなかった。国連は、スミスの政権が違法であることや、その人種主義的な傾向を認識しており、南ローデシアの行動を非難して、国連加盟国に新しい政権を承認しないよう求めた。イギリスの首相、ハロルド・ウィルソンは、軍事侵攻による解決には消極的であった。ケニアやマラヤなどの非白人植民地やエジプトに対しては、ナショナリズムが暴動に発展した際には迷うことなく軍事力による鎮圧をはかってきた。しかし、白人植民地に対する軍事行動は政治的な命取りとなることを、明敏な政治家であるウィルソンは鋭く見抜いていた。こうした人種主義的な対応はさらに重ねられることになった。経済制裁を行えば、隣接する南アフリカが抜け道となること、南アフリカと同じくらい重要な貿易相手に圧力をかけることは、経済不況のおりに論外であることなどをウィルソンは承知していた。労働党政権にとってでさえ、経済は人種的平等に関するいかなる原則にも勝るものであったのだ。

結局、スミスはイギリスの首相が交渉をおりるよう押し切った。これは、イギリス側からみれば、非合法な政権を認めたということであった。スミスの強硬な姿勢を前に、ただひとつイギリスに残された手段は経済制裁であったが、予想通り、これは無残な失敗に終わった。この後、この国でのゲリラ戦による犠牲者は驚くべき数に上った。凄惨な内戦の廃墟からジンバブエという新しい名の、黒人が多数を占める国家が創造されるまでには1980年まで待たねばならなかった。

このケースにも明らかであるが、国連は、かつてのように常にイギリスを支持していたとは必ずしもいえない。南ローデシアに対する国連の姿勢は、スミスが主導する少数者である白人による支配を認めないことが決定的な軸となっていた。それより5年前、国連の総会では植民地諸国と人びとに独立を付与する宣言を決議していた。もちろん、これがヨーロッパの植民地主義の終わりを告げる最初の鐘であったわけではないが、戦後、国連がその名において植民地主義に対する批判を行ったことは、政治的な潮流の変化を示す重要なものであった。

帝国をつなぎあわせる方法を模索する中でとられた戦略が、1867年のカナダや1901年のオーストラリア成立の際に用いられた地域連邦の導入であった。連邦主義は戦後、とりわけ保守党政権期になって復活した。西インド諸島（1958年）、中央アフリカ（1953年）、東アフリカ（1955年）、南アラビア（1959年・1963年）、マラヤ（1963年）などの地域においてである。すべてまもなく崩壊した。振り返ってみるに、これはまったく驚くにあたらない。共通点がなく、相反する目的をもつグループを、植民地のメンバー間の力の大きな差すら考慮せずに一緒にしてしまっていたからである。

イギリス人はコモンウェルスを新しく作り直したり再編するなかで、信頼に基づく関係を深めることを希求し、完全な植民地主義はもはや受け入れられなくなっていた世界において旧植民地との関係を継続した。コモンウェルスは、単なる人気取りの広報活動とさほど変わらないことも多かった。イギリスには、スエズ問題やEECの加盟申請についてコモンウェルス諸国と協議する理由はどこにも見当たらなかった。それでも「コモンウェルス」というかたちを重要で、たがいに尊重すべき互恵的なものにみせるべく資金と労力が投入された。「コモンウェルス」は、1900年に連邦を結成したオーストラリアが植民地的な支配を意味しない言葉として使い始めた。1926年のバルフォア報告は、コモンウェルス諸国について、イギリスの王位への忠誠を共有していることが特色であるとしている。1931年のウェストミンスタ憲章は、加盟国が法的に等しい地位にあることを規定し、加盟諸国の法律がウェストミンスタの議会により無効とされることがない完全な独立を確認した。当然ながら、この時点では、コモンウェルス加盟国は、すでに実際に自治が行われていた入植植民地に限られていた。1940年代になると、イギリスは、二層のコモンウェルスを構想するようになったが、そこでは、アジアやアフリカといった非白人植民地は、メンバーとして他の加盟国よりも一段下位にあたる資格を与えられることが想定されていた。

コモンウェルスの資格については、南アジアに新しく独立した共和国ができた時点で再検討する必要が出てきた。国体の専門家は、君主への忠誠はこうした新しい国家の共和主義的な性質とは相容れないと考えていた。共和主義者――この言葉は、イギリス帝国の言葉としては、1776年にアメリカ植民地が離反した時にまでさかのぼる――は、君主制への忠誠にたいしてとりわけ拒否感が強かったし、1920年にアイルランド自治計画が挫折したのも、共和主義者がイギリス君主に忠誠を誓うことを拒んだためであった（第10章参照）。それでも、イギリスは、インドやパキスタンがソヴィエトの勢力下に入るのを阻止することが大きな目的であったにせよ、両国との継続的な紐帯を作りあげることを望んでいた。結局、1949年、コモンウェルスは共和主義者の疑念を和らげる方向にあらためて定義され、新しい南アジアの国々も完全な会員資格を得ることが可能になった。コモンウェルスの構成は戦後かなり変化したとはいえ、コモンウェルスが実際に何らかの力を持つことは一度もなく、帝国を代表する場面があったとしてもほんの時おりであった。アラブや中東地域におけるイギリスの旧植民地はどれひとつとしてコモンウェルスに加盟していない。また、南アフリカが加盟申請を1961年に取り下げたのはすでに見たとおりである。ビルマは1948年に、イギリス君主を国家元首として受け入れるのに難色を示したエール（アイルランド共和国）は1949年に離脱した。

コモンウェルスは現実に何らかの機能を有する実体というよりも、理念であった。とはいえ、実際の状況を反映していないわけでもないそのレトリックは、帝国の解体にあたって働く複雑なメカニズムを誘導するのに便利なものであった。平等についてのどのような話題においても、イギリスがコモンウェルス諸国との協議を保障するものでは決してないという明白な事実は、原則と現実のギャップは常に大きかったことを物語っている。イギリスは縮小しつつある影響力と経済的地位の低下に直面してもなお、世界的に重要な地位を保っているという考えをなんとか持ち続けようとしていた。帝国は、あらゆる計画や目的において、そうした虚勢をどうにか張れる唯一の場となっていた。もっとも、すでに見てきたように、イギリスはここですらやむなく妥協を重ねることになったのであるが。それでも、イギリスの政治家は力と自決という言葉にこだわり続けた。労働党の外務大臣アーネスト・ベヴィンは、第二次世界大戦が終わった後の40年代に、超大国が羨むような貴重な経済資源を帝国がイギリスに与えてくれることを夢想していたが、これは海外からの援助に完全に依存していた国家の見識としては特異なものというほかない。1960年代の始まりにあたり、ベヴィンの同僚で前首相であったクレメント・アトリーは、帝国各地で深刻なナショナリストの暴動が起きつつある事態を前にしながら、「臣民に対する支配権を自発的に放棄した唯一の帝国」として歴史上の帝国勢力の中でも特筆すべき存在であると真剣に主張した。[(2)] 1950年代の出来事は彼の主張とは矛盾している。イギリスはマラヤ、ケニア、キプロス、イラク、ゴールド・コーストおよびエジプトにおけるナショナリストの蜂起と戦ったのだから。

南ローデシアの例に見られるように、ときとして武力が選択肢とならない場合もあり、この決定の鍵となっていたのはあきらかに人種であった。イギリスは白人社会に対して武力行使することには慎重であり、軍事介入や警察の出動は主として有色人種に対する手段であった。この場合、キプロスは例外というべきであろう。この島では1950年代にテロの危機が高まっていたことと、旧オスマン帝国との同盟という、アジア寄りの姿勢が、この植民地を特殊なものにしていた。武力が用いられたのは、他では、もっぱらアジアやアフリカ、中東の人びとに対してであった。このような人種観は、脱植民地化のプロセスに一貫してさまざまな影響を与えただけでなく、イギリスのみならず、白人入植者のアイデンティティこそが地域の基本的なアイデンティティとなっているドミニオン諸国でも、今もその名残がみられる。オーストラリアは国家として誕生した時から（1966年まで）非白人の移民を制限してきた。第一次世界大戦中、自治領植民地がメンバーとなっていた帝国会議にインドを加盟させることを主張したイギリスに強く反対したのは、白人入植植民地であった。すでにみたように、信託統治は非白人が多数を占める植民地にだけ適用された手法であるが、これはまだ独立には十分ではないと見なされていたからである。こうした考え方は、脱植民地化の時期をめぐる計画策定にも影響した。

1940年代末、イギリスが「遅れているはずの」アフリカと比べて、独立させるのにはるかにふさわしい候補と見ていたのは、インドと中東であった。

こうした見解は、イギリスが長年にわたりアフリカの植民地において、経済発展や衛生環境の改善、教育の振興に十分な資金を拠出してこなかったという事実を都合よく覆い隠すものだった。他でも指摘したが、イギリスの植民地に対する考え方は階層的で、ある人種は他の人種と比べてより大きな権限を与えられていた。インド人を帝国のなかでアフリカ人よりも上位に置く考え方は、インド人がアーリア人種であるという特性に由来するものであった。アフリカの入植社会の場合は、イギリスは可能な限り武力行使を控えようとし、脱植民化のプロセスの最終段階まで、多数派である黒人による支配をなんとか回避しようとしていた。イギリス人は、黒人には政治責任を負う能力がまだ備わっていないとの考え方を変えられなかったのである。1954年から1959年まで保守党政権の植民地相を務めたアラン・レノックス＝ボイドは、アフリカ人は独立するにはあまりにも遅れていると公言してはばからなかった。さらにおかしなことに、民族心理学（非ヨーロッパ系の人びとの心理や行動について研究する学問）として知られるようになる学問の支持者は、アフリカにおける独立を希求する人びとの行動は、政治的な見地からではなく、民族心理学的な動機に基づくところが多いと主張した。要するに、植民地支配からの解放の要求というものは、精神的に病んでいることの証であるというのである[(3)]。

それでも、1950年代に独立への要求が高まったことは、実のところイギリスにとってほとんど驚きはなかった。1939年、経験豊富な植民地官僚であったヘイリー卿は、最終的にアフリカに自治政府を設立する可能性を含めて、イギリスのアフリカ統治についての検証を任された。ヘイリーの見解は悲観的であった。彼は、アフリカ人がイギリスの支配に対して信頼を寄せる可能性はほとんどないと考えていた。彼の報告書は、イギリスの経済不安を前に、経済的な開発が優先事項となっていた植民地省において日の目を見ることはなかった。しかしながら、このような中立的な検証や結論から、先見の明のある植民地官僚のなかには、1939年の開戦の時点ですでに脱植民地化をおぼろげながら予見していた人がいたことがわかる。

予想されたことと言えなくもないが、イギリスへの影響を考慮して、植民地喪失の可能性を減らすことが非常に重視された事例も数多くある。例えば、キプロスは地中海と中東を結ぶ戦略的な拠点であった。シンガポールは港湾として比類のない重要性を持っていただけでなく、マレー本土と同じく、中国の共産主義に対する備えが充分とはいえない懸念を抱える中で、マレー本土とならび、大きな意義があった。これらは、イギリスにとっての先行きを見据えた政治的、経済的な判断であり、それは、たいてい地域の事情より優先された。

戦後、アフリカに再び政治的な関心が集まった。このときは、中東がソ連の影響下にとりこまれないようにすること、およびソ連がアフリカに領土を主張しないことを確実にするためであった。アーネスト・ベヴィンは、中東、地中海、アフリカを守るために防衛軍の統合を支援した。彼のいう「ラゴス＝モンバサ・ライン」構想は、1940 年代末に反共の砦とすると同時にイギリスにも経済的な恩恵をもたらすために、アフリカ開発を推進しようとする広範な戦略の一部となった。一連の計画からは、おもな関心がアフリカではなく、イギリスの繁栄や安全保障であったことが明らかである。

中東は、石油がもつ経済的な重要性と、他とはまったく異なる植民地としての歴史がこの地域に政治的な意義を与えることになっていたのだが、イギリスの帝国的な目的においてますます重要になっていった。イギリスが（エジプト以外の）中東地域に足場を多く確保するようになったのは、19 世紀末からにすぎない。20 世紀の特色である石油に対する渇望が顕著になる前、この地域に対するイギリスのおもな関心は、ここを通過してインドや他の植民地に行く陸上および海上のルートとしてであった。しかし、第一次世界大戦後に国際連盟によってつくられた委任統治領が、この地域の重要性をいっそう高めることになった。イギリスは、アラブナショナリズムが高揚し、パレスチナへのシオニストの移民が増加していた時期にアラブ世界における権益を確保し、関与を強めることになった。さらに、遅くとも 1940 年代までには、イギリスの石油の 3 分の 2 はこの地域産となっており、1950 年代にはさらにその割合が増えることが見込まれた。イギリス企業は、中東に多大な投資を行い、エネルギー政策は、石油の途切れることのない供給に一層依存するようになっていった。

すでに見たように、スエズ危機は本当の意味で脱植民地化の呼び水とまではいえないが、少なくともアラブのナショナリズム勢力が台頭していたことを示すものであり、この地域の情勢へのイギリスの対応は、アラブ世界のいずれとも友好関係を結ぶようなものではなかった。これより早い時期の1947年にも、アラブがソヴィエト寄りになるリスクを認識しながらも、イギリスがパレスチナの将来を国連に委ねたことで、イギリス＝アラブ関係が緊張した。すでに見たように、イギリスはユダヤ人の故国建設を約束した1917年のバルフォア宣言に縛られながらも、アラブ諸国の激しい反対を前に身動きが取れなくなっていた。アメリカが親シオニスト的な立場をとっていたことも無視できなかった。イギリスはアメリカの支援を必要としていたからである。とはいっても、この地域でもっとも大きな影響力を誇る西側勢力であるイギリスとしては、帝国的な利害関係も、イギリスの石油権益も、アラブとの友好関係に依拠するところが大きかった。ことを複雑にしていたのは、1930年代、40年代に凄惨な反ユダヤ主義を経験したヨーロッパ系ユダヤ人の多くが1945年、パレスチナ地域への移住を激しく要求したことであった。イギリスはあらゆる方面からの非難を受けることになった。パレスチナ人が、アラブ人が多数を占める国家を維持することを望んでいたのは明らかであった。この地域のユダヤ人は、ユダヤ人国家という希望を押し通すために次第に暴力的な手段に訴えるようになっていった。イギリスにおいてもこの問題に対する共通の見解はなかった。領土を共同で管理していた植民地省と外務省は異なる解決策を取ろうとした。イギリスは、国連がアラブ人とユダヤ人にそれぞれの国家樹立を勧告したことを受けて、1947年に委任統治を放棄した。続く1948年5月のイスラエルの独立を宣言は、間髪をいれずに激しい衝突の勃発を招き、この衝突は、今日までやむことなく続いている。

戦争直後のイギリスが直面した二つの大きな問題のうちのひとつがパレスチナをめぐる危機で、いまひとつはインドの分割問題であった。1950年代は、この植民地の危機という意味では、ほとんど解決の兆しが見えなかった。キプロス、マラヤ、ケニアのすべてで、植民地主義に対する暴力的な抵抗がわき起こった。フランスが1954年にインドシナで、1962年にはアルジェリアでも敗れたことは、イギリスに反植民地主義ナショナリズムの根深さと広がりを再認識させることになった。

エジプトにおける大敗から2年もたたないうちに、1958年のイラク革命のために、中東におけるイギリスの勢力はさらに衰えた。この革命では、親英的な政権与党がソ連の支援を受けた勢力に倒されたため、イギリスはイラクに軍事拠点を維持することが難しくなった。イラクの政変の一因は、追放された君主の親英的な姿勢であったことは明らかであり、これは1952年のエジプトの政変の場合も同じであった。

イラクの協力を失い、スエズ周辺の混乱やそれ以前のイランからの撤退などを受けて、イギリスが次に関心を向けたのは植民地の港であり、現在イエメンの一部となっているアデン保護領であった。アデンに新しく建設がすすめられた巨大な石油プラントは、イランの精油所が国有化された穴を埋めるためのものであった。1950年代末からは、アデンが中東におけるイギリスの軍事的司令塔になった。1958年には政権を支援するためにヨルダンへ、1961年にはイラクの敵対行為に対抗するためクウェイトへ、1962年にはナショナリストの活動を抑えるためにイエメンへと、イギリスはここを拠点に軍を派遣した。いかなる手段をもってしても、この地域を植民地として保持し続けようとするイギリスの姿勢は強硬で、ナショナリストの活動家たちの妨害にも揺らぐことはなかった。

アデンも1960年代の混乱と無縁ではいられなかった。南イエメン（1934年のサヌア条約によりイギリスが最後に植民地として獲得した領土であるが、1839年以来、トルコによりイギリスの占有が認められていた）でアラブナショナリズムの活動家たちが起こした内戦の拡大により、アデンにも火の粉が降りかかった。アデンの自治は停止され、1965年には直接支配する体制に戻った。しかし、暴動はおさまらなかった。イギリスは1967年11月、ようやくここから撤退した。この決定は、脱植民地化の最終局面に少なからず影響を与えた。これは、経済的な苦境が重くのしかかる労働党政府が、帝国の「スエズ東部地域」からの撤退という、より大規模な政策をまさに決断しつつある時期と重なっていた。1967年、さらなる通貨切り下げを受けて、イギリス政府は1971年までにペルシア湾岸とマレー諸島、いわゆる「スエズ東部地域」から撤退することを発表した。同時に、イギリス領西インドと太平洋地域のイギリス領の島、例えばフィジー、ドミニカ、バハマは独立を保障された。1960年代末から1970年代にかけての脱植民地化は急であった。撤退という新しい方針が示されるまでに、イギリス領アフリカのほぼすべての地域は独立を勝ち得ていたので、公式の実体としての帝国は、小さな植民地や保護領をわずかに残すだけの完全に象徴的な過去の遺物となりつつあった。執筆時点で、イギリス支配下に14の自治領が残されている。これらは、2002年以来、イギリス海外領土として知られており、イギリスの支配権が及ぶものの連合王国には入っていない。アンギラ、バミューダ、イギリス領ヴァージン諸島、ケイマン諸島、モントセラト、タークス・カイコス諸島と、多くはカリブ海に位置しており、残りは南大西洋、太平洋、インド洋に点在している。また、チャンネル諸島（ジャージー島、ガーンジー島）およびマン島も王室属領であり、ここは、それぞれの島にかかわる法律を国王の承認のもと、自身で制定する権利を持っている。

ナショナリズムのあとがきは、脱植民地化は成功が保証され、ナショナリズムをもはや必要としない集大成になったというものではない。白人入植植民地では、20世紀後半、先住民のグループによる活発なロビィ活動が展開された。彼らは政治や文化、社会的な平等の推進や先住民の土地に対する権利を求めて闘った。例えば、カナダやオーストラリアの先住民権利団体は、先住民に土地を返還するよう主張したが、この戦略の根底には土地や財産の権利のあり方はエスニック・グループごとに独特であり、自律性があるとの認識がある。初期のナショナリストたちが植民地政府に主張した権利や要求との類似性からは、反植民地主義に特有のナショナリズムはうまくかたちを変えうること、つまりは脱植民地化が完全な終わりには決してなりえないことがうかがわれる。

帝国の始まりが白人入植者の移住とともにあったのだとすると、帝国の終わりを象徴するものもまた移民であった。もっとも、今回は逆流であった。第二次世界大戦後、イギリスに到着する植民地からの臣民の数は増える一方であった。初めのころ、イギリスに入ってくる移民はほとんどがアイルランド人とオーストラリア人であったが、戦争が進むにつれ、状況は著しく変化し、法律も改正された。イギリスの文化や社会への影響は時が経つにつれて劇的といえるほどに大きくなっていった。

20 世紀初頭に制定された「外国人法」が、イギリスで移民を制限するために制定された初めての法律であり、この法律はユダヤ人移民を抑制することが目的であって、イギリス植民地の市民権を持つ人びとには適用されなかった。とくに植民地の臣民に影響を与えることになった最初の制限は、1925 年の「有色外国人船員令」である。この法令により、イギリス国籍を証明できない黒人の船員は外国人として登録することが必要になった。これは、二重に皮肉な動きであったといえる。これは、議会で審議された法案ではなく、枢密院令であったために内容について公開の場で吟味されることがなかった。しかも、当局は必要な書類を用意できる船員などほとんどいないことを十分承知していたのである。この法令は、1938 年と 1942 年に改正された。

戦前の規制は植民地というよりも人種を意識したものであったが、戦後はこの二つの要素が一体となり、ときに極端な方向に向かうことがあった。1948 年のイギリス国籍法は、帝国臣民にもイギリス人と同じように入国する権利を与えた。当時は著しい労働力不足を背景に、海外からの労働者を積極的に募集していたおり、そのほとんどがヨーロッパかアイルランドで行われた。1940 年代末になると西インドから労働者が徐々にやってき始めた。そのほとんどは若い男性で、数はまだ少なかった。1948 年から 1952 年までに植民地からイギリスにやってきた移民の数は毎年 1000 人から 2000 人程度であった。この数は 1950 年代から 60 年代にかけて増え続け、1961 年には最大になった。1950 年代末までには西インド諸島や白人ドミニオンおよびアイルランドに加えてインドとパキスタンから約 1 万人が移住した。西インドからの移民は 1952 年にアメリカ合衆国がカリブ海系移民を制限したあと増え始めた。

この時期の黒人とアジア系の移民に対して、受け入れ社会は友好的とはいえなかった。新しい福祉国家が病院や保健サーヴィスや公共交通の拡大をもたらし、こうした新しい労働者の多くを吸収したものの、彼らがつくことができた仕事は社会的地位も賃金も低かった。「有色人種、アイルランド人お断り」との貸家広告が許されており、あちこちにあふれていた時代、彼らは住居を見つけるのも大変だった。新しくやってきた移民は、イギリス人がこうした移民の出身地である植民地について知っているよりも、イギリスにつ

図 17　ロンドン・ヴィクトリア駅のジャマイカ移民。カリブ海地域から到着した移民は避難所や地下鉄の駅に当座の宿泊場所を提供されることが多かった。1956 年（Getty Images, Hulton Archive, Haywood Magee）

いてよく知っていることも珍しくなかった。植民地のカリキュラムでは、伝統的にそれぞれの地域の歴史や地理よりもイギリスについてはるかに詳しく教えていたからである。

白人植民地も、イギリス文化がある程度優先される経験をしなかったわけではない。こうした植民地のカリキュラムの大半は、ニュージーランドやオーストラリアの歴史ではなくイギリスの歴史が占めていた。オーストラリアやニュージーランドの 12 月といえば夏なのに、かの地のクリスマスカードは雪とアカフウキンチョウの雪景色が描かれていた。しかしイギリスの植民地出身者であっても白人たちは、戦後に彼らと同じく新しい生活を求めてイギリスにやってきた西インド出身者や南アジアからの移民のように、人種主義や不要の対象になることはなかった。1940 年代から 50 年代を通して散発的に起こっていた人種暴動が頂点に達したのが、1958 年のロンドンのノッティングヒルとミッドランズにあるノッティンガムでの暴動であった。さらに、1960 年には少なくない数のアジア系住民世帯が放火された。1960 年代の終わりになると、一連の人種関係法によって制度的な差別解消への取り組みが始まったが、やらねばならないことは膨大にあった。アフリカ系およびアジア系イギリス人の失業者と受刑者の数は、人口割合から見ると突出して多いままであったし、彼らは1980年代、あるいは直近では2011年にイギリスの主要都市で吹き荒れた人種主義的な暴動で標的にされやすかった。

1960年代初めの移民の急増をうけて、保守党は1962年、これまでよりはるかに踏み込んだ内容の新しい移民制限政策を施行した。コモンウェルス移民法により、移民の数は劇的に減った。この法律は、技術を持った労働者と持たない労働者を区別するだけでなく、職を携えて入国する人を優先した。表向き、この法律は植民地からの非白人移民を排除するものではなかったが、内務大臣のR・A・B・バトラーは、「この規制の効果は、狙いとしても実質的にも、ほぼ有色人種にだけ発揮されるだろう」と自信たっぷりに述べた[(4)]。当時、イギリスの非白人人口は0.7%であり、財務省のエコノミストは、経済的な面で彼らを締め出す理由は何もないと指摘していた。あきらかに、人種がこの法律を成立させた主要な要因であった。

労働党は1962年法に反対していたにも関わらず、1968年には自身がアジア系の移民をさらに制限しようとした。この新しい規制は、インドからではなく、植民地であった過去を消し去るために「アフリカ化」政策をとるようになった、アフリカの新しい独立国からインド人が到来する事態に急いで対処するために作られた。正式な排除はもう少し経ってから始まったのだが、ケニアやウガンダに居住していたインド人――多くはすでに何世代にもわたってそこにいた――は、彼らをイギリス植民地主義によって利益を得た欲深い人びとと見なすように仕向けられた、怒りに満ちたアフリカ人からの日ごとに強まる差別に直面するようになっていた。多くがイングランドを安全な天国だと思っていたが、1968年法が矛先を向けたのは、こうした入国希望者たちであった。ヨーロッパ系のケニア人は、1964年の特別国籍法でイギリスへの入国が保障されていた。しかしインド系ケニア人の入国希望者で入国資格が与えられるのは、ここにきて両親あるいは祖父母のうちのひとりが、連合王国生まれ、イギリス人の養子、イギリスに居住登録していた、あるいはイギリスに帰化していた場合だけに限定されるようになった。この政策によって入国条件を満たす人の数は大幅に減少した。1972年、イディ・アミンがウガンダからインド系住民を強制的に追放した際、保守党政府はこの規則に例外を設けて、3万人を入国させたが、これは反移民活動家たちの激しい人種主義的な活動に火をつけた。この前年、もうひとつの移民法により、ドミニオン領からと旧植民地からの移民に適用する規則は、さらに区別されるようになった。これにより、ドミニオン領からの移民の負担は著しく軽減された。いまやパトリアル、つまり両親あるいは祖父母のいずれかの資格によりイギリスの居住権をもつものとそれ以外のノン・パトリアルに二分されるようになった。このような既定による区分では、白人入植者たちは、はるかにたやすくパトリアルの資格を手に入れることができた。イギリスでは移民と人種をめぐって切迫した情勢が何年も続いた。イノック・パウエルが1968年、バーミンガムの保守党連合の聴衆に向けて「血の川」演説[iv]を行い、移民を「国家の危機」と表現した。彼の目はアメリカにおける公民権運動に向けられており、演説のなかでは、伝統的なイングランドが外国人移民で埋め尽くされてしまう未来図を示した。

1981年、さらなる改正がなされた。この年、マーガレット・サッチャーの急進的な保守政権はイギリスの国籍を三つに分類した。イギリス市民権、イギリス属領市民権、イギリス海外市民権である。イギリスに居住する権利は、旧ドミニオン臣民でない限りはイギリス市民に限られることになった。下院でのこの法律の議論の過程で、保守党議員のイヴォール・スタンブルックは、脱植民地化の効果について述べた際、「我われは、以前イギリス帝国の一部でありながら我われの宗主権を放り出し、女王への忠誠を拒否した国々の住民に対し、法的にも道義的にもなんら責任を負う必要はない」と主張した[(5)]。スタンブルックは、イギリス帝国の歴史について何も知らないわけではなかった。彼は植民地文官として、1950年代の10年間ナイジェリアに勤務し、政治家を引退した後にはイギリス国籍についての博士号を取得した。

---

iv 「血の川」演説：1968年4月20日、バーミンガムの保守党連合におけるイノック・パウエルの演説。イギリスへの大量の移民流入によって将来的にイギリス社会において白人が少数者となり、人種的に深刻な分断がおこりうると警鐘を発し、すでに入国している移民を帰国させることも提案した。この演説は人種差別的であるとして批判された。

独立は旧ドミニオン以外の国とイギリスとのそれまでの親密な関係を無にしてしまったというスタンブルックの見解は、脱植民地化の時期には一般的なものであった。

戦後のイギリスで開発され、移民に実施されたもっとも特異な施策は、インドやパキスタンからの女性に対して、イギリス入国や南アジアのイギリス大使館で行われた婦人科検査である。すぐに新聞などで「処女検査」とよばれるようになったこの措置の根拠となったのは、南アジアからの未婚女性は間違いなく処女であろうと想定されるため、この方法によれば、すでに婚約していると詐称して入国しようとする女性を見つけ出すことができるというものであった。1979 年にあきらかにされた証拠によれば、これは海外では 1970 年代の初めにすでに実施されていた。イギリスにおいてもこうした措置が取られていることが報告されると、ようやく抗議の声が上がった。1979 年 2 月に国連人権委員会でこの問題が取り上げられた際、怒ったある代表は、この措置は「人種主義と植民地主義がかたちを変えて残存していることを反映している」と抗議した。(6)

植民地からの移民は困難に耐えることになったが、移民が流入した結果として起きた人口構成の変化がイギリス文化にもたらしたものには、目を見張るばかりである。1950 年代以来、音楽、美術、映像、文学はあらゆる植民地からの移民により形作られてきた。イギリスのスーパーマーケットでは、いまやポーク・パイやマーメイト（酵母食品）のそばにサモサ[v]やカレーが置かれている。2 トーン[vi]とビハングラ[vii]などの、異なる文化を混合した音楽のスタイルは、イギリスの音楽に少なからぬ影響を与えている。ソニア・ボイスやインカ・ショニバレといったビジュアルアーティスト、アンドレア・レヴィやゼイディ・スミス[viii]といった小説家はよく知られている。

---

v　サモサ：インド料理のひとつ。ジャガイモやニンジン、豆類、ひき肉などをスパイスで調味し、薄い小麦粉の皮で三角形に包んで油であげたもの。

vi　イングランドで生まれた、ジャマイカ生まれのスカとパンクを融合した音楽。

vii　bhangra：パンジャブ地方を起源とする音楽やダンスのスタイル。

viii　ゼイディ・スミス：1975年生まれ。母親がジャマイカ移民。代表作 *White Teeth*（白い歯）。邦訳は小竹由美子訳『ホワイト・ティース』上・下、新潮社、2001 年。

イギリスへの移民をめぐる理論や、つねに議論の的である彼らの位置づけは脱植民地化という大きな物語の一部である。焦点となっているのは、いつも、その歴史がイギリスの帝国拡大と関係していた人びとの地位、つまり、彼らのうち誰を本当の意味で、そしてなぜ、イギリス人ということができるのかについてである。それは、人種の違い、影響力の格差、政治的、経済的な力の違いについての語りであった。イギリスでよりよい生活を希求した女性や男性がいた一方で、イギリスを離れ、植民地で働き、生活し、帰国の意志を持たない人びともいた。そのような人は非入植植民地にもかなりいて、余生を過ごす人もいれば、農業開発や行政、商業などの分野で新しい雇用主のもとで従前と似た仕事に就いた人びともいた。その人数は膨大というほどではなかったし、今日、もうわずかしか残っていない。しかし、そこにはこれまでほとんど語られることがなかったが、脱植民地化という大きな物語のなかにおいて、象徴的な意味を持つものがあるはずだ。

彼らが旧植民地に存在し続けていることは、帝国の終わりでこの章を閉じるわけにはいかないことを思い出させてくれる。なにしろ、イギリス帝国主義の長期にわたる影響は、いまだに私たちとともにあるのだから。こんにち、もっとも解決が難しく、激しい政治的紛争を抱える地域の多くは、どこも過去にイギリスの植民地支配を受けていた。パレスチナとイスラエルのこう着状態やイラクにおけるバース党の興隆、カシミールや北アイルランドにおける暴動などについて調べていくと、これらすべてでイギリスの影響が問題の中心にあったことが分かる。人種間の暴力的な対立が脱植民地化に続いて起こったが、それは今も続いている。例えば、イラク、ウガンダ、ナイジェリア、フィジー、ジンバブエなどの地域で見られるが、これも植民地支配が遺したものの一部である。イギリスは多くの地域で整然とではなく、急に慌てふためいて支配から手を引いた。経済的に成功するにも生き残るにも厳しい状況におかれていた新しい国家にとっては、こうした撤退自体が混乱の大きな原因であった。そればかりでなく、多くの場合、イギリスは地理的に近接していること以外にほとんど共通項のない人びとを行政上の便宜を優先して同じグループに一括したが、これは実質的に将来、確実に争いに発展する種をまいたようなものだった。

1947年のインドの荒っぽい分割によって引き起こされた大規模な蜂起は、植民者にとってこうした問題についての警告となったはずである。しかし、教訓が生かされることはなかった。南アジアでは何百万もの人びとが、事前の通告もほとんどないままに、自分にとって潜在的に敵対する側の地域に身を置く状況に陥った。ヒンドゥ地域にいるムスリムやその逆の場合である。分割後まもないころの混乱と損害は、この地域に長く傷あとを残した。しかしながら、1960年、つまりこのほぼ10年後にナイジェリアを独立国として創設するのにあたって、当局がこれまでの経験を振り返り、それを糧とすることはなかった。ナイジェリアは簡単に、あるいは明快にこの国の特徴を示すのが難しいし、国の中にだれもが認める指導者のグループが形成されていたというわけでもなかった。イギリス当局は、政治や宗教のみならず、文化、言語についても決定的な違いがあることを認識していながら、ナイジェリアという国家の誕生にあたってそうした事情はそのままにされた。内戦——ほぼ不可避の——が10年とたたないうちに起きた。同様の事態はこの後も何度も繰り返されることになった。フィジーでは、プランテーションで年季労働に就かせるためにイギリスが移民させたインド人のコミュニティとフィジー人たちが暴動により分断された。1960年代のケニアとウガンダでは、「アフリカ化」の流れの中で南アジアの人びとが追放された。マレーシアでは、19世紀にイギリスの推進した政策により移住した中国系住民と、もとからいたマレー人との間で長期にわたって緊張関係が続いている。スーダンでは、1955年の独立以来、派閥間の闘争のためにほとんど平和な時期がない。こうした事例は他にいくらでもある。

一連の憂鬱な出来事は、脱植民地化によって、イギリスがそれまで阻止してきた暴力を抑えきれなくなったことを示しているのだとしても、イギリスも帝国内で反植民地主義ナショナリズムの暴力にしばしば遭遇したことを忘れるべきではない。暴力は植民地の人びとだけに特有のものであったともいえない。キプロス、マレーシア、ケニアにおいて、イギリスは高揚するナショナリズムを抑えるために残虐な手段を用いることも辞さなかった。1950年代のほとんどの時期、イギリス軍は強力で訓練の行きとどいた共産主義ナショナリストのゲリラ兵を掃討するためにマレーシアに駐留していた。ケニアでは、イギリスは何千人もの容疑者を収容所や隔離された村落に閉じこめて、キクユ人が率いるマウマウを鎮圧するのに1950年代を費やした。影響を被ったのは、抵抗する現地の人びとだけではなかった。マウマウの非常事態が終息するまでに白人の犠牲者は70名に、黒人の犠牲者は1万人にのぼった。アフリカでも、インドでも、キプロスでさえ、イギリスは、たとえ些細な容疑であってもナショナリストの指導者を拘留するのをまったく躊躇しなかった。マラヤでは、ゲリラの潜在的な支援者と目された農村部の中国系住民を強制移住させたが、これは、ゲリラを孤立させ、掃討するための幅広い市民権の制限のひとつとしての、厳しい弾圧であり、過酷な強制のひとつであった。イギリスは、いうなれば帝国の生命線をかけて戦っていたのであり、その目的のためには、場合によっては暴力を用いることもいとわなかった。

図18　収容施設への移送のために整列させられたマウマウの拘束者。1954年（Getty Image, Popperfoto）

2011年春、イギリスの高等法院はケニア独立の際に外務省が持ち帰ったものの、一度も公開されてこなかったマウマウの反乱鎮圧に向けた対策を詳細に記述した文書を公表するよう指示した。マウマウの反乱で拘留された人びとに対する扱いは非常に残酷であったことが知られているが、この文書から、イギリスの政治家や政府高官がそれを知っていたばかりか、それを承認していたことが明らかになった。裁判長は、「わたしが見たそれほど多くない文書の中にさえ、この緊急事態の間、拘留した人びとを計画的に拷問していた可能性を示唆する証拠がいくらでも出てくる[(7)]」と述べている。マレーシアで判決が見直されたことにより、外務省が1990年代を通じて、非武装のマレー人の村民がイギリス軍に殺害され、村が焼かれた1948年の事件についての犯罪調査を妨害していたことや、1970年に始まった捜査も差し止めていたことを明らかにする文書が公開されることになったのも2011年4月、マレーシアにおける司法審査の結果である。こうした文書は、イギリスの植民地当局者にとって暴力がひとつの選択肢として許容されていたことをはっきりと示しているが、何よりも注目すべきは、こうした文書が21世紀まで残存していたということである。というのも、イギリスの不利になるような文書はイギリス当局者が植民地を離れる際に破棄されるのが常であったからだ。

おそらくイギリスにとって植民地をかけた最後のこうした闘いは、ほとんどすべての帝国が瓦解した後で起こったという意味でも、また、イギリスではもう誰もイギリスを本当に帝国だとは考えていなかった時期に起こったという意味でも、もっとも奇妙なものである。1982年、保守党政府の経費削減策の一環として、フォークランド諸島からイギリス海軍が撤退したわずかひと月後、イギリス帝国の忘れられた前哨基地は、長らくここの宗主権を主張していた隣国のアルゼンチンに侵攻された。イギリスの首相、マーガレット・サッチャーは、軍隊を派遣して対抗し、大きな支持を受けた戦闘の末にこの島々を取り返した。すべては3カ月で終わり、イギリス支配のもと、海軍が再び駐留することになった。この大胆な対応が支持されたのは、アルゼンチンの指導者が悪名高い独裁的だったということである程度は説明できるものの、この出来事は、明らかに帝国的な感覚のかなり本質的な要素をはらんでいた。人びとは、イギリスの勝利に、イギリスが海と陸の圧倒的な部分を支配していた過去の栄光と強さの名残を見ようとしたのである。実際には第二次世界大戦後のイギリスは、植民地は「割に合わない」、あるいは維持する負担が重すぎると考えていたが、イギリスの力や栄光を象徴するものとしての帝国のイメージは、国民の自己認識の根底に強烈に残っていた。1940年代末におけるアメリカへの依存、1950年代の中東での屈辱、長期にわたる経済的な低迷——これらすべて、そして他のものがないまぜになって——イギリスは、自身が政治的に影響力があるという考えや、帝国は今も実体をもって存在しているという思いを捨てざるをえなくなった。

帝国主義は脱植民地化のメカニズムとプロセスをうまくすり抜けて生き延び、今日もなお存続していると主張する人もいる。富や資源を使える力、教育や識字能力、医療やその他多くの重要な要素の不平等のために、旧植民地諸国はその多くがかつて植民地を保持していた豊かな先進国に対して隷属状態におかれ続けている。イギリス（ブリテン）の帝国が過去の巨大な影響力のただの残像であるのだとしても、その名残は間違いなく今も生き続けている。

注

(1) J. D. Krivine, 'Malta and Self-Government', *World Affairs* 111, no.2 (1948), p.113.

(2) Clement Attlee, *Empire into Commonwealth* (London, 1961), p.1.

(3) 例えば、J. C. Carothers, *The Psycholog of Mau Mau* (Nairobi: Government Printer, 1954) 参照。

(4) Wendy Webster, 'The Empire Comes Home: Commonwealth Migration to Britain', in Andrew Thompson (ed.), *Britain's Experience of Empire in the Twentieth Century* (Oxford: Oxford University Press, 2012), p.132.

(5) *House of Commons Parliamentary Debates* (Hansard), 28 January 1981, vol. 977, c.1983.

(6) Commission on Human Rights, 35th session, 23 February 1979, para. 27, quoted in Evan Smith and Marinella Marmo, 'Uncovering the "Virginity Testing" Controversy in the National Archives: The Intersectionality of Discrimination in British Immigration History', *Gender and History* 23, no.1 (2011), p.157.

(7) *Mutna and others v Foreign and Commonwealth Office*, EWHG 1913 (QB), 21 July 2011, para. 125. 判決全文は以下参照。
http://www.bailii.org/ew/cases/EWHC/QB/2011/1913.html.

謝　　辞

わたしがこの新版の仕事に着手したのは、テキサス大学オースティン校に着任してすぐのことである。新しい職場は研究者なら誰もが望むような、刺激的で知的な発展性に満ちた環境である。新しい同僚たちは惜しみない支援と友情を寄せてくれたし、図書館の幅広い蔵書は感動的なほどである。

ピアソン・ロングマン社のクリスティナ・ウィップ——ペリーから編集を引き継いだマリ・シュラウは編集者の鑑のような人で、自分の担当ではなかった本に深い関心をもってくれた。以前同社に在籍していたヘザー・マッカラムにも、これまでと同じく謝意を表したい。彼女の手腕と説得がなければ、この本の執筆を考えることはなかっただろう。彼女には、この本を書くというプロジェクトは二回目もひじょうに楽しかったし、いささかの悔いもないということをぜひ伝えたい。

本書の初版が 2007 年に出版されて以来、学生や同僚からも改訂や訂正についての有益な助言をもらった。彼らからの助言はこの新版の執筆にあたって加えた数多くの変更に反映されて、それを見つけてもらえることを願っている。この本がよりよいものになったのは、彼ら皆がいつも変わらずとても親切に授けてくれた知恵のおかげである、と彼ら自身も思ってくれると確信している。

カート・アルドシュタットはこれまでの彼の支えがどれほど大切なものか、きっとわかってくれているはずだ。いま一度、彼に感謝したい。

訳者あとがき

本書は、Philippa Levine, *The British Empire Sunrise to Sunset*（2nd ed., Pearson, 2013）の日本語訳である。第 1 章、第 2 章、第 6 章、第 10 章、第 11 章を並河が、第 3 章、第 4 章、第 8 章、第 9 章を森本が、第 5 章、第 7 章は水谷と森本、並河が担当し、全体の訳文の調整などを森本と並河が行った。

イギリス帝国史研究が長らく活況にあるわが国において、邦文の類書が数多くあるにもかかわらず、あえて本書の訳出を思い立ったきっかけは、本書初版が出版された 2007 年の縁にある。この年、ケンブリッジに滞在中であった訳者のひとり並河は、やはり偶然同地に滞在していた原著者フィリッパ・レヴァイン氏のセミナーに何度か参加してその卓越した見識に触れるにつれ、彼女の斬新で刺激的な帝国史をぜひ日本でも紹介したいと願うようになった。

くしくも 2007 年は、イギリスの奴隷貿易廃止から 200 年を迎えた節目の年でもあり、イギリスおよびイギリス帝国における奴隷貿易や奴隷制の再検討が進んでいた。第 2 章において奴隷貿易や奴隷制度を大きく扱っている本書もその流れを汲んでいる。また、奴隷制のとの関連を含め、帝国の社会と文化についての叙述に大きく紙幅を割いていることも本書の特色のひとつであろう。植民地のジェンダーとセクシュアリティ、支配された側の視点からの植民地主義、人種と文化の混交など、本国＝白人の政治的支配の様態分析にウェイトをおくことの多かった、従来の、とりわけイギリス人による自国史としてのイギリス帝国史研究ではあまり正面から取り上げられてこなかったデリケートな問題にも真摯に向き合い、その歴史的意義を公正な視点から論じている。歴史学における政治史と文化史の接合という近年の試みの成果のひとつでもあるが、本書はミクロな視点に偏りがちな社会史の手法を援用してダイナミックな歴史像を描くことに成功した作品でもある。

原著副題が示すように、本書は「日の出から日没まで」のイギリス帝国の壮大な歴史を語るものである。翻訳の企画にあたっては、衰亡史ないし興亡史というやや抒情的な書名の提案もあったが、滅びるという表現は帝国をあえて太陽になぞらえた原著者の意を汲まないように思われた。帝国は没してなおその残照をとどめている。イギリス帝国の名残は世界のあちこちに散在しており、光と影の双方として作用し続けることで現代世界の諸問題を生み出し、影響を与え続けている。歴史の文脈からそれをあらためて提示することこそ、原著者が、とりわけ若い読者の学びに向けたテキストとして、この概説を上梓した意図のひとつであろう。

前述のような視点と構成から、本書は大英帝国の過去の栄光を自尊心の拠り所とする自国の保守的な読者を満足させるものではない部分もある。植民地におけるイギリス人の「加害」についての率直な記述も多いことから、本書をいわゆる「自虐史観」として批判する声もあるようだが、それが的外れな非難であることは通読すれば明らかであろう。本書が描き出すのは、イギリス帝国の歴史にみる植民地主義の構造とメカニズムであり、それはイギリスだけはなく、19 世紀末以降に非ヨーロッパ世界への介入を強めた他の欧米列強や、日本にも共有されていたものでもあり、一国史的な欧米各国史やアメリカ史、アフリカ史、アジア史、そして日本史の「コインの裏側」を形作ったものでもある。この点でも本書は、たんにイギリス一国の歴史としての枠組みを超えた豊かな示唆を与えてくれるだろう。

本書は欧米列強間の政治的、軍事的な駆け引きよりも、各地域の帝国支配における現地の人びととイギリス人の相互の関係とその変遷や、脱植民地化に向けての動きに注目しているが、原著者は先住の人びとを、圧政に苦しんだ植民地主義の被害者としてのみ描いているわけではない。またそのまなざしは、アイルランドをはじめ「イギリス」の内部にも向けられており、さらに旧帝国からの多くの移民も暮らす、複層的な現代のイギリス社会が抱える苦闘も垣間見える。

もっとも、一般的なイギリスの歴史や帝国史の知識をすでに備えた読者にはその面白みが存分に伝わると思われる反面で、初学者にはやや難解な部分もあるかもしれない。内国事情にウェイトをおいた一般的なイギリス史の概説書とともに、各国・地域の通史との併読を勧めたい。

本書の斬新な視点に触発された翻訳プロジェクトチームは、帝国史研究の新しいプロジェクトに取りかかり、科研費の支援も得て発展的な成果をあげることができたが、一方で翻訳作業は遅々として進まず、結果としてとんでもなく長い時間を要してしまった。世界各地の長い歴史と関連し、広範な学問領域に及ぶ本書の記述内容をできるだけ正確に訳出するため、原著者にも何度も内容について質問、確認を行ったため、原文と日本語訳の一部の表現が異なっている部分もある。度重なる質問にいつも素早く対応してくれた原著者には、感謝とともに長らくお待たせしたお詫びを申し上げたい。

翻訳着手に当たってまずご相談した、森本、並河の恩師である川北稔先生には、早く完成した本をお届けしたいと思いながらも、先日の傘寿のお祝いには間に合わなかった。何とか上梓にこぎつけた本書を、心からの感謝とともに真っ先に先生にお届けしたい。また先生のおかげで出会うことができた大阪大学の現役およびOBの関係者の方々や、訳者それぞれの勤務先の同僚にも、様ざまな知見と温かいご助言をご提供いただいた。この場を借りて皆さまにも深い謝意を述べたい。とくに、年表の整理にあたっては、森井一真氏に大変お世話になった。訳出の誤りなどは、もちろん全面的に訳者にその責がある。

出版にあたっては昭和堂の松尾さんはじめ、鈴木さん、神戸さん、越道さん、松井さんにお世話になった。思いのほか長い時間がかかることでメドレーリレーの体となってしまい申し訳ないかぎりだが、バトンを着実につなぎ辛抱強く完成まで導いてくださった皆さまに心より感謝したい。

ケンブリッジの街中でばったり出会って交わした何気ない立ち話の折に、並河が原著者に膨大な業績を次々に出せる秘訣を尋ねたところ、人懐こい笑顔とともに返ってきたその即答は「夫の協力！」であった。思いがけず長い期間におよんだ本書の訳出作業のあいだ、私たち翻訳チームのメンバーそれぞれにも、いろいろな形で協力してくれた家族がいた。最後に原著者レヴァインにならって、私たちも本書の完成にこぎつけることができた感謝をそれぞれの家族に捧げることをお許しいただきたい。

2021年春　神戸にて

並河葉子
森本真美

年表

1480　大西洋探検にブリストルから船が出発

1492　コロンブス、ジャマイカ到達

1497　ジョン・カボットと息子セバスチャン、ニューファンドランドに到達

1549　セバスチャン・カボット、中国到達を目指し北極海航路探検

1562　ジョン・ホーキンズ、初のイギリス大西洋奴隷航海

イギリスとフランスのユグノー、フロリダ海岸に植民地を建設（1565 年にスペインが破壊）

1564　ホーキンズの 2 度目の航海で、奴隷貿易が商業として確立

1576　マーティン・フロビッシャー、太平洋に向かう北西航路探検

1577-80　フランシス・ドレイク、世界一周。北アメリカの西海岸をニューアルビオンとして権利主張

1578　ハンフリー・ギルバート、「他のキリスト教徒の王あるいは臣民が実際に保有していない」土地への植民地建設の特許状をエリザベス 1 世から獲得

1580　トバゴをイギリス領と宣言

1583　ニューファンドランドをイギリス植民地と宣言

1584　ウォルター・ローリー、ロアノークに植民地建設を試みる

1586　入植者、ロアノークを放棄してドレークと出帆

スペイン、アシエント制度を導入

1587　ロアノークへの植民地建設を再度試みるが失敗

1588　アルマダ海戦でイギリスがスペイン艦隊を破る

1591　ジェームズ・ランカスター、インドとマレー群島に到達

1595　ウォルター・ローリー、オリノコとアマゾンの間のギアナを開発する特許状獲得

1600　イギリス東インド会社、勅許状により設立

1601　東インド会社、香料諸島に初航海

1602　バーソロミュー・ゴズノルド、ニューイングランド海岸を初めて探検

1605　ジョージ・ウェイマス、ニューイングランド海岸を探検

1606　ヴァージニア協会設立。ロンドン会社とプリマス会社からなるヴァージニア会社設立

1607　ロンドン会社、ヴァージニアのジェイムズタウンに初の恒久的イギリス入植地を設立

プリマス会社、ケネベック川近くにポパム植民地を建設するが1年で放棄

1610　ニューファンドランド探検のための冒険会社設立

1612　ヴァージニアでタバコ栽培発展。初めて奴隷を導入

イギリス、インドのスラトからポルトガル人を追放

1613　スラトで初のイギリス在外商館設立

1615　サマーズ島会社、バミューダ植民地化のための特許状獲得

ムガル帝国、東インド会社にインドでの通商を許可

1617　ニューファンドランドのアヴァロン半島に入植を試みるも失敗

ヴァージニアからタバコが初めて商品として出荷

1618　三十年戦争開始（～1848年）

1619　ヴァージニアのジェイムズタウンで、初めての黒人取引

選挙による議会、ヴァージニアで設立

1620　メイフラワー号、ヴァージニアに向かうも航路から外れ、ケープ・コッドに上陸してプリマスを建設

1621　ジェイムズ1世、ウィリアム・アレクサンダーにカナダのアカディア半島を与える

1623　アメリカ先住民のポウハタン人、ジェイムズ川沿いのタバコプランテーションを攻撃（「ヴァージニアの虐殺」）

アンボイナ事件（香料諸島のアンボイナ島で、オランダがイギリス商館員のイギリス人10名、日本人9名らを殺害）

1624　ヴァージニア、王領植民地となる

セントキッツ、西インドで初めてのイギリス人入植地となる

1625　バルバドスにイギリス人入植

チャールズ1世、植民地統治のため商務院を設立

1627　バルバドス島入植のためバルバドス会社設立

英仏戦争

1628　西インドのネヴィスに入植

セイラムに初めての入植者到着

1629 マサチューセッツ湾会社設立、チャールズ1世の勅許状が付与される

ピューリタン・プロヴィデンス・カンパニー、ニカラグア海岸沖のサンタカタリーナ島に入植地設置

イギリスがケベック獲得

バハマ諸島に入植

1630 マサチューセッツに初の移住者到着

1632 西インドのアンティグアとモントセラトに入植

バルティモア卿、カトリックを入植させるためチェサピーク湾に土地を獲得。カトリック植民地としてメリーランド設立

サン・ジェルマン・アン・レー条約で、ケベックとアカディアをフランスに返還

西アフリカ海岸に奴隷の一時収容施設を設立

1633 ベンガルに初の東インド会社在外商館設立

1634 商務委員会、プランテーション委員会と改称

1636 ロードアイランド建設

1639 フランシス・デイ、マドラスのセントジョージに拠点を設置

西インド諸島セントルシアへの入植失敗

1641 スペイン、バハマ諸島とサンタカタリーナ島から入植者を追放

1644 ロードアイランド、特許状獲得

1648 三十年戦争終結。スペインがオランダの独立を承認

1650 東インド会社、インドのフーグリ川に通商拠点建設を許可

1651 南大西洋のセントヘレナを併合

航海法

1652 航海法による貿易制限から第1次英蘭戦争勃発（～1654年）

1654 スリナム会社設立（イギリス領ギアナ）

ノバスコシアがイギリス領に戻る

1655 クロムウェル、西インドのスペイン領を攻撃、ジャマイカを獲得

1657 バハマ、再植民地化

東インド会社、セントヘレナ支配の特許状を獲得

1660 航海法

1661 東インド会社、南大西洋のセントヘレナに入植

東インド会社特許状承認、20年ごとの再承認を求められる

ボンベイとタンジール、王妃カタリナ・デ・ブラガンサの持参金の一部としてチャールズ2世が得る

西インドのバーブーダにイギリス入植

1662　特許状によりコネティカット設立

ジャマイカに総督と任命制評議会、選挙制議会を設置

1663　カロライナに入植

ステイプル法により、イギリス植民地向け商品はイギリスの港からのみ出荷されるよう求められる

ロードアイランドに新規の特許状付与

王立アフリカ冒険商人会社、奴隷を含むアフリカ貿易の独占のため再建

1664　ジャマイカで植民開始

デラウェアとニュージャージーに入植

イギリス、ハドソン川岸ニューネザーランドのオランダ領北米植民地と、東アフリカのいくつかのオランダ領入植地を奪取し、第2次英蘭戦争へ(～1667年)

フランス、モントセラトを併合

1667　ブレダ条約により第2次英蘭戦争終結、西インドをフランス、オランダ、イギリスで分割する。ニューアムステルダム（ニューヨーク)、ニュージャージー、デラウェア河口域はオランダ領からイギリス領へ。オランダ領スリナムはオランダ領に。ノバスコシアはフランス支配下に戻る

1668　モントセラトがイギリスの支配下に戻る

ボンベイが東インド会社に委譲される

1669　カナダのフォート・ルーパート、フォート・オールバーニーに初のイギリス毛皮交易所設置

1670　スペインからカリブ海のケイマン諸島を獲得、ジャマイカから統治

ドーバー条約によりチャールズ2世とルイ14世が対オランダ同盟結成。この後、オランダがニューヨークを再占領

マドリード条約、ジャマイカをイギリス領と確定

ハドソン湾会社、特許状により設立

1672　イングランドの奴隷貿易を管理する王立アフリカ会社設立

第3次英蘭戦争（～1678年)：フランスとイギリス、オランダに対抗して同盟

1673　ジャマイカで初の大規模な奴隷反乱

オランダ、セントヘレナを奪取

1674　ウェストミンスタ条約、ニューヨークが返還されイギリス領に
1675　アメリカ先住民とマサチューセッツ入植者の間で戦争（～ 1678 年）
1678　タークス・アンド・カイコス諸島に入植
1680　ニューハンプシャー、特許状により建設
1681　ペンシルバニアに入植
1684　バミューダ、直轄植民地となる
1685　東インド会社、南西スマトラのベンクーレンに貿易拠点と要塞を建設
1687　東インド会社の西部本部をスラトからボンベイに変更
1689　西インドで大同盟戦争（ウィリアム王戦争）（～ 1697 年）
　フランスに対抗して、イギリス、イロクォイ人、オランダが同盟
1690　カルカッタにイングランドの貿易港（フォート・ウィリアム）建設
1695　アフリカおよびインド貿易のためスコットランド会社設立
1696　商務院（Board of Trade and Plantations）設立
1698　スコットランド会社によるパナマ地峡ダリエン入植計画
　王立アフリカ会社による奴隷貿易の独占廃止
1699　第 2 次ダリエン遠征、失敗
　植民地、毛織物の輸出を禁止される
　東インド会社、ベンガル管区の設置
1701　スペイン継承戦争。オランダとイギリスが、フランスのスペイン領獲得を阻止（～ 1713 年）
　海外福音伝道協会（SPG：イングランド国教会）設立
　スコットランド会社、破産
1703　フランスとスペイン、イギリスからバハマを奪取
1704　イギリス、ジブラルタル占領
　アイルランドで、非国教徒とカトリック教徒を公職から排除
1705　アメリカのイギリス植民地にアイルランドとのリネンの直接取引を許可
1707　合同法（イングランドとスコットランドの合併）
1708　イギリス、ミノルカを占領
1709　東インド会社の改革
1711　南海会社を法人化
1713　ユトレヒト条約によりスペイン継承戦争終結。イギリスは、アカディア（ノバスコシア）とニューファンドランド、ハドソン湾、アンギラ、ネヴィス、

セントキッツを獲得、ジブラルタルとミノルカ海峡を維持
イギリス領ヴァージン諸島、イギリス支配下に入る
条約によりイギリスのジブラルタル領有確定
スペイン植民地への奴隷供給権（アシエント)、フランスからイギリスに移行

1717　バハマ、イギリス支配下に入る
南海会社第 1 次航海
ボーア人領域に初の奴隷導入

1718　流刑が正式な刑罰となる

1719　植民地、鉄の輸出を禁止される

1720　宣言法により、イギリス議会にアイルランドに対する立法権を付与、アイルランド貴族院での上訴審否定

1729　ニューファンドランドに総督任命

1730　ジャマイカ、第 1 次マルーン戦争（～ 1740 年）

1731　植民地、帽子の輸出を禁止される

1732　ジョージアへの入植

1733　糖蜜法により、アメリカ植民地に砂糖関税が課される

1734　ケイマン諸島への組織的な入植開始

1739　ジェンキンスの耳戦争。イギリスとスペインの貿易戦争（～ 1741 年）

1740　オーストリア継承戦争（～ 1748 年）

1744　フランス、イギリスに宣戦布告

1746　フランスがマドラス獲得
アイルランド議会、カトリックとプロテスタントの結婚を禁止

1748　アーヘンの和約で、オーストリア継承戦争終結
イギリス、マドラスとルイブールを交換

1751　ロバート・クライヴ、インド、カーナティックの首都アルコットの戦いで勝利

1753　ジョージア、王領植民地となる

1756　七年戦争（～ 1763 年）
フランス、ミノルカを奪取
イギリス、ドミニカを獲得
シラージュ・ウッダウラ（ベンガル太守)、カルカッタを獲得

1757　プラッシーでシラージュ・ウッダウラ敗北、後継のベンガル太守にミール・ジャファールが就く

クライヴ、インドのシャンデルナルゴルを獲得

1758　イギリス、フランスを西アフリカから放逐

1759　イギリス、ゴレとグァドループを占領

ケベック、イギリスに降伏

イギリス、インドのマスリパトナムを獲得。ハイデラバードのニザム、イギリスへの支援に同意

1760　モントリオール、イギリスに敗北

ジャマイカで奴隷反乱（タッキーの反乱）

1761　ポンディシェリ（インド）のフランス入植地を獲得

1762　アレクサンダー・ダリンプル、中国貿易拡大のため、スル群島（ボルネオ）のバラムバンガン植民地化を進める

グレナダ、フランスからの奪取

イギリスがマルティニク、ハバナ、マニラ、セント・ヴィンセント、トバゴを獲得

1763　七年戦争でフランスを破る。パリ条約でミシシッピ川以東のすべてのフランス領がイギリスに割譲される（グレナダ、ドミニカ、セント・ヴィンセント、トバゴ）

東西フロリダ、ケベックの創設（すべて国王布告による）

セネガルに加え、ドミニカ、グレナダ、トバゴ、セント・ヴィンセントも併合

プリンスエドワード島、ノヴァスコシアの一部として併合

ポンディシェリ、マルティニク、グァドループ、ゴレ、セントルシアをフランスに返還

ハバナ、マニラ／フィリピンをスペインに返還

アメリカ先住民の保有地との宣言線を定め、アレゲーニ山脈をアメリカでのイギリス植民地化の限界とする

1764　ブクサルでミール・カーシムを破る

ジョン・バイロン、フォークランド諸島をイギリス領と宣言

砂糖法、アメリカ植民地に砂糖税を再制定

1765　アメリカ植民地、印紙法を拒否

クライヴ、ベンガル総督としてインドに戻る

アラーハーバード条約、東インド会社にディワニ（ベンガル）の支配を保障

1766　西フォークランド初のイギリス要塞
アメリカで暴動の後に、印紙法を撤回
宣言法、イギリス本国の植民地統治権を言明
タークス・カイコス諸島を併合、ジャマイカから統治
西インドに自由港設置
ヴァージン諸島（カリブ海）、オランダに奪われる
1767　歳入法（アメリカ）
イギリス船〈ドルフィン号〉、タヒチを初訪問
1768　植民地局の設立（アメリカ革命後に廃止）
クック船長の初航海
1769　クック、ニュージーランド北島のイギリスの権利要求
プリンス・エドワード島（カナダ）、イギリス領植民地となる
1770　クック、ニュージーランドの南島の権利要求
1771　スペイン、フランスにより割譲されたフォークランド諸島のイギリスの権利を要求
1772　マンスフィールド判決によりイギリス本国における奴隷制が終わる。本国に上陸した奴隷は自由になると判示した
クックの第2次航海
ダルリンプルの進言により、バラムバンガン入植地設立
1773　アメリカ植民地で茶法への反発から「ボストン茶会事件」おきる
規制法により、イギリス領インドに総督と最高裁を創設
クライヴ、財政上の不正行為で糾弾される
セント・ヴィンセントとグレナディン諸島が降伏、イギリスが支配権を掌握
1774　ケベック法、フランス民法を回復し、カトリック教徒に政治・宗教上の平等を付与
マサチューセッツ憲章、再起草
アメリカ植民地第1回大陸会議
イギリス議会、アメリカ植民地に対する「耐えがたき諸法」制定
イギリス、フォークランド諸島から撤退
1775　レキシントン、バンカーヒル、ケベック・シティで米英戦争の最初の戦闘
1776　アメリカ植民地第2回大陸会議
アメリカ独立宣言

	クックの第3次航海
1778	セント・ルシアをフランスから獲得
	フランス、アメリカ独立戦争に参戦
1779	フランス、セント・ヴィンセントとグレナダを獲得
	クック、サンドウィッチ諸島で殺害される
	スペイン、アメリカ独立戦争に参戦
	ボーア人とバンツー人のあいだで第1次コーサ戦争
1780	マドラス軍、インド・マイソールのハイダル・アリーに敗北
	イギリス、ベリーズに監督派遣
1781	フランス、トバゴを獲得
	バハマ諸島、スペインに降伏
	コーンウォリス、ヨークタウンでワシントンに降伏。アメリカ独立戦争終結
1782	フランス、セント・クリストファーとモントセラトを占領
	ミノルカをスペインに返還
	植民地問題、内務省に移管
	アイルランド宣言法撤回
1783	パリ条約およびヴェルサイユ条約で、アメリカの独立とイギリスのアメリカ植民地喪失が確定
	セント・クリストファーとセント・ヴィンセント、モントセラト、グレナダのフランス支配が終わる
	セント・ルシアをフランスに返還
	ゾング号事件。1781年にリヴァプールの奴隷船から船外に遺棄された奴隷131人に対する保険金請求
	バハマ諸島、スペインから返還され、イギリスの直轄植民地に
	インドに対する直接責任はイギリス政府が負うとみなすインド法(フォックス起草) を貴族院が拒否
	アフリカ、ガンビア川河口にたいするイギリスの権利が認められる
1784	インド法可決、イギリス政府にイギリス領インドのさらに大きな支配権が付与される。ロンドンに東インド会社の監督委員会を設置
	ベンガル・アジア協会設立
	カナダに王党派入植
	ニューブランズウィック、ノヴァスコシアから分離

1785　ウォレン・ヘイスティングズの弾劾
1786　東インド会社、ペナンを租借。マレー海岸で初のイギリス人入植地
オーストラリア、ボタニー湾に流刑植民地の建設を決定
スペイン、イギリス領ホンジュラスの領有権要求を放棄
1787　解放奴隷の入植地としてシエラレオネ建設
奴隷貿易廃止協会設立
1788　ボタニー湾に第1船団到着、初のオーストラリア流刑植民地を建設
奴隷貿易の規制（ドルベン法）
ウォレン・ヘイスティングズ裁判
アフリカ協会設立
1789　HMSバウンティ号上で反乱
アンダマン諸島に流刑植民地設置
1790　スペイン、ヌートカ湾（バンクーバー島）からイギリスを追放
HMSバウンティ号出身の反乱者ら、ピトケアン島に到着
シエラレオネ会社設立
1791　カナダ法、それぞれに総督と選挙制議会をおくアッパー・カナダ（オンタリオ）、ローワー・カナダ（ケベック）を創設
フランス領サン＝ドマングで奴隷反乱
1792　4年以内に奴隷貿易を廃止する法案、下院で可決、貴族院で否決
バプティスト伝道協会設立
1793　コーンウォリス卿によりインドに永久査定法導入
フランス革命戦争（～1802年）
マッカートニー卿の使節団、中国訪問
トバゴ、フランスから再獲得
アッパーカナダ、反奴隷制法を可決
1794　陸軍大臣の職責を植民地にも拡大
セイシェルをフランスから奪取、モーリシャスを属領化
フランス国民公会、賠償なしでの奴隷制廃止
ニューサウスウェールズに初めてのキリスト教教会建設
イギリス、グァドループを一時的に再獲得
1795　宗派横断的なロンドン伝道協会設立
ウォレン・ヘイスティングズ、無罪となる

ジャマイカで第 2 次マルーン戦争
トリンコマリーとケープ植民地をオランダから獲得
ムンゴ・パークの第 1 次ニジェール川探検
1796 スコットランド伝道協会設立
東インド会社、セイロンの一部をオランダから獲得
アンダマン諸島流刑植民地、放棄
ペナン、流刑植民地となる
1797 ロンドン伝道協会、タヒチに探検隊を派遣
トリニダードをスペイン支配から奪取
セント・ルシア、マルティニク、トバゴをフランスから奪取
マラッカ、オランダ領ギアナをオランダから獲得
メリノ種の羊をニューサウスウェールズに導入
1798 アイルランドで反乱
ナポレオン、エジプト占領
イギリス、ベリーズの支配権確立
1799 インドのセリンガパタムで、ティプーのスルタン敗北
教会伝道協会（CMS）、アフリカと東洋での宣教のために設立
1800 ウェルズリー州（マレー半島）獲得
カルカッタにフォート・ウィリアム・カレッジ（東インド会社）、設立
イギリス、マルタからフランスを追放
1801 カルカッタ併合
合同法でアイルランドを連合王国に併合
戦争・植民地部局のなかに植民地部局を創設（内務省部局から移管）
セイロン、直轄植民地を宣言
アミアンの和約により、ケープ植民地、マラッカ、ギアナをオランダに返還。セント・ルシア、マルティニク、トバゴ、ゴレをフランスに返還
1802 ナポレオン、フランス植民地に奴隷制を再導入
1803 ナポレオン戦争（～ 1815 年）
セント・ルシア、デメララ、スリナムを獲得
ドミニカ、公式にイギリス領と認定
オーストラリアのヴァンディーメンズランドに初めてヨーロッパ人が入植
トバゴとトリニダードをイギリスに割譲

マラータ人、インドのアッサイェの戦いで敗北
デンマーク、奴隷貿易を停止
東インド会社、ナポレオン抑留のためにセント・ヘレナをイギリス政府に貸与

1804　イギリス・海外聖書協会（BFBS）設立
サン＝ドマング、ハイチとして独立
ペナン管区をインドに設定

1805　パークの第2次ニジェール川探検
東インド会社職員養成のためにヘイリーベリー・カレッジ設立

1806　外国との奴隷貿易禁止法（イギリス人奴隷貿易業者による外国領土への奴隷輸出禁止）
イギリス、喜望峰を再占領
イギリス、ブエノスアイレスを占領
ドミニカの領有権、フランスからイギリスへ
ケープのイギリス人入植者に、奴隷所有禁止

1807　イギリス帝国全域で奴隷貿易廃止
ヘリゴランドとマラッカ、オランダから獲得
奴隷貿易廃止協会の中心メンバーによりアフリカ協会（African Institution）設立

1808　シエラレオネ、直轄植民地となる
オランダからモルッカを獲得

1809　イギリス、イオニア諸島からフランス追放
ラブラドールの行政権をニューファンドランドに追加付与

1810　イギリス、ジャワとモーリシャス、マルティニク、グァドループ、セイシェル、レユニオンを占領

1811　ジャワをオランダから獲得。ラッフルズを総督に任命
セイシェル、モーリシャスから統治へ（～1888年）
ベンガルへの奴隷輸入禁止

1812　カナダとの国境をめぐって合衆国と戦争（～1814年）

1813　ウェスリアン・メソジスト伝道協会設立
東インド会社特許状法、インド貿易を開放し、宣教師の受入れを許可
ボンベイとマドラスへの奴隷輸入禁止

1814　喜望峰をイギリスが公式に併合

ネパールでグルカ戦争（〜 1816 年）

ベルビス、デメララ、エセキボのオランダ領植民地を併合

マルタ併合

ロシアからの保護を約束する、イランとの条約締結

ニュージーランドに初めてのイギリス系宣教師到着

イギリス、ウィーン会議で奴隷貿易への不快感を表明するよう、ヨーロッパ列強に要請

オランダ、奴隷貿易廃止

トマス・ミドルトン、初のカルカッタ主教に任命

イギリス、コルフをイオニア諸島領に追加

1815　ジャワをオランダに返還、レユニオンをフランスに返還

ウィーン条約により、セイロン、セントルシア、トバゴ、イギリス領ギアナ、ベルビス、デメララ、エセキボの領有が保証される

ヨーロッパ列強、奴隷貿易違法化で合意

イギリス、アセンション島占領。1922 年まで海軍省が統治

セイロン全域がイギリス支配下に入る

イオニア島、イギリス保護領となる

ナポレオン、セントヘレナに追放

モーリシャスに流刑植民地設置

1816　インドでマラータ戦争（〜 1818 年）

バサースト（ガンビアのバンジュル島）、反奴隷制（西アフリカ）小艦隊のために守備隊を創設

イギリス領事がネパールに任命される

バルバドスで奴隷反乱

トリスタンダクーニャ（南大西洋）併合

グァドループをフランスに返還

1817　植民地を所管する国務大臣ポストの創設

南アフリカでコーサ人との戦争（〜 1819 年）

1818　インドでマラータ同盟が最終的に敗北

1819　トマス・ラッフルズ、シンガポールに貿易部局を設置

イギリス、イギリス領南極条約に要望を申し出る

東ケープにアルバニー植民地建設

1821　バサースト（ガンビアのバンジュル諸島）とゴールドコーストがイギリス支配下におかれ、シエラレオネから統治
ギリシア独立戦争（～ 1829 年）
王立アジア会社設立
W・F・オーウェンによるアフリカ海岸調査
グアテマラ、ベリーズの支配権を主張
ハドソン湾会社、カナダ西岸をニューカレドニアとするよう主張
1822　イギリス人、初のサハラ横断
A・G・レイン、ニジェール川水源を確定
アメリカ植民地協会、解放奴隷のためにリベリアを創設
1823　「奴隷制の改善と漸進的廃止を求める協会」設立
デメララで奴隷反乱
モンロー政策、南北アメリカのさらなる植民地化の阻止を打ち出す
1824　英蘭条約、マレー群島を 2 つの勢力圏に分けると決定。ベンクーレン、マラッカと交換でオランダに割譲
第 1 次イギリス－ビルマ戦争
イギリス、ラテンアメリカに独立した共和国を承認
オーストラリアのモートン・ベイに初のクイーンズランド入植
バルバドスとジャマイカに初の主教区設立
ナタールに初のイギリス人植民
インドのバラックポールで陸軍の反乱
1825　アンギラ、セント・キッツ、ネヴィス、植民地行政で連合
タスマニア（ヴァンディーメンズランド）、ニューサウスウェールズから分離、単体の植民地として建設
1826　海峡植民地（ペナン、プロヴィンス・ウェルズリ、マラッカ、シンガポール）の形成。1867 年までベンガル政府が統治
ヤンダボ条約により、第 1 次イギリス－ビルマ戦争終結。アッサム、アラカン、テナセリムをイギリスが獲得
イギリス、シャムで貿易租借地を獲得
西オーストラリアに初めてヨーロッパ人が入植
ブリスベーンに流刑植民地建設
ニュージーランド植民地建設
イギリス政府、タヒチ保護領化の要請を拒否

1827 ジョン・クルーニー・ロス、ココス諸島に入植
1828 カナダ統治に関する特別委員会設置
ケープ・コイコイ人（南アフリカ）、法令により自由民として承認
1829 オーストラリア全大陸をイギリス領と宣言
スワン・リヴァ植民地、西オーストラリアに建設
エドワード・ギボン・ウェイクフィールド、『シドニーからの手紙』で自由入植についての見解を公表
1830 ゴールド・コースト（アフリカ）から内陸に領土拡大、保護領と宣言
ウェイクフィールド、植民地協会を設立
マイソール、インドにおけるイギリス領に追加
王立地理学協会設立
タスマニアで「ブラック・ライン」計画実施
1831 ベルビス、デメララ、エセキボをイギリス領ギアナ植民地に編入
ジャマイカ、バルバドス、その他のカリブ海諸島でバプティスト戦争（奴隷反乱）
オーストラリアへの補助移民開始
1832 ニュージーランドに初の総督代理任命
フォークランド諸島、直轄植民地と宣言
1833 解放法、1834年8月1日からイギリス帝国での奴隷制を廃止
東インド会社の中国貿易独占廃止
インドへのネパール人奴隷輸入を禁止
1834 カリブ地域に大規模な契約労働を導入
ケープ植民地で、コーサ人との戦争（～1835年）
セント・ヘレナ、直轄植民地化
ポート・フィリップにヴィクトリア（オーストラリア）初のヨーロッパ人入植地
南オーストラリア、イギリス議会法で設立
1835 スコットランド統一長老教会伝道協会設立
ケープ植民地のボーア人、「グレートトレック」開始
1836 南オーストラリアに初入植
「黒法」によって、カルカッタ外のヨーロッパ人、民事訴訟で東インド会社の裁判所に服する
オーストラリアに初代主教（ウィリアム・ブロートン）、任命

イギリス帝国で初の植民地鉄道、モントリオール東に開通
海峡植民地の首都、ペナンからシンガポールへ移す
1837　アッパーカナダ、ロワーカナダで反乱
ニュージーランド協会設立、のちにニュージーランド会社となる
1838　元奴隷の徒弟制（年季契約労働）を廃止
ピトケアン島を国王支配下に置く
イギリス－オスマン通商会議（バリタ・リマヌ条約）
南アフリカにボーア共和国設立
イギリス政府、タヒチの保護領化を再度拒否
1839　東インド会社、アデン獲得。ボンベイ政府が統治
インドからの契約労働者禁止
ダラム卿『北アメリカ問題についての報告』
ニュージーランド会社の統合
南アフリカのボーア人、オレンジ自由国とトランスヴァールを形成
カルカッタ－デリー、カルカッタ－ボンベイ、ボンベイ－アグラ間を結ぶ大幹線道路建設開始、1840年に完成
イギリス、インド北西国境地帯へのロシア侵攻予防のため、アフガニスタンを侵略
アフリカ文明化協会設立
1840　ニューサウスウェールズへの流刑終了
初の自由入植者、クイーンズランドに到着
ワイタンギ条約；ニュージーランド、保護領化
植民地土地移民委員会、植民地省の下部部局として設立
第1次英中（アヘン）戦争
1841　ザンジバルにイギリス領事館開設、ボンベイ政府により1873年まで統治
ブルネイのスルタン、ジェイムズ・ブルックをサラワクの首長に任命
アッパー・カナダとローワー・カナダの統合
ニュージーランドの初代主教（ジョージ・セルウィン）任命
植民地主教会議設立
1842　南京条約、香港をイギリスに割譲し、中国の5つの条約港を外国貿易に開放
アルゼンチンの独裁者から保護するためモンテビデオに侵攻

	イギリス軍攻撃され、アフガニスタンから撤退
	ニューサウスウェールズ、代表制統治を実現
1843	香港、直轄植民地となる
	南アフリカのナタール共和国併合
	インドのシンドを併合
	インドで奴隷制への法的支持を撤回
	ガンビア、直轄植民地となる
1844	インドからの年季契約労働者を再認可
	ゴールド・コースト、イギリスの直接支配下に入る
	モールス信号発明
	インド、北西諸州で陸軍の反乱
1845	ナタール、ケープの属領であると宣言
	シク戦争開始（～ 1846 年）
	ニュージーランド戦争開始（～ 1872 年）
1846	合衆国西部とイギリス領北アメリカの境界を、北緯 49 度線に平行に設定することを確定（オレゴン条約）
	ノバスコシアに責任政府付与
	ローワー・カナダ、カナダイーストと改名
	アイルランド飢饉
	ラブアンをブルネイのスルタンから獲得
1847	イギリス領カファラリア植民地設立
	スウェーデン、奴隷貿易廃止
1848	カナダ、責任政府実現
	南アフリカのオレンジリバー主権国、併合される
	ラブアン、直轄植民地化
	ニュージーランド、南島のダニーディンとクライストチャーチに初めての入植
	フランスとデンマーク、奴隷制廃止
	インドで第 2 次シク戦争
1849	インドからの年季奉公人、再び中止
	シク戦争に続いてパンジャブ併合
	航海法撤廃

バンクーバー、直轄植民地となる
デイビッド・リビングストン、カラハリ砂漠横断
ビアフラ海岸保護領設立

1850　オーストラリア植民地統治法、責任自治政府のための特許をヴィクトリア、南オーストラリア、ヴァンディーメンズランドに拡大
ケープで戦争勃発
西オーストラリアに流刑囚移送開始

1851　インドからの年季契約労働者再開
オーストラリアのヴィクトリア植民地をニューサウスウェールズから分離
プリンスエドワード島、責任政府実現
ニューサウスウェールズとヴィクトリアで金発見
ニュージーランド土地会社解散
第2次イギリス－ビルマ戦争（～1852年）
バスト戦争（～1853年）
ラゴス保護領設立

1852　ニュージーランド憲法法により、ニュージーランドに自治付与
サンドリバー協定により、ボーア人トランスヴァール共和国でボーア独立を認める
第2次ビルマ戦争でペグーがイギリス領となり、下ビルマをイギリス領として併合
ベニン海岸保護領設立

1853　オーストラリア東部植民地への流刑囚移送終了
デイヴィッド・リヴィングストン、アフリカ横断
ボンベイに初の鉄道用線路建設
電信、インドに到達
東インド会社の特許状、最後の更新
ナグプル、東インド会社に併合される
代表制統治、ケープ植民地に創設

1854　独立部局として植民地省創設
ブルームフォンテイン協定で、オレンジ自由国に完全な主権を付与
ニューブラウンシュヴァイクとニューファンドランドに、責任自治政府付与
インドで初めての電信線、カルカッタからアデンまで開設

1855　ニューサウスウェールズ、南オーストラリア、ヴィクトリアに責任自治政府付与
ウィンドウァード諸島直轄植民地設立（セント・ルシア、セント・ヴィンセント、グレナディン、グレナダ、フランス領マルティニクで構成）
イギリスとアフガニスタン、ペルシアで宣戦布告（～ 1857 年）
1856　ニュージーランドとヴァンディーメンズランドに責任自治政府付与
インドのアワドを併合
第 2 次アヘン戦争（アロー戦争）
秘密投票（無記名投票）が、世界で初めてヴィクトリアと南オーストラリアに導入
ニューサウスウェールズで代表自治政府に代わり責任政府が樹立
ナタールとケープを分離し、ナタールを直轄植民地とする
ヴァンディーメンズランド、タスマニアと改称
1857　インド大反乱（～ 1858 年）
ジョン・ハニング・スピーク、ウガンダに到達
英仏軍が広東を占領
インド洋のココス（キーリング）諸島を併合
1858　東インド会社解散
インドのより良い統治のための法により、イギリス政府の公式部局としてインド省を設立
ヴィクトリア女王、インド古来の権利を尊重すると約束する声明
イギリス領コロンビア植民地設置
第 2 回アヘン戦争終結、天津条約
アンダマン諸島のポートブレアに流刑植民地建設
安政の 5 か国条約（1858 年）を受けて日英貿易開始
1859　クイーンズランド、ニューサウスウェールズから分離し、責任自治政府を獲得
イギリス、カナダが独自に関税を決定する権利を容認
インド民事訴訟法承認
ケイマン諸島、直轄植民地となる
1860　マオリ戦争（～ 1863 年）
中央アフリカへの大学宣教団設立
九龍と昂船洲獲得により香港の領域拡大

	北京条約、ヨーロッパ諸国に中国におけるさらなる権利を与える
	インド刑法承認
	インドで奴隷所有禁止
1861	インド参事会法、インド人顧問に立法参事会への代表権を与える
	ラゴスを単体の植民地として公式に併合
	ビアフラ、ベニン海岸、一つの保護領として統合
	イングランドのクリケットチーム、オーストラリアを初訪問
	バーレーン（ペルシア湾）、保護領化
	南オーストラリア、地方選挙で女性に投票権を付与
1862	マンダレーにイギリス代表部を設置
	中国内陸宣教団体設立
	中流階級女性移住協会設立
	イギリス領ホンジュラス（ベリーズ）、公式に植民地化、1884 年までジャマイカから統治
	下ビルマ（ペグ、アラカン、テナセリム）併合
1863	上海、国際租界設立
	オランダ、奴隷制廃止
	第 3 次ニュージーランド（マオリ）戦争（～ 1864 年）
1864	シエラレオネで国教会主教に初めて黒人（サミュエル・アジャイ・クラウザ）を任命
	ブータンの国境領域併合
	イオニア諸島、ギリシアに譲渡
	カナダの連邦について初めての議論、プリンス・エドワード島で開催
1865	植民地法有効化法、イギリス議会にイギリス制定法に反して運用される植民地法無効化の権利を与える
	ジャマイカでモラント・ベイの反乱
	アメリカ合衆国憲法修正第 13 条により奴隷制廃止
	ニュージーランドの首都、オークランドからウェリントンへ移動
1866	イギリス領コロンビアとバンクーバー島の植民地統合
	イギリス領カファラリア、ケープ植民地に統合
	カナダ連邦案、イギリス政府に提示
	ダーダバイ、ロンドンに東インド協会設立

	ジャマイカ、直轄植民地となる
	フェニアン、カナダ国境を攻撃
1867	海峡植民地、直轄植民地となる
	イギリス領北アメリカ法で、カナダドミニオンを連邦化。ニューファンドランドは不参加を選択
	マオリがニュージーランド議会に4議席を与えられる
	南アフリカのオレンジ・リヴァーでダイアモンドが発見される
	イギリスでアイルランド独立を求めるフェニアン運動
1868	王立植民地機構設立
	アボリジナルのクリケットチーム、イングランドツアー
	バストランド、保護領化
	西オーストラリアへの流刑囚移送終了
1869	スエズ運河開通
	トランスヴァールで金発見
	ハドソン湾会社の土地、国王に移譲される
	イギリス、ニコバル諸島をデンマークから獲得
	ヴィクトリア（オーストラリア）で第1次アボリジナル保護法
1870	マニトバ州設置
	アルバータ、ノースウェスト領域の一部となる、ハドソン湾会社支配終了
	西オーストラリア、代表制統治を獲得
	自治協会、アイルランドの自治を主張するため設立
1871	グリカランド・ウェスト併合
	ブリティッシュ・コロンビア、州としてカナダに編入
	バストランド、ケープ植民地に移譲
	リーウァード諸島連邦設立（ドミニカ、アンティグア、セントクリストファー、ネイヴィス、モントセラト、イギリス領ヴァージン諸島）
	スマトラをオランダ領と認める英蘭条約
1872	責任自治政府、ケープ植民地に付与
	ニュージーランドの上院に初めてマオリが参加
	サー・バートルフレア、ザンジバルのスルタンと反奴隷制条約調印
	アンダマン、ニコバル諸島、行政上つながる
	インド総督・マヨ卿、アンダマン諸島のブレア港で殺される

1873　アデン保護領形成
プリンス・エドワード島、カナダのドミニオンの一部に
スペイン、プエルトリコの奴隷制廃止
1874　パンコール条約：ペラ王国のスルタン、イギリス理事官受容
フィジー、直轄植民地化
ゴールドコースト、直轄植民地化
1875　ディズレイリ、エジプトのイスマーイール・パシャが保有していたスエズ運河会社株式の持ち分を購入
1876　イギリス皇帝法
ペリム・ソコトラ（アデン沖合の諸島)、アデンの一部としてイギリス保護領化
トルガニニの死
中央アフリカ貿易会社
ニュージーランド南北両島、ひとつの植民地として統合
1877　イギリス、トランスヴァール再併合
北ボルネオ、ブルネイのスルタンからイギリスに割譲
1878　南西アフリカのウォルヴィスベイ、イギリス保護領化
キプロス、イギリス統治下に置かれる、トルコのスルタンから解放
ゴールド・コーストにココア生産導入
ベルリン会議、オスマン帝国の解体をめぐるヨーロッパ戦争回避を要求
1879　アイルランド土地戦争（～ 1882 年）
イギリス－ズールー戦争；ズールーランド、イギリス保護領となる
エジプト軍一斉蜂起後、エジプト財政を英仏支配
トンガと友好条約
カナダ、イギリス製品に保護関税を賦課
中央アフリカ貿易会社、連合アフリカ会社となる
イギリスのカブール理事官（総督代理）殺害後、第 2 次イギリス－アフガン戦争
ニュージーランド、成人男性に普通選挙導入
1880　第 1 次イギリス－ボーア戦争（～ 1881 年）
イギリス、アフガニスタンの外交関係を監督、内政はアフガニスタンが独自に行う
オーストラリアからの冷蔵肉、初めてイギリスに到着

1881　マジュバ・ヒルの戦いでイギリス軍ボーア人に大敗、ボーア人、トランスヴァール奪還

プレトリア会議、トランスヴァールの自治承認；イギリスは名目上の外交の支配権を維持

イギリス北ボルネオ会社に勅許状

エジプト、ウラービーの反乱

マフディー（ムハンマド・アフマド・イブン・アブドゥッラーフ)、スーダンで権力獲得；イギリス－エジプト軍に対して反乱

1882　エジプト占領

バーレーンの首長、イギリスと保護条約締結

冷凍肉、ニュージーランドからイングランドに初出荷

1883　インドでイルバート法案

クイーンズランド、東ニューギニアを併合

オーストラリア連邦化の議論開始

バストランド統治権、高等弁務官のもとでロンドンに戻る

1884　スーダン、マフディー朝（～ 1898 年)、イギリスを駆逐

イギリス領ソマリランド（紅海沿い、アデン湾の向かい）にイギリスの宗主権；1898 年までインドから統治

パプア（ニューギニア)、イギリス保護領化

ベチュアナランド、イギリス保護領に戻る

ベルリン会議、アフリカ分割の原則決定――欧米列強は領土支配の主張の裏付けとして「実効支配」の証明が求められた

帝国連合連盟創設

イギリス領ホンジュラス、単体の植民地に

ウォルヴィスベイ、ケープ植民地に併合

ニジェール首長と条約調印

1885　インド国民会議派創設

ハルトゥームでゴードン将軍殺害

スーダンからイギリス－エジプト軍撤退

ニジェール地域（オイルリバー）とベチュアナランドに保護領設立

第 3 次イギリス－ビルマ戦争；上ビルマ併合

植民地防衛委員会設立

カナダ太平洋鉄道、バンクーバーに到達

	グレナダ、ウィンドウァード諸島植民地の一部となる
1886	オレンジ自由国のヴィトヴァーテルスラントで金発見
	王立ニジェール会社に特許状付与
	東アフリカと西大西洋について英独合意
	ロンドンで植民地・インド博覧会
	スペイン、キューバの奴隷制廃止
	ギルバート・エリス諸島、イギリス領となる
	アイルランド自治法案、下院で否決
	ヴィクトリア女王、ココス（キーリング）諸島をクルニーズ・ロス家に永代所有として与える
1887	植民地・帝国会議、ロンドンに設立
	非公式にペルシアを英露の権益圏として分割することで英露合意
	ニューヘブリディーズに英仏大西洋共同統治
	モルジブ諸島（インド洋)、保護領化；セイロンから統治
	休戦オマーン、保護条約締結
	ニューギニア統治、クイーンズランド政府に移譲
	ズールーランド併合
	セシル・ローズ、イギリス南アフリカ会社設立
1888	パハン（マレー半島）にイギリス理事官任命
	北ボルネオ、サラワク、ブルネイに保護領設置；クック諸島
	イギリス帝国東アフリカ会社に特許状付与
	ガンビア、直轄植民地として再設立
	トリニダードとトバゴ統治機構、直轄植民地として統合
	ブラジルで奴隷制廃止
	イギリス領ニューギニア、直轄植民地となる
	アルバータに領土立法部設立
	インド洋のクリスマス島、イギリスに併合；1958 年までシンガポールによって統治
	イギリス領ソマリランド保護領設立
1889	ゴールド・コースト、コートジボワール、セネガル、ガンビアについて英仏合意
	イギリス南アフリカ会社に特許状付与

	第2回ベルリン会議、太平洋での勢力圏を合意（サモア合意）
1890	英独ヘリゴランド－ザンジバル条約、東アフリカの係争を解決；ザンジバル、イギリス保護領と宣言；ヘリゴランド諸島、ドイツに割譲
	英仏合意、ニジェール領土を確定
	ラブアン、北ボルネオに編入
	スワジランド、イギリスとトランスヴァールの共同保護領
	イギリス東アフリカ会社、ブガンダ王国との条約に調印
	西オーストラリア、責任自治政府実現
1891	英伊紅海合意
	英欄条約、ボルネオ領土を確定
	東・中央アフリカについてイギリスとポルトガル合意
	イギリス中央アフリカ保護領創設
	帝国通商連盟設立
	北ザンベジ（北ローデシア）、イギリス南アフリカ会社に支配権
	ニジェール地区保護領、オイルリバーズ保護領となる
1892	ギルバート・エリス諸島に保護領設立
	インド参事会法、中央・地方レベルでインド人議員を増やす
	ブガンダ、保護領を宣言
	ダーダバイ・ナオロジー、ロンドン、中央フィンズベリー選挙区から自由党下院議員に選出
1893	ナタールに責任政府付与
	南ソロモン諸島にイギリス保護領設立
	アイルランド自治法案、貴族院で否決
	ニュージーランドの女性、投票権を獲得
	オイル・リヴァーズ保護領、ニジェール海岸保護領となる；ヨルバ、領土に追加
	アヘンについて王立委員会、設立
1894	ウガンダ（東アフリカ）、イギリス保護領と宣言
	イギリス帝国連盟設立
	イングランドのクリケットチーム、南アフリカを初訪問
	日英通商航海条約
	ガンビアに保護領として新規領土追加

	南オーストラリアで女性に投票権付与
	スワジランド、トランスヴァールの保護領となる
1895	トランスヴァール、ジェイムソン侵入事件
	イギリス－アシャンティ戦争（1896 年まで）――イギリス、アシャンティを侵略、ゴールド・コーストまで占領
	ケニア、東アフリカ保護領に追加
	イギリス帝国東アフリカ会社倒産
	ベチュアナランドの一部、ケープ植民地に移譲；残りは保護領化
	アヘンについて王立委員会報告
1896	シャム独立を保障する英仏合意
	マレー連合州（ペラ、セランゴル、ネグリザンビアン、パハン）、保護領として設立
	アシャンティ連合、保護領の地位について合意
	シエラレオネの内陸領、保護領となる
	ブガンダにさらなる保護領追加
	ローデシアでショナ人、イギリスに反乱
1897	イングランドのクリケットチーム、西インドを初訪問
	ズールーランド、ナタールに併合
	先住民権利保護協会、ゴールド・コーストで設立
	第 2 次植民地会議開催
	ベニン、ニジェール海岸保護領の一部となる
1898	シエラレオネ、小屋税反乱（～ 1901 年）
	スーダン、オムドゥルマンの戦い；イギリス－エジプト行政（共同統治）設立
	ニジェール領の境界について英仏合意
	香港の一部として新領土租借
	中国北部の威海衛、イギリスが租借
	ポルトガル植民地の将来について英独合意（イギリスがモザンビーク獲得；ドイツがアンゴラ獲得）
	英仏ファショダ危機（スーダン）；上ナイルでフランスと衝突
	南ローデシアに立法評議会設立
	イギリス領ソマリランド行政権、インドから外務省に移行
	ピトケアン島入植者、フィジー高等弁務官の法的保護

1899　ブルームフォンテイン会議決裂、ボーア戦争へ（1902 年まで）
英仏会談、スーダン問題を解決
サモア、イギリス・ドイツ・アメリカ間で分割
ソロモン諸島・トンガをイギリスが獲得
王立ニジェール会社特許状撤回；南北に分かれたナイジェリア保護領設立
アラブの首長、クウェイト保護条約に調印
トランスヴァール、オレンジ自由国、同盟結成
ニュージーランド、非白人移民を制限

1900　ニジェール保護領、会社支配に代わり国王支配へ；南北ナイジェリアの2つの保護領となる
オレンジ自由国とトランスヴァール、イギリスが併合後、南アフリカの州に追加
トンガ支配者、イギリス保護下に自らを置く
イギリス、第 4 次アシャンティ戦争後、ガーナ獲得
南北ローデシア、保護領として創設
ブガンダ合意、アフリカの土地の権利を保障
ニウエ（南大西洋）、イギリス保護領化

1901　オーストラリア、憲法獲得、連邦成立
オーストラリア、非白人移民を制限
アシャンティ（西アフリカ）、直轄植民地として併合
クック諸島、ニュージーランドが併合
帝国記念日、カナダで創設（5 月 24 日、女王誕生日）
ウガンダ鉄道、完成
ニウエ、ニュージーランドに併合

1902　フェリーニヒング条約で、南アフリカ（ボーア）戦争終結
ロシアに対抗して日英同盟（～ 1923 年）
帝国防衛委員会設立
太平洋ケーブル敷設完了により、イギリスおよびグローバルな電信網完成
特恵関税、カナダ、オーストラリア、ニュージーランドで合意
イングランドのクリケットチーム、ニュージーランドを初訪問
ウガンダの東部地域、東アフリカ保護領に移管
入植者協会（白人入植者）、東アフリカ保護領で結成

ニューギニア統治、オーストラリアに移譲
セイシェル、直轄植民地となる
1903　ココス諸島、シンガポール保護領となる
1904　英仏協商、エジプト、モロッコにおけるそれぞれの権益承認
ガンジー、新聞 Indian Opinion を創刊
中央アフリカ保護領の管理、外務省から植民地省へ移管
1905　イギリス、アフガニスタン独立を保障
ベンガル分割
イギリス領ソマリランドの管理、植民地省管轄に移行
ウガンダ、外務省から植民地省管轄に移行、直轄植民地となる
帝国記念日、オーストラリアで創設
カナダの州にサスカチェワンとアルバータ追加
1906　インドでイスラム同盟結成
三国同盟（イギリス、フランス、イタリア）、アビシニアの地位について合意
トランスヴァール、オレンジ自由国に自治回復
ナタールでズールー人の反乱（～ 1908 年）
ケニアに立法評議会設立
イギリス領ニューギニアの管理、オーストラリアに移管
英仏共同統治、ニューヘブリデス諸島で設立
北ボルネオ、直轄植民地となる
イギリス、スワジランド保護領の単独統治を引き受ける
ブルネイ、イギリス駐在官受け入れ
ニューヘブリデス（バヌアツ）、英仏共同統治
1907　ドミニオン局、植民地省に創設
シャム独立、イギリス・フランスが確認
チベット、アフガニスタン、ペルシアについて英露協商
中央アフリカ保護領、ニアサランドに改名
オレンジ自由国とトランスヴァールに責任政府実現
1908　カリブ海産砂糖への保護関税、撤廃
南ジョージア、南サンドウィッチ諸島、フォークランド諸島属領として、イギリスが統治

1909　イギリス－シャム条約;マレー非連合州（ケランタン、トレンガヌ、ケダー、ペルリス）をイギリス保護領化

アングロ・ペルシアン石油会社設立

インド参事会法、立法問題について決議・議論のために選挙によりインド人委員選出を認める

帝国クリケット会議創設

イギリスおよび海外反奴隷制協会、反奴隷制および先住民保護協会に改名

キャンベラ、オーストラリアの新しい首都として設立

1910　南アフリカ連合（ケープ植民地、オレンジ自由国、ナタール、トランスヴァール）

帝国記念日、ニュージーランド、南アフリカで創設

1911　第1回帝国会議、ロンドンで開催

ブータン支配者との条約、外交政策をイギリスが管理することと引き換えに内政の自治を保障

デリー宮殿でジョージ5世の戴冠式典

インドの首都、カルカッタからデリーに移転

ローデシア、南北ローデシアに分離

1912　第3次アイルランド自治法案可決

南アフリカ先住民民族会議設立

アフリカーナ国民党設立

ベンガル管区再統合

1913　南アフリカ先住民土地法、アフリカ人のための郊外に先住民指定地（リザーヴ）を創設

南アフリカでパス法に反対する女性運動

南アフリカ、非白人移民制限

ノーフォーク島、オーストラリア属領となる

1914　アイルランド自治、第1次世界大戦勃発による延期

南北ナイジェリア保護領、統合

エジプト、保護領化

キプロス、トルコがイギリスに宣戦布告した際、植民地となる

トーゴランドとカメルーンの占領

第1回アフリカ民族会議代表団、先住民土地法に抗議するためロンドンに到着

イギリス、ジョホール（マラヤ）の支配権獲得
1915　ギルバート・エリス諸島、直轄植民地となる
1916　イースター蜂起
ラックナウ協定、インド国民議会とイスラム連盟再統合
オスマン帝国に対してアラブ人反乱
イギリス、パレスチナ（イェルサレム含む）・シリア占領
カタール、イギリスの保護条約締結
英仏間でサイクス・ピコ秘密協定
帝国記念日、イギリスで創設
カマラン諸島（アデン付近）、アデン保護領の一部となる
1917　インド人契約労働、終了
帝国戦争会議・内閣、設立
バルフォア宣言、ユダヤの民族郷土創設に対するイギリスの支持を明言
イギリス、パレスチナをトルコから獲得
ケベックで徴兵に対する暴動
モンタギュー宣言、最終的なインド自治を約束
イギリス南極領土の主張、否定される
ニューファンドランドにドミニオン資格付与
1918　インド人の自治に関するモンタギュー・チェルムズフォード報告
シッキム王国の自治（チベット）、イギリス保護下に戻る
1919　インド、アムリトサルの虐殺
インドでローラット法、市民の自由に戦時統制を拡大
アイルランド独立戦争
インド統治法、部分的自治承認
ヴェルサイユ条約、国際連盟創設と委任統治システムの設立
イギリス、ドイツ領カメルーンの一部（ナイジェリア保護領に編入）とトーゴランドの一部を獲得
ウォルビスベイ周辺のドイツ領、南アフリカ委任統治領の一部となる
タンガニイカ（ドイツ領東アフリカ）、イギリス委任統治領となる
イギリス、社会不安鎮圧のためアフガニスタン侵攻
ジャマイカの女性、選挙権獲得
イギリスの諸都市で人種暴動

1920　東アフリカ保護領、ケニアに改名、直轄植民地となる
イギリス領西アフリカ民族会議
イラク、トランスヨルダン、パレスチナをイギリスが委任統治
ケニアにキクユ同盟設立
ナウル（南太平洋）、オーストラリア、イギリス、ニュージーランドを施政国とする国際連盟の委任統治
1921　アフガニスタン、独立獲得
マルタに議会開設
パレスチナ支配、外務省から植民地省へ移譲
諮問機関、インドに藩王国会議の第1回会合
1922　アイルランド自由国、ドミニオンとして設立
エジプト独立宣言（スエズ運河の管理権は引き続きイギリスが掌握）
フレーデリック・ルガード『二重統治論』出版
ガーンディー、非協力運動中止
チャナク危機
アセンション島、植民地省下に入る
国際連盟、パレスチナ、エジプトのイギリスによる委任統治を承認
白人のローデシア人、南アフリカと合併拒否
イラク同盟条約
1923　イギリス、ドミニオンの権利として条約締結の自由を承認
南ローデシアに責任自治政府
デヴォンシャー白書、ケニヤを「本来アフリカ人の領土」と明記
植民地省、北ローデシアへの責任を獲得
トランスヨルダン・アラブ王国の形成
南極（失われた属領）、ニュージーランドの司法管轄下に置かれる
1924　北ザンベジ、会社による支配から直轄支配に代わる
北ローデシア、直轄植民地となる
イギリス南アフリカ会社、イギリス政府に主権譲渡
セントルシアに代議制政府
1925　ドミニオン省、植民地省から分離
キプロス、直轄植民地となる
南アフリカ先住民民族会議、アフリカ民族会議に改名

有色外国船員令

1926　ドミニオン、コモンウェルスとして認知

バルフォア報告、ドミニオンの資格を帝国内の自治権のあるコミュニティと規定

アフリカ民族会議、非暴力による抵抗戦略を採用

1927　インドの政治的状況を検討するためにサイモン委員会設置

1928　ドナウモア報告、セイロンで21歳以上の全男性、30歳以上の全女性に選挙権付与を提案

1929　ユダヤ人のパレスチナ入植に反対するアラブ人暴動

植民地開発法

1930　イギリス－イラク条約

ガンジー、ダンディまで塩の行進

威海衛、中国に返還

1931　ウェストミンスター憲章によりドミニオンが完全に独立、1865年以来の植民地法有効化法破棄

セイロンに部分的自治を付与

1932　オタワ会議、1846年以来初の帝国特恵関税システム設立

ガンジー収監；インド国民会議禁圧

イラク、正式に独立

1934　サナ条約；イエメン、イギリス帝国の最後の領土獲得

ニューファンドランド、任命制の委員会による植民地統治に戻る

オーストラリア南極領土の設立

1935　インド統治法により、インドの州に責任自治政府が実現

1936　イギリス－エジプト条約、エジプトの主権を認める

パレスチナでアラブ人反乱

1937　イルグン、テロ運動を開始

ビルマに分離政府設立

アイルランド自由国、エールとなる

アデン、イギリス直轄植民地となる

ピール報告書、パレスチナをユダヤ人とアラブ人地帯へ分割することを提案

1938　モイン委員会、カリブ地域の社会、経済、統治改革を提案

トリスタンダクーニャ諸島、セントヘレナの属領となる

1939　インド国民会議派、第 2 次世界大戦参戦を機に州政府から離脱
1940　植民地開発・福祉法
パキスタンに別のイスラム国家設立を求めるジンナーのラホール決議
コモンウェルスの定義を変更し、共和国がメンバーに残ることを承認
イタリア、イギリス領ソマリランドを占領
ドミニカ、リーウォード諸島植民地からウィンドウォード諸島植民地に移管
1941　アメリカ・イギリス間で大西洋憲章
ドイツ追い出しのため（ソビエトとともに）イラン侵攻
エチオピア独立回復
日本、インドシナ占領
イギリス、1947 年までイラク占領
ニュージーランド、国民保険サービス設立
ユダヤ人パレスチナ入植制限
1942　クイット・インディア（インドを立ち去れ）運動
シンガポール、香港、ビルマ、マラヤ、サラワク、北ブルネオ、アンダマン・ニコバル諸島、ソロモン諸島、ギルバート・エリス諸島、日本に占領される：（日本軍）クリスマス・ココス諸島を爆撃
1943　植民地相、イギリスが「イギリス帝国内における植民地の人々を自治へと導く」と約束
1944　普通選挙、ジャマイカに導入；準責任政府の形成
トリニダード、イギリス領ギアナに新憲法
1945　セイロン、自治獲得
植民地発展・福祉法
シンガポール、ビルマ、マラヤ、香港、日本から解放
反奴隷制および原住民保護協会、人権保護のための反奴隷制協会に改名
1946　国連信託統治理事会、国際連盟委任統治委員会の役割を継承
南アフリカ、ナミビアでの国連司法権承認を拒否
サラワク、ブルック王朝に代わりイギリスが直轄支配
北ボルネオ、直轄植民地となる
トランスヨルダン、独立
イルグン、イェルサレムのキング・デイビッド・ホテルを爆撃
1947　インド、パキスタンの分離

	ドミニオン省、コモンウェルス関係省に改名
	パレスチナ問題、イギリスが国連に付託
	マルタ、自治獲得
	ナウル、国連信託統治に移管
	ニコバルおよびアンダマン諸島、新たに独立したインドに移管
1948	イスラエル国家宣言；イギリス、パレスチナから撤退、委任統治放棄
	「ドミニオン」の使用廃止
	ビルマ、セイロン、独立獲得
	ビルマ、コモンウェルス不参加を決定
	マラヤ連邦結成；マラヤで非常事態宣言
	ガーンディー暗殺
	ゴールド・コースト暴動
	イギリス国籍法
	モルディブ、自治獲得
1949	イギリスの君主、コモンウェルスの代表に任命
	エール、共和国となり、コモンウェルスを離脱
	ニューファンドランドとラブラドールがカナダに編入
	ヌクワメ・エンクルマ、ゴールドコーストの会議人民党を設立
	パプアとニューギニア、オーストラリア支配下で統合
	トランスヨルダン、ヨルダンに改名
1950	コロンボ会議、インド、パキスタン、セイロン、マラヤ、イギリス領北ボルネオの経済成長を刺激
	インド、パキスタン、コモンウェルス内で共和国となる
	ヴァージン諸島に代議制政府
	マウマウ、ケニアで禁圧される
1951	アンザス条約（ANZUS Pact, 太平洋安全保障条約）
1952	エジプトでの軍事クーデター、ガマル・アブドゥル＝ナセルが権力掌握
	ケニアで非常事態宣言
1953	中央アフリカ連邦（南北ローデシア、ニアサランド）
1954	パナマ運河地帯からのイギリス軍撤退についてイギリス－エジプト合意
	キプロスで反植民地騒動
	東、西および北ナイジェリア、ナイジェリアとして連邦化

1955　イギリスの最後の併合；北大西洋、ロックロール島
ココス諸島、シンガポールからオーストラリアに帰属変更
1956　スエズ危機；エジプト、共和国として設立
スーダン共和国独立宣言
アンティグア、リーワード諸島連邦から離脱、直轄植民地となる
東、および西ナイジェリア、内政における自治獲得
1957　ゴールド・コースト、ガーナとして独立
マラヤ、独立
1958　帝国記念日がコモンウェルス記念日に
イギリス領西インド連邦結成
クリスマス諸島の主権、シンガポールからオーストラリアに移譲
イギリスの街々人種暴動
1959　ニアサランド、非常事態宣言
南アラブ首長国連邦
南極条約、南極での活動に制限を設ける
ケイマン諸島、分離植民地になる
北ナイジェリア、内政における自治を付与される
1960　ナイジェリア、独立
キプロス、独立獲得
イギリス領ソマリランド、独立獲得
国連総会、1514 決議を可決；植民地と人民に独立を付与する宣言
ランカスタハウス会議、ケニアに多数派支配を勧告
ケニア非常事態解除
モントセラトに部分的な選挙制行政・立法評議会
1961　シエラレオネ、タンザニア、独立
ベチュアナランドに選挙制の立法・行政評議会
南アフリカ、コモンウェルスから撤退
クウェイト、独立
カメルーン、独立
バルバドス、イギリス領ギアナ、内政における自治獲得
1962　西サモア、独立
ウガンダ、独立

　　トリニダード・トバゴ、ジャマイカ、独立
　　イギリス、イギリス領南極地域を宣言
　　イギリス領西インド連邦解散
　　コモンウェルス移民法
1963　ケニヤ独立
　　ザンジバル独立
　　マレーシア連邦（マラヤ、サラワク、北ボルネオ）成立
　　アデン、南アラブ連合に参加
　　中央アフリカ連邦解体
　　ナイジェリア、共和国になる
1964　ニアサランド（マラウィ）、北ローデシア（ザンビア）、独立
　　マルタ、独立
　　タンガニーカ、ザンジバルと合併、タンザニアとなる
　　バハマとイギリス領ホンジュラスに内政における自治権付与
　　ジブラルタルに自治導入
　　ケニヤ、共和国になる
　　イギリス国籍法
1965　南ローデシア、一方的な独立宣言
　　コモンウェルス事務局、ロンドンに設立；コモンウェルスから「イギリス（British）」脱落
　　ガンビア、独立
　　クック諸島、独立
　　シンガポール、独立した共和国としてマレーシアから分離
　　モーリシャスとセイシェルに属する諸島、イギリスインド洋地域としてイギリスの直接統治下に入る
　　英仏、ニューヘブリデスを共同統治領に
　　モルディブ諸島、独立
　　アデン危機；イギリス軍、占領下南イエメン解放戦線に攻撃される
　　イギリス第1次人種関係法
1966　ガイアナ（イギリス領ギアナ）およびバルバドス、独立
　　レソト（前バストランド）およびボツワナ（前ベチュアナランド）、独立
1967　イギリス、アデンから撤退；南イエメン共和国の設立

南アラブ連邦の崩壊
リーワード諸島・ウィンワード諸島、内政における自治獲得
アンギラ、リーワード諸島連邦から一方的な独立宣言
ヴァージン諸島、イギリス植民地属領であると確認
ブガンダ王国、廃止
ジブラルタル、住民投票の圧倒的多数によりイギリスに残留決定
スワジランドに内政における自治権付与
ビアフラ、ナイジェリアから分離
1968 外務・コモンウェルス省、旧行政組織に代替
モーリシャス、スワジランド、ナウル独立
イギリス軍、ペルシャ湾・シンガポールから撤退
バミューダ、内政における自治獲得
コモンウェルス移民法
1969 アンギラ、属領としてイギリスの直接統治下に戻る
リビア、イギリス軍の撤退を要求
セント・ヴィンセント、内政における自治を要求
1970 フィジー、トンガ、独立
ニュージーランド高等弁務官、ピトケアン島の総督に就任
ビアフラ、ナイジェリアに再加入
1971 バーレーン、カタール、完全独立獲得
休戦オマーン、アラブ首長国連邦として独立獲得
東パキスタンが分離しバングラデシュとして独立
移民法
1972 セイロン、スリランカとなる
シムラ合意、カシミールの暫定的分離を提案するも分離派が拒否
ケイマン諸島、イギリス属領となる
ウガンダからインド人追放
1973 バハマ、独立獲得
タークス・カイコス諸島、分離植民地となる
イギリス領ホンジュラス、ベリーズに改名
パプアニューギニア、自治獲得
1974 グレナダ、独立獲得

	ニウエ、内政における自治獲得
1975	パプアニューギニア、完全独立獲得
	エリス諸島、ツバルとして独立
	セイシェル、内政における自治獲得
1976	イギリス領インド洋地域諸島（イギリスに継続保有されたチャゴス諸島除く）、セイシェルに戻る
	ソロモン諸島、内政における自治を獲得
1978	ドミニカ独立
	ソロモン諸島完全独立
	シエラレオネ一党国家になる
	ノーザンテリトリー（オーストラリア）自治獲得
	セイシェル完全独立
1979	南ローデシアでランカスターハウス会議
	キリバス（ギルバート諸島）独立
	セント・ルシア独立
	セント・ヴィンセント・およびグレナディーン諸島完全独立
	南アジア女性の「処女審査」報道される
1980	バヌアツ（ニュー・ヘブリデス）とジンバブエ（南ローデシア）独立
	アンギラ法、正式にアンギラをイギリス属領とする
1981	アンティグア・バーブーダ、およびベリーズ、独立
	イギリス国籍法
	残る14の直轄植民地、イギリス属領（British Dependent Territories）に改名
	イギリスの海外市民、イギリス属領の市民は、イギリス居住権なし
1982	アルゼンチンのフォークランド諸島への侵攻、フォークランド戦争へと発展
	カナダ法､カナダに完全･独立の主権を付与､ケベックは承認せず（ケベックでも同法は有効）
1983	ブルネイ、独立国となる
	セントキッツ、ネヴィス、独立
1984	1997年香港中国返還で英中合意
	ココス諸島、オーストラリアとの統合支持の投票
1987	ミーチレイク協定、カナダ憲法に反対するケベックとの調整を模索；ニューファンドランドとマニトバによって否決

1990　西南アフリカ保護領と委任統治領、ナミビアとして独立
1992　シャーロットタウン協定、カナダ世論の統一を再度試み；国民投票で否決
1994　南アフリカ、コモンウェルスに再加盟；アパルトヘイトの廃止
1995　バミューダ諸島、投票で独立否決
1997　香港、中国に返還
1981　イギリスの諸都市で人種暴動
1982　フォークランド戦争
1985　ロンドンでブロードウォーターファーム暴動
2011　Mutua & others v Foreign & Commonwelth Office の裁判で Queen's Bench 判決
　　　ロンドンで人種暴動
2016　6 月、国民投票で EU 離脱決定
2020　12 月 31 日 EU 離脱完了

人名索引

あ行

か行

さ行

た行

な行

は行

ま行

ら行

わ行

事項索引

あ行

か行

さ行

た行

な行

は行

ま行

や行

ら行

わ行

■著者紹介

フィリッパ・レヴァイン（Philippa Levine）

イングランド生まれ

D. Phil（オクスフォード大学）

テキサス大学オースティン校人文学部歴史学科

イギリス帝国史

Prostitution, Race and Politics: Policing Venereal Disease in the British Empire (New York: Routledge, 2003)

Gender and Empire, Oxford History of the British Empire Companion Series (eds, Oxford: Oxford University Press, 2004)

Victorian Feminism, 1850-1900 (London: Hutchinson, 1987)

■翻訳者略歴

並河葉子（なみかわ ようこ）

神戸市外国語大学外国語学部教授

文学修士（大阪大学）、MA（バーミンガム大学）

イギリス近代史

「イギリス領西インド植民地における「奴隷制改善」と奴隷の「結婚」問題」（『史林』第99巻1号（特集号「家族」）、2016年）

『情報の世界史』第6巻、（南塚信吾編、分担執筆、「反奴隷制運動の情報ネットワークとメディア戦略」、ミネルヴァ書房、2018年）

森本真美（もりもと まみ）

神戸女子大学文学部教授

文学修士（大阪大学）

イギリス近代史

「19世紀イギリスの刑務所改革と囚人労働——「不自由な労働力」の視点から」（『神女大史学』37号、2020年）

『王はいかに受け入れられたか——政治文化のイギリス史』（指昭博編、分担執筆、「世紀転換期の少年雑誌にみる君主イメージ」、刀水書房、2007年）

水谷　智（みずたに さとし）

同志社大学グローバル地域文化学部教授

D. Phil（オクスフォード大学）、MA（ウォーリック大学）

イギリス帝国史

『人種神話を解体する3——「血」の政治学を越えて』（川島浩平・竹沢泰子編、分担執筆、「植民地統治下の白人性と「混血」——英領インドの事例から」、東京大学出版会、2016年）

The Meaning of White : Race, Class, and the ‘Domiciled Community’ in British India 1858-1930 (Oxford: Oxford University Press, 2011)

イギリス帝国史
――移民・ジェンダー・植民地へのまなざしから

2021 年 7 月 30 日　初版第 1 刷発行

著　者　フィリッパ・レヴァイン

訳　者　並　河　葉　子
森　本　真　美
水　谷　　　智

発行者　杉　田　啓　三

〒 607-8494　京都市山科区日ノ岡堤谷町 3-1
発行所　株式会社　昭和堂
振替口座　01060-5-9347
TEL（075）502-7500 ／ FAX（075）502-7501
ホームページ　http://www.showado-kyoto.jp

印刷　亜細亜印刷

ISBN978-4-8122-1924-9